# REISEN
### MIT
# MAMA

Jane Christmas

# REISEN MIT MAMA

## Mit dem Rollator durch Italien

*Aus dem Englischen von*
*Mechtild Sandberg*

**Weltbild**

Die kanadische Originalausgabe erschien 2009 unter dem Titel
*Incontinent on the Continent.*
*My Mother, Her Walker, and Our Grand Tour of Italy*
bei Greystone Books, an imprint of D & M Publishers Inc., Vancouver.

Besuchen Sie uns im Internet:
*www.weltbild.de*

Genehmigte Lizenzausgabe für Verlagsgruppe Weltbild GmbH,
Steinerne Furt, 86167 Augsburg
Copyright der Originalausgabe © 2009 by Greystone Books
Copyright der deutschsprachigen Ausgabe
© 2010 by Piper Verlag GmbH, München
Übersetzung: Mechtild Sandberg
Umschlaggestaltung: Atelier Seidel – Verlagsgrafik, Teising
Umschlagmotiv: © Oliver Wetter
Gesamtherstellung: GGP Media GmbH, Pößneck
Printed in the EU
ISBN 978-3-86800-854-8

2014   2013   2012   2011
Die letzte Jahreszahl gibt die aktuelle Lizenzausgabe an.

# Inhalt

# · 1 ·

## Ein Ölzweig für Mama

»Und was gedenkst du mit deinen Haaren zu machen?«

Das war die erste Reaktion meiner Mutter, als ich vorsichtig bei ihr anklopfte, ob wir nicht zusammen eine längere Italienreise unternehmen wollten. Sechs Wochen vielleicht. Nur wir beide allein.

»Nichts.« Ich nahm eine Zeitschrift vom Couchtisch und begann darin zu blättern, als berührte mich ihre Frage gar nicht. »Wieso sollte ich was mit meinen Haaren machen?«

Auch ohne Mama anzusehen, wusste ich, dass sie jetzt die Lippen zusammenkniff und genervt den Kopf schüttelte. Sie ist überzeugt, dass sie es nur schaffen muss, mein Haar in Fasson zu bringen, um auch meinem Leben die rechte Form zu geben.

Mama ist klein, eins sechsundfünfzig, und mollig, und ihr rundes Gesicht strahlt vor Güte und liebenswürdigem Charme. Aber unter der weichen Schale verbirgt sich ein eisenharter Kern. Mama ist eine Frau von unbeirrbarer Entschiedenheit; so felsenfest überzeugt von der Richtigkeit ihrer An- und Einsichten, dass selbst schlagende Gegenargumente sie nicht ins Wanken bringen können; so unerschütterlich in ihrem Glauben an Gott wie in ihrer Gewissheit, dass sie eines Tages den Jackpot im Lotto knacken wird. Der Gedanke, dass der Mensch wahrhaftig den Mond betreten haben soll, kann ihr nur ein müdes Lächeln entlocken; für sie war die Mondlandung nichts als eine Hollywoodinszenierung.

Mama hat blondes Haar – »aschblond«, steht auf der Packung – und trägt immer schon, jedenfalls so weit ich zurückdenken kann, denselben Schnitt: kurz, fedrig, gestuft. Im Nacken lässt sie es gern etwas kürzer schneiden, weil man da so leicht schwitzt,wie sie sagt. Eine gepflegte Frisur steht ihrer Ansicht nach für Ordnung, Kontrolle, Reife (genau die Eigenschaften übrigens, die mir ihrer Meinung nach fehlen), und diese Weisheit betet sie bei jeder passenden und unpassenden Gelegenheit herunter wie einen religiösen Glaubenssatz.

Männer, die ich mochte und ihr vorstellte, wurden je nach Haartracht akzeptiert oder abgelehnt – meistens abgelehnt. Etwa:»Ich wusste nicht, ob ich ihn hereinbitten oder gleich mit dem Besen vom Abtreter fegen soll. Diese Frisur!« Oder:»Du kannst ihm ausrichten, dass er sich erst mal die Haare schneiden lassen soll, wenn er sich an meinen Tisch setzen will.« Oder:»Mit einem Seitenscheitel sähe er wesentlich besser aus.« Ganz selten mal verstieg sie sich zu einem »Oh, der Bursche ist wirklich gut frisiert.« Mein Liebster hätte ein Serienmörder sein können, es hätte sie kaum interessiert.

An ihren Haaren sollt ihr sie erkennen, lautet ihre Devise, und die gilt natürlich auch für mich. Mama faucht mich an, wenn mir das Haar über die Augen fällt, wenn es ihrer Ansicht nach nicht kurz genug geschnitten oder nicht meinem Alter gemäß gestylt ist. Wenn sie in einer Zeitschrift oder einem Einkaufszentrum eine ihr genehme Frisur entdeckt, bemerkt sie unweigerlich:»Das wäre doch hübsch für dich.« Seit einiger Zeit propagiert sie den Pagenkopf mit blonden Strähnchen als Schlüssel zu

Glück und Zufriedenheit. Dass so ein Schnitt weder zur Form meines Gesichts noch zu meiner Persönlichkeit passt und bei meinem eigenwilligen Haar auch gar nicht halten würde, spielt überhaupt keine Rolle.

Aus lebenslanger Erfahrung weiß ich, dass es das Beste ist, meine Haare, die ohnehin tun, was sie wollen, einfach in Ruhe zu lassen, und im Lauf der Jahre habe ich mit ihnen Frieden geschlossen. Mit meiner Mutter ist mir das noch nicht gelungen. Deshalb wollte ich mit ihr verreisen; ich wollte sehen, ob ich sie nicht endlich lieb gewinnen könnte. Ich wollte ihr den Ölzweig reichen. Von ihrer Bemerkung über meine Haare würde ich mich nicht irritieren lassen. Ganz bestimmt nicht.

Scheinbar entspannt sah ich von der Zeitschrift hoch und lächelte freundlich, um mir nicht anmerken zu lassen, dass es in mir brodelte wie in den feurigen Tiefen eines Vulkans.

»Ich hab's gern wirr«, scherzte ich und strubbelte mir über den Kopf, fest entschlossen, das Gespräch nun endlich auf die geplante Reise zu lenken.

Wie kommt ein Mensch auf die Wahnsinnsidee, ausgerechnet mit der Person, mit der er beinahe ständig im Clinch liegt, nach Italien zu reisen, ins Land der Liebe?

Ich kann Ihnen sagen, was dahintersteckt: zum Teil das Bedürfnis nach *détente*, nach friedvoller Entspannung, zum Teil ein letzter Wunsch.

Ich habe es immer traurig und unverständlich gefunden, dass meine Mutter und ich es nicht schaffen, miteinander zurechtzukommen. Verstehen Sie mich nicht falsch, es herrscht nicht immer Krieg. Die misstrauische Distanz zwischen uns wurde in Momenten verbindenden Lachens oder Zeiten gemeinsam getragenen Verlusts oft aufgehoben. Nie hat meine Mutter es abgelehnt, mich bei der

Sorge um die Kinder zu unterstützen, als ich mühsam versuchte, das neue Leben als alleinerziehende Mutter anzupacken; sie war immer eine liebevolle und großherzige Großmutter. Und auch ich bin für sie da, wenn sie krank ist oder sonst meiner Hilfe bedarf. Es kommt sogar vor, dass sie mich um meine Meinung fragt.

Aber das Gefüge unserer Beziehung war nie stabil, und die Spannungen und Brüche, die es belasten, sind meiner Mutter zufolge allein meine Schuld. Sie ist der Meinung, ich sei allzu empfindlich – und zweifellos bin ich das –, denkt aber auch gar nicht daran, darauf Rücksicht zu nehmen.

»Du musst nicht immer alles, was ich sage, so furchtbar ernst nehmen«, fährt sie mich gereizt an.

»Ach nein? Soll ich vielleicht darüber lachen, wenn du meine Haare als Wischmopp bezeichnest?«

»Nein«, antwortet sie ruhig. »Du solltest zum Friseur gehen und was dagegen tun.«

So läuft das im Allgemeinen, kleinliches Gezänk um des Kaisers Bart.

Nun zu dem erwähnten letzten Wunsch: »Schließe Freundschaft mit deiner Mutter«, bat mich mein Vater, als ich wenige Wochen vor seinem Tod bei ihm am Krankenbett saß.

Am liebsten hätte ich ihn angebrüllt: Verlang doch gleich, dass ich den Nobelpreis in Medizin gewinne! Das wäre einfacher!

Als er 1999 starb, verloren meine Mutter und ich den einzigen Menschen, der immer wieder zwischen uns vermittelt und die ärgsten Zusammenstöße abgefangen hatte. Fortan mussten wir uns so gut es ging allein den Weg durch das Minenfeld unserer Beziehung suchen.

Jetzt, da unser gemeinsames Leben sich dem Ende zuneigte und sich bei meiner Mutter die gesundheitlichen

Probleme häuften, beschloss ich, aktiv zu werden und die verbleibende Zeit zu nutzen, um die Dinge zwischen uns in Ordnung zu bringen – wenn das überhaupt noch möglich war. Eine gemeinsame Reise nach Italien erschien mir die ideale Situation dafür. Ich wollte sehen, ob wir sechs Wochen zusammen verbringen könnten, ohne einander die Köpfe einzuschlagen. Ich wollte die Frau, die ich Mama nenne, kennenlernen, diese Frau, die ich tief im Innern wahrscheinlich liebe und doch nie so richtig mögen konnte. Ich hoffte, dass in Italien die Gespräche mit meiner Mutter, die ich mir immer gewünscht habe, von selbst fließen und uns beiden helfen würden, die Kränkungen aus Jahrzehnten zu verwinden, wenn auch vielleicht nicht zu vergessen.

Ich glaube, dass wir uns mit jeder Reise, die wir unternehmen, auf zwei Wege begeben: Zum einen ist da die äußere Reise mit allem, was damit verbunden ist: Termine, Buchungen, das Studium von Karten, die Überlegungen, was man packen, wie viel Geld man mitnehmen, wohin es gehen soll, was man unbedingt sehen will und die Vorsorge gegen mögliche Pannen. Zum anderen ist da die innere Reise. Wenn wir aus den vertrauten Beziehungen und der täglichen Ordnung heraustreten und in eine neue Umgebung eintauchen, erlaubt uns das einen unverstellteren Blick auf uns selbst und andere. Manchmal gestattet es uns, ein quälendes Problem zu lösen, manchmal auch eine bestehende oder vergangene Situation oder Begebenheit in einem klärenden Licht zu sehen. Genau das erhoffte ich mir: dass es mir gelingen würde, unser Mutter-Tochter-Dilemma aufzulösen.

Die meisten Töchter verbindet eine angespannte oder stürmische Beziehung mit ihren Müttern. Man braucht das Verhältnis nur anzusprechen und abzuwarten, die Entladung folgt sofort. Im Allgemeinen kommen die Klagen bloß von dieser einen Seite – Mütter sind nur selten bereit, sich zu Schwierigkeiten mit ihren Töchtern zu bekennen (ich bin selbst Mutter einer Tochter und weiß, wovon ich rede).

Im Stillen allerdings machen sich viele Mütter Gedanken über die Beziehung zu ihren Töchtern. Vielleicht hat das damit zu tun, dass sie sich am deutlichsten in ihnen gespiegelt sehen. Wenn unsere Töchter ihr Leben gut meistern, teilen wir mit ihnen die Befriedigung darüber, etwas erreicht zu haben; wenn wir mit ihnen streiten, ist es, als stritten wir mit uns selbst. Diese griffige Weisheit habe ich von Don. Einem Elektriker. Wie passend.

Eines Morgens, als Don im Haus war und irgendwelche Leitungen durch eine Wand fummelte, brannte meiner Tochter die Sicherung durch. Den Anlass weiß ich nicht mehr, aber der Auftritt nahm jedenfalls solche Formen an, dass der Elektriker es für angebracht hielt einzugreifen.

»Sie wissen doch, warum Sie sich streiten, oder?«, rief Don laut, um unser Geschrei zu übertönen.

Verblüfft hielten Zoë und ich inne, etwas schockiert über die Einmischung, aber auch neugierig.

»Weil Sie beide sich so ähnlich sind wie ein Ei dem anderen«, erklärte Don ungeduldig.

Wütend über dieses Urteil rauschte Zoë hinaus. Ich reagierte ganz anders: Die kleine innere Stimme jubelte triumphierend: »Ja!« Mütter möchten tief drinnen ja so gern, dass ihre Töchter werden wie sie. Bei Töchtern ist das anders. Es gibt nichts Schlimmeres für eine Frau, als zu hören: »Du bist genau wie deine Mutter.« Da hilft es auch nichts, wenn die Aussage nett gemeint ist.

Ich gebe zu: Manchmal lebe ich durch meine Tochter. Zoë ist eine junge Frau, wie ich in ihrem Alter selbst gern gewesen wäre: gescheit, selbstbewusst, ohne Autoritätsangst. Ich brauchte lang, um zu mir selbst zu finden.

Sehr lang: bis in meine Vierziger. Und ich wuchs an meiner Tochter, vor allem, als diese im Teenageralter begann, ihre Kräfte zu erproben und ihre Eigenwilligkeit gegen meine zu setzen. Bemerkenswert ist dabei, dass ich auf die Pubertätskämpfe meiner Tochter ganz anders reagierte als meine Mutter damals auf meine. Ich ließ Zoë die Zügel ein wenig lockerer, meine Mutter hatte sie bei mir nur umso straffer angezogen. Sie war sehr streng, häufig scharf in ihren Äußerungen und erzog ständig an mir herum, ob es nun um mein Verhalten oder mein Aussehen ging.

Aber ich wusste, dass sie auch noch eine andere Seite hatte, sie war lebenslustig und mutig. Mit dieser anderen Seite wollte ich Verbindung aufnehmen.

Genau wie ich fand meine Mutter relativ spät in ihrem Leben ihre eigene Stimme. Mit ihrer ungeheuren Kreativität und ihrem Kampfgeist war sie ihrer Zeit voraus. Die Sechzigerjahre des zwanzigsten Jahrhunderts waren bei aller Hippie-Schwärmerei von Freiheit und Selbstverwirklichung immer noch eine Zeit der Unterdrückung, nicht zuletzt für die Frauen. Sie blieben zu Hause, um ihre Erfüllung in der Erziehung der Kinder und allenfalls ehrenamtlicher Arbeit zu finden; sie muckten nicht auf, und diejenigen, die dennoch der Konvention trotzten, mussten in Kauf nehmen, dass ihre Ehemänner als Weicheier hingestellt wurden. Meine Mutter schaffte es, den Status quo an der Heimatfront aufrechtzuerhalten, schrieb dabei aber noch regelmäßig Zeitungskolumnen und hatte Hobbys, die damals für eine pflichtbewusste Mutter aus der Vorstadt keineswegs typisch waren.

So entdeckte sie mit meinem Vater zusammen ihre Leidenschaft für die Erhaltung alter Häuser. Wenn sich für eine abbruchreife Ruine kein Retter fand, sprangen meine Eltern in die Bresche. Kein Haus war zu altersschwach, um saniert zu werden.

Außerdem war Mama eine wilde Antiquitätensammlerin und graste mit unfehlbarem Gespür die Hinterzimmer und Keller verstaubter Antiquitätengeschäfte in Vierteln von Toronto ab, in die keine andere Mutter sich hineingewagt hätte.

Es war ihr egal, dass ganz Nordamerika verrückt war nach modernem schwedischen Design: Wir lebten im tiefsten neunzehnten Jahrhundert, umgeben von Sesseln mit Klauenfüßen, Brokat- und Damastpolstern, Intarsientischen aus Walnussholz und Speisezimmergarnituren in Mahagoni. Oft schleppte mich meine Mutter auf ihrer nie endenden Jagd nach einem »interessanten Stück« von Laden zu Laden. Wenn sie etwas entdeckte – einen Porzellanteller oder ein Reliefmedaillon –, betrachtete sie es liebevoll von allen Seiten, zeichnete mit dem Finger zart seine Linien nach und bestaunte seine Schönheit. Ich platzte jedes Mal beinahe vor Eifersucht; hätte sie doch nur mich einmal so liebevoll berührt und bewundernd zur Kenntnis genommen!

Als Mütter sind Mama und ich ganz unterschiedlich, und trotzdem – es fällt mir schwer, das einzugestehen – gibt es zwischen uns unleugbare Ähnlichkeiten, genau wie Don, der Elektriker, das von Zoë und mir behauptete. In unserem Bemühen um Eigenständigkeit bestreiten wir aber alle Ähnlichkeiten, versuchen ganz im Gegenteil sogar noch, sie wie Unterschiede aussehen zu lassen.

Später, als ich selbst Kinder hatte, ließ die Krittelei meiner Mutter nach, aber die Wunden, die sie mir geschlagen hatte, verheilten nie. Sie brauchte nur eine Bemerkung über meine Haare, meinen Haushalt, meine Art der Erziehung zu machen, und schon brachen sie wieder auf. Ohne mir dessen bewusst zu sein, übernahm ich ihren Anspruch, dass rundherum alles und jeder perfekt sein müsse, natürlich auch sie.

Von ihr habe ich auch den Hang zu ständiger Betätigung. Mein Leben als alleinerziehende Mutter war ein einziges Jonglieren, bei dem ich alle Hände voll damit zu tun hatte, finanziell über die Runden zu kommen und gleichzeitig immer den Eindruck zu vermitteln, dass die Nummer auch ohne Ehemann und Vater ganz gut lief. Nur um dies Letztere zu beweisen, hielt ich gleich noch ein paar Bälle mehr in der Luft. Ich rekrutierte meine Kinder, um das Bild einer produktiven und ordentlich organisierten Familie zu bieten, in der jeder am Ball war. Meiner Meinung nach brauchen Kinder zu ihrer Entwicklung Pflichten und ein gewisses Maß an Verantwortung, aber in Erinnerung an meine eigene mit täglichen Pflichten vollgepackte Jugend bemühte ich mich, meine Kinder nicht zu überfordern und sie, wie mich selbst, Freundlichkeit, Hilfsbereitschaft und gegenseitiges Verständnis zu lehren.

Irgendwie aber brachte ich es nie fertig, zu meiner Mutter freundlich zu sein.

Neben dem Verdacht, ich könnte adoptiert sein, plagte mich von jeher die Frage, wie es kam, dass die Beziehung zwischen uns so früh schon entgleiste und warum wir nie einen Versuch unternahmen, die Weichen neu zu stellen. Wir ließen die Dinge einfach laufen und akzeptierten das Problem als etwas, mit dem wir eben leben mussten. In dem Moment, wo unsere Blicke sich trafen, wurde auch schon die nächste Runde eingeläutet. Und ganz gleich, wie schmerzhaft die Schläge waren, keiner von uns dachte daran, aus dem Ring zu steigen. Wir droschen bis zur Erschöpfung aufeinander ein.

Eine Reise nach Italien wäre die perfekte Belohnung für zwei altgeübte Kämpferinnen.

Gibt es einen besseren Ort, um Mutter-Tochter-Problemen auf den Grund zu gehen? In diesem Land wurde die Mutter praktisch erfunden und auf einen Sockel der Verehrung gestellt. Man kann nicht an Italien denken, ohne sich eine resolute *mamma* vorzustellen, die selbst noch dem erwachsenen Sohn für schlechtes Benehmen eine Ohrfeige verpasst oder ihm liebevoll die Wange tätschelt, wenn er sie mit Stolz erfüllt hat.

Italien schien mir der geeignete Ort zu sein, um unsere Beziehung mit sicherem therapeutischem Abstand unter die Lupe zu nehmen; um die Verletzungen, die Wut, die verpassten Gelegenheiten und die niederschmetternden Enttäuschungen gelassen und sachlich zu betrachten.

Es lebe die Illusion.

Aber egal, Tatsache ist, dass nichts meine Mutter eher zum Schweigen bringt als der Anblick eines verblassten Gobelins oder einer antiken Ruine, und schon deshalb war ich überzeugt, dass eine Italienreise für uns ideal wäre. In der staunenden Bewunderung steinerner Zierbauten, idyllischer Landschaften, alter Ölgemälde und antiker Kunstgegenstände finden wir zu einer Einmütigkeit, die unsere familiäre Verbundenheit bezeugt, so arg strapaziert sie auch sein mag.

Unser Interesse an Kunst und Antike nannten wir auch als Grund, wenn wohlmeinende Freunde, die unsere konfliktreiche Geschichte kannten, sich vorsichtig erkundigten, warum wir zusammen Urlaub machen wollten. Der unausgesprochene Grund jedoch – den meine Mutter und ich uns kaum gegenseitig eingestehen konnten – war die Hoffnung, dass sich vor dem Hintergrund der italienischen Renaissance auch in unserer Beziehung so etwas wie eine Renaissance vollziehen würde.

Wie ein Teenager lag ich bäuchlings im Wohnzimmer auf dem Teppich, die Beine hoch und die Füße gekreuzt, und hielt, auf die Ellbogen gestützt, den Telefonhörer ans Ohr. Mein Lieblingsbuch, der *National Geographic Welt-*

*atlas*, lag aufgeschlagen vor mir. Mit dem Zeigefinger zeichnete ich andächtig die abwechslungsreiche Küstenlinie Italiens nach und gab mich Träumen von eleganten hochhackigen Sandaletten und einem braungebrannten Adonis namens Giancarlo hin. Bis Mamas Stimme scharf an mein Ohr drang.

»Und vergiss nicht, ihnen zu sagen, dass ich einen »Rollstuhl« brauche. Diese Flughäfen sind alle so groß, da schaffe ich es vom Abflugschalter zur Maschine auf keinen Fall ohne.«

*Puff!* Giancarlo und die Sandaletten lösten sich in Luft auf.

»Rollstuhl« und »Italien«, die beiden Begriffe schienen mir so unvereinbar wie Mamas Temperament mit meinem. Schon bei der Erwähnung des Wortes »Rollstuhl« krampfte sich alles in mir zusammen, am liebsten hätte ich laut geschrien. Nie hatte ich daran gedacht, meine Mutter im buchstäblichen Sinn durch Italien zu bugsieren.

»Und ich nehme meinen Rollator mit. Den roten.«

Ich hasse den Rollator. Mit dem Ding komme ich mir immer uralt vor, auch wenn ich selbst es gar nicht brauche. Ich mag einfach nicht daran erinnert werden, dass ich alt genug bin, um eine Mutter zu haben, die eine Gehhilfe benötigt. Außerdem übernimmt man, wenn man jemanden begleitet, der einen Rollator schiebt, unwillkürlich dessen schleppenden Schritt: ein bedächtig schlurfendes *Tapp-Tapp*, wie kurz nach einem Kaiserschnitt.

Der Rollstuhl war nur einer von vielen Punkten, die bei der Planung dieser Reise berücksichtigt werden mussten.

Meine Mutter ist in einem Alter, in dem unzählige kleinere und größere Gebrechen ihr das Leben zunehmend schwerer machen. (Sie hat gedroht, mich zu enterben, wenn ich ihr genaues Alter preisgebe, sagen wir also einfach, dass sie unter hundert und über fünfundsechzig ist.)

Die Plätze im Flugzeug mussten in der Nähe einer Toilette sein: Meine Mutter ist inkontinent.

Alle Hotelzimmer mussten aus demselben Grund ein eigenes Bad haben.

Die Hotelzimmer mussten ohne viel Treppensteigen erreichbar sein: Mama leidet an Kniegelenksarthrose.

Die Hotelzimmer durften nicht zu weit vom Foyer entfernt sein: Sie hat Asthma und ein Herzleiden.

Kleinigkeiten zum Knabbern mussten eingepackt werden: Meine Mutter ist Diabetikerin.

Zu den Mahlzeiten durften keine Meeresfrüchte serviert werden: Meine Mutter leidet an einer Meeresfrüchteallergie.

Die Mietwagen mussten ausreichend Platz für die Unterbringung des Rollators bieten.

Neben dem Rollator besitzt meine Mutter zwei Gehstöcke: einen Faltstock zum Reisen und einen gewöhnlichen Stock für den Fall, dass sie den Faltstock verliert. (Nach Italien nahm sie nur Letzteren mit.)

Habe ich schon erwähnt, dass sie schwer hört? Wobei ich allerdings manchmal den Eindruck habe, dass es sich dabei um eine selektive Schwerhörigkeit handelt.

»Aber sonst bin ich kerngesund«, erklärte sie mir vergnügt, als wir unsere bevorstehende Reise besprachen.

»Bist du sicher?«

»Absolut.«

Die meisten Frauen, die einen sechswöchigen Urlaub in Italien vorhaben, würden akribische Internetrecherchen über die genauen Standorte sämtlicher Ferragamo- und Prada-Outlets des Landes anstellen. Meine Nachforschungen befassten sich mit der Frage, wie viel Raum eine Packung Inkontinenzwindeln im Koffer einnimmt und ob ein Potpourri an Medikamenten und Inhalatoren beim Zoll Anstoß erregen würde.

Reisen mit alten Menschen ist nicht viel anders als Reisen mit kleinen Kindern. Die gleiche Vorbereitungszeit, der gleiche Berg von Requisiten zur Bewältigung jedes denkbaren Desasters, die gleiche Hetze bei der Abfahrt, weil einem in letzter Minute noch etwas einfällt, was man vergessen hat. Auch das Gepäck unterscheidet sich nur geringfügig: statt der hellblauen oder rosaroten Tragetasche eine in dezenterem Khaki oder Schwarz, Rollator oder Rollstuhl anstelle von Kinderwagen oder Buggy, Bücher und Zeitschriften anstelle von Spielsachen, Pullis und Schultertücher statt Kuscheldecken, Brille und Hörgerät statt Schnuller – und die Windeln ein paar Nummern größer.

Dann wären da noch die Medikamente.

Ich schaute bei meiner Mutter vorbei, um ihr beim Packen zu helfen. Auf ihrem Bett häuften sich Massen von Fläschchen, Tuben und knisternden Verpackungen. Es sah aus, als ob sie und sämtliche Nachbarn ihre jeweiligen Apothekerschränkchen geleert und den Inhalt in die Kissen gekippt hätten.

»Was ist denn das alles?«, fragte ich leicht entsetzt.

»Das sind meine Medikamente«, antwortete sie trocken.

Ich gebe es ungern zu, aber immer wenn Mama anfing, sich über ihre Krankheiten und Verordnungen zu verbreiten, schaltete ich auf Durchzug. Sobald sie sagte: »Ich war neulich beim Arzt«, erwiderte ich höflich: »Erzähl ruhig weiter«, und verschwand aus dem Zimmer, um mir ein großes Glas Wein einzuschenken.

Damit war es schlagartig vorbei, als mir aufging, dass auf unserer Italienreise *ich* ihr Gepäck würde tragen müssen.

Ich sah auf das verschwenderische Sortiment von Tabletten, Pillen und Kapseln hinunter und schüttelte den Kopf. Fehlte nur noch ein Lepramittel.

»Keine Sorge«, meinte Mama. »Der Apotheker richtet mir Dosetten.«

»Was ist denn das?«

»So was hier.« Sie zeigte mir eine kleine Plastikschale mit drei Reihen von jeweils sieben kleinen Plastikfächern für den wöchentlichen Tablettenkonsum. Über der obersten Querreihe waren die Wochentage verzeichnet, an der Seite die Tageszeiten – morgens, mittags, abends –, zu denen die Medikamente eingenommen werden mussten.

»Wieso brauchst du für Vitamine ein Rezept?« Ich musterte das Etikett einer kleinen Flasche, die ich auf gut Glück herausgegriffen hatte.

»Weil der Arzt es mir geschrieben hat«, antwortete Mama in einem Ton, als hätte sie es mit einer Schwachsinnigen zu tun.

»Wahrscheinlich bekommt er vom Apotheker Prozente«, lästerte ich. »Das Zeug kannst du überall kaufen und dir die Apothekenabgabegebühr sparen.«

»Misch dich nicht ein«, entgegnete sie gereizt. »Ich weiß, was ich tue. Außerdem ist es heutzutage schwer genug, einen Arzt zu finden.«

Beim Packen meiner eigenen Koffer musste ich weniger Rücksicht auf gesundheitliche Erfordernisse nehmen; ich bin, dreimal auf Holz geklopft, bei guter Gesundheit. Ich nehme nie Tabletten – nicht einmal Vitamine –, außer mich überfällt plötzlich eine Depression oder ich schnappe irgendeine Infektion auf, dann bin ich absolut dafür, zum Arzt zu gehen.

Da ich mich weder um Medikamente noch Gehstöcke kümmern musste, stopfte ich meinen Koffer mit Klamotten und Kosmetika voll. Und mit Schuhen. Irgendwie brauche ich auf Reisen immer unheimliche Mengen Schuhe. Und ohne ein kleines Arsenal an Gesichtscremes, Hautreiniger, Duschgels, Pflegespülungen für die Haare und Körperlotionen kann ich die Tür nicht hinter mir zumachen. Immer wenn ich für eine Reise packe und meinen zum Bersten vollen Kosmetikkoffer betrachte, stelle ich resigniert fest, dass ich im falschen Teil der Welt geboren bin. Meiner Haut und meinen Haaren geht es in tropischen Regionen am besten.

In allen Führern und auf jeder Webseite, die ich mir vor der Reise angesehen hatte, hieß es, in den Wintermonaten sei die Witterung in Italien, vor allem im Süden, mild und meistens warm. Ich packte also frohgemut Sommerröcke, Sandalen, T-Shirts und – für den Pool, den eines unserer Hotels bot – Badeanzüge und seidige Pareos ein.

Mama überließ mir die Ausarbeitung der Reise (»Mach es, wie du willst, mir ist alles recht«) und wollte dann unbedingt ein ausgedrucktes Programm haben, wie man es in Reisebroschüren findet oder von Reiseveranstaltern in die Hand gedrückt bekommt.

Ich reise selten mit einem festen Plan. Ich halte es mit Robert Louis Stevenson, der einmal sagte: »Ich reise nicht, um anzukommen, sondern um zu reisen.« Aber da Mama mehr erwartete als »Flug nach London, von dort nach Bari, dann weiter im Mietwagen«, bastelte ich ihr zuliebe ein simples Programm zusammen:

Wir würden von Toronto nach London fliegen, in eine Maschine nach Bari umsteigen und dort einen Wagen mieten. Von Bari aus sollte es zu einem zweiwöchigen Aufenthalt nach Alberobello gehen. Danach würden wir nach Sorrent weiterfahren und vier Tage bleiben, bevor wir nach Viterbo aufbrachen, wo wir drei Wochen verbringen würden. Unser Rückflug startete in Rom und würde uns mit einem Transfer in London wieder heim nach Toronto bringen.

Besonders stolz war ich auf die Unterkünfte, die ich gebucht hatte.

In Alberobello erwartete uns ein renovierter *trullo*, eines der traditionellen kleinen Rundhäuser, wie sie schon vor etwa achthundert Jahren von den Bauern in Apulien errichtet wurden. Die Bauten aus weiß getünchtem Naturstein mit den konischen dunklen Bruchsteindächern sehen aus wie Bienenkörbe. Mit dem Wachsen der Bauernfamilie wuchs auch der *trullo*, und es wurden neue *trulli* angebaut. Schließlich bestanden einige *trulli* aus drei oder vier Gebäuden, von denen jeder als eigenes Zimmer diente. Heute ist der Besitz eines *trullo* der letzte Schrei, und die Kegelhäuser sind heiß begehrt, besonders bei den Briten, die sie als Renditeobjekte erwerben. Einer dieser Briten ist zufällig der Bruder meines Freundes Colin. Mama und ich würden seine ersten Mieter sein.

In Sorrent hatte ich uns in einem Familienhotel einquartiert, das mir von einer Bekannten empfohlen worden war.

Und in Viterbo würden wir in einem mittelalterlichen Bürgerhaus wohnen, auf das ich im Internet gestoßen war. Es stand mitten in der Altstadt, und die Webseite versprach Antiquitätengeschäfte und Cafés direkt vor der Haustür. Genau das Richtige also für meine Mutter, die Antiquitätenjägerin, und für mich, die ich so gern das Fluidum fremder Städte auf mich wirken lasse.

»Natürlich fahren wir auch in die Toskana und nach Venedig«, verkündete Mama, nachdem sie meinen Reiseplan genauestens studiert hatte.

Weder das eine noch das andere stand auf meinem Programm. Ich hatte die Klischees über die Toskana samt ihrer ganzen ockerfarbenen baulichen Pracht so satt, dass ich das Interesse an dieser Region schon verloren hatte, bevor ich mit den Vorbereitungen für unsere Italienreise begann. Und von Venedig hatte mir eine Freundin, die kürzlich dort gewesen war, erzählt, es sei schmutzig und trist. Daraufhin hatte ich auch die Lagunenstadt gestrichen.

»Wir fahren nicht in die Toskana? Und auch nicht nach Venedig?«, protestierte Mama heftig. »Aber was ist denn Italien ohne Toskana und Venedig?«

»Eben«, versetzte ich entschieden. »Wir lassen die Touristenfallen außen vor.«

»Jetzt hör mir mal zu.« Sie fixierte mich mit finsterem Blick. »Ich war noch nie in Italien und werde auch nie wieder hinkommen. Das hier ist meine letzte Reise nach Europa. Schreib's dir also hinter die Ohren: Wir *fahren* in die Toskana *und* nach Venedig.«

»Na ja, ein bisschen Toskana ist vielleicht ganz nett«, räumte ich ein.

»Auf jeden Fall Florenz«, sagte sie mit Nachdruck. Es fehlte nur noch, dass sie mich bei den Schultern packte und schüttelte. »Wir müssen auf jeden Fall nach Florenz.«

»Ja, natürlich«, stotterte ich.

Ich spürte, wie ich zur Zehnjährigen zu schrumpfen drohte. Mit dem letzten bisschen Rückgrat, das mir geblieben war, straffte ich die Schultern und erklärte: »Aber eins sage ich dir, das wird nicht so ein Urlaub, bei dem wir wie die Blöden vom einen Ende des Landes zum anderen rasen. Ich habe keine Lust, wie eine Irre in der Gegend herumzukutschieren. Ist das klar?«

»Ich weiß.« Sie vermied es, mir in die Augen zu sehen. »Das wird auch nicht passieren.«

# 2

# Unterwegs nach Italien

An einem bitterkalten Spätnachmittag im Februar fuhren wir zum Flughafen von Toronto, dem Pearson International Airport. Es hatte minus dreißig Grad, wenn die elektronische Anzeige stimmte, an der wir auf dem Highway vorüberkamen. Jedenfalls war es so kalt, dass die feinen Härchen in meiner Nase fast zu Eis erstarrten, wenn ich einatmete.

Gewisse Dinge auf dieser Welt stellen meine christliche Geduld immer wieder auf eine harte Probe – Handys, Flughäfen, die Vereinten Nationen, das ohrenbetäubende Donnern hochtourig laufender Motorräder, Brad Pitt und Angelina Jolie –, aber die schwerste Prüfung ist für mich der Winter. Nicht zufällig hatte ich unsere Reise so gelegt, dass wir den größten Teil dieser unwirtlichen Jahreszeit weit weg von Kanada verbringen würden. Es ist nicht nur der Schnee; es ist die eisige, trockene Luft, das Gefühl, dass meinem Körper jeder Tropfen Feuchtigkeit entzogen wird. Ich konnte es kam erwarten, ins warme, sonnige Italien zu kommen. Die dortigen Wettervorhersagen, die ich jeden Tag mehrmals geprüft hatte, verhießen Temperaturen um die dreiundzwanzig Grad. Ich sah mich schon in einem dünnen Sommerkleid zwischen blendend weißen Mauern durch enge Gassen schlendern, ab und zu einen schmalen Streifen Schatten suchend, um der glühenden Mittagssonne zu entkommen.

Vor dem Flughafenterminal schlug ich mich mit einem Gepäckwagen und unseren Koffern herum, als ich plötzlich bemerkte, dass Mama verschiedenen Leuten winkte, die nicht weißer Hautfarbe waren. Offenbar glaubte sie, es wären Gepäckträger.

Im ersten Schreck wusste ich nicht, ob ich laut »Nein!« brüllen oder lieber vor Scham in den Boden versinken sollte.

Einen Moment sah ich zu, wie sie unsicher den Gehsteig entlangtappte, ehe sie mit verwirrter Miene stehen blieb und die Hand hob, um sich bemerkbar zu machen. Nie zuvor war mir aufgefallen, wie schwach und verletzlich sie war, und jäh erkannte ich, dass unsere Rollen sich verkehrt hatten.

»Wo sind die Träger?«, fragte Mama herrisch und klopfte mit ihrem Stock auf den Boden. Als ihr ein Schwarzer in einem sehr eleganten hellen Anzug entgegenkam, hob sie erneut die Hand, um ihn anzuhalten. Mit einem ärgerlichen Blick ging er an ihr vorbei.

»Komm, Mama«, sagte ich beschwichtigend und fasste sie am Jackenärmel. »Es gibt keine Träger mehr. Nur noch in besonderen Fällen.«

»Ach, und ich bin wohl nichts Besonderes?«, klagte sie beleidigt.

»Doch, natürlich«, versicherte ich ihr. »Gehen wir unsere Bordkarten holen.«

Die eine Hand am Gepäckwagen, die andere auf ihrer Schulter, drehte ich sie langsam herum und lenkte sie zum Abfertigungsschalter. Ich hob eine ihrer Hände zur Griffstange des Wagens und legte meine Hand über ihre, so wie ich es früher immer bei meinen Kindern gemacht hatte, um zu verhindern, dass sie davonstromerten. Meine

Güte, war das wirklich schon mehr als zwanzig Jahre her? Die Erinnerung daran war beinahe ausgelöscht.

An der Abfertigung wurde augenblicklich ein Rollstuhl angefordert. Ein Gepäckträger brachte ihn – ein umsichtiger älterer Inder.

Mama musterte ihn argwöhnisch, bevor sie sich von ihm in den Rollstuhl helfen ließ.

Hinter der Sicherheitszone verließ er uns wieder, und das war ein Glück, denn da wurde es richtig peinlich.

»Schau doch mal, die vielen Immigranten!«, rief Mama mit Blick auf die Sicherheitsbeamten staunend wie ein Kind.

Vielleicht ist es der Generation zuzuschreiben, aus der sie stammt, jedenfalls kann in den Augen meiner Mutter nur ein Immigrant sein, wer kein Weißer ist. Dabei liest sie Bücher und Zeitungen und sieht täglich fern. Silvio Berlusconi, der italienische Ministerpräsident, bemerkte während einer seiner vielen Wahlkampagnen einmal, alle ankommenden Immigranten sollten in ihren Booten erschossen werden. Ich hielt es für klüger, Mama das nicht zu erzählen.

Allerdings dachte ich durchaus daran, sie am Arm zu packen und ihr scharf zu sagen, sie solle den Mund halten. Aber wenn man mit einem alten Menschen so verfährt, sehen das die Leute im Allgemeinen ganz anders, als wenn man einem Kind die Meinung geigt. Ich wollte nicht wegen Misshandlung einer alten Frau angezeigt werden.

Den Alten hingegen wird fast alles verziehen. Sie dürfen, wie es scheint, ständig fordern und die Menschen, die sich um sie kümmern, ungestraft schlecht behandeln.

Aber mal abgesehen von Mamas Blick auf die Welt, stellte sich natürlich die Frage, was sie körperlich noch leisten konnte. Nach den wenigen Stunden im Flughafen war offenkundig, dass sie ohne meine Hilfe kaum zurechtkam. Fiel ihr etwas hinunter, so musste ich es aufheben; wenn ich las oder an einem Sudoku rätselte, klagte sie über Durst und ich musste ihr etwas zu trinken holen. Worauf sie prompt die Hälfte verschüttete und ich wieder aufspringen und ein Tuch auftreiben musste, um die Bescherung aufzuwischen.

Immerhin hatte das Fliegen mit einer Seniorin aber auch Vorteile, wie ich schließlich erfreut entdeckte: Man wird beim Einstieg bevorzugt behandelt und von den sonst so unterkühlten Flugbegleiterinnen wärmstens umsorgt.

Wir machten es uns in unseren Sitzen bequem, und ich verstaute meine Reiseutensilien in dem Beutel vor mir. Durch das kleine ovale Fenster neben mir sah ich zu, wie die Mechaniker, alle mit dicken Schals vor den Gesichtern, aus denen blaue Atemwölkchen aufstiegen, die Tragflächen der Maschine enteisten. Zu wissen, dass das Flugzeug in dem ich sitze, enteist wird, beruhigt mich kein bisschen.

Ich wandte mich meiner Mutter zu, die verzweifelt versuchte, mit der Zunge das Zellophan von einem Bonbon zu lösen. Plötzlich kam mir der erschreckende Gedanke, dass dies vielleicht die längsten sechs Wochen meines Lebens werden könnten. Eingelullt von Mamas zuversichtlichen Beteuerungen, »Ich bin absolut fit«, hatte ich ihre Fähigkeit, allein für sich zu sorgen, offenbar grob überschätzt.

Der endlose Strom von Fragen sprudelte schon auf der Rollbahn los und ließ auch in dreißigtausend Fuß Höhe nicht nach. Ganz gleich, ob ich las oder die Kopfhörer aufsetzte, um dem im Bordkino gezeigten Film folgen zu können, Mama fragte und fragte.

»Warum hat die Maschine Verspätung?«

»Wieso reisen so viele Leute gleichzeitig?«

»Wie kommt es, dass an den Flughäfen so viele Immigranten arbeiten?«

»Was heißt ›enteisen‹?«

Nach ungefähr fünf Stunden, in denen mein Blick immer wieder sehnsüchtig zum Notausstieg schweifte, schlief sie endlich ein. Als sie erwachte, bestritt sie, auch nur ein Auge zugetan zu haben, und begann unverzüglich, sich über alles und jeden zu beschweren – das Essen, die viel zu beschäftigten Flugbegleiterinnen, ihren Sitzplatz (dabei hatte ich den eigens ausgesucht, weil er mehr Fußfreiheit bot und sich in der Nähe der Toilette befand).

Als wir endlich am Londoner Flughafen Gatwick aufsetzten, war ich kurz davor, in die Luft zu gehen, obwohl wir doch gerade gelandet waren. Ich fragte mich, ob meine hartnäckige Weigerung, einen Gute-Laune-Macher einzuwerfen, klug gewesen war. Ich dachte ernsthaft daran, unsere Tickets zurückzugeben und den nächsten Flug zurück nach Kanada zu nehmen, als ein korpulenter Träger mit einem Rollstuhl auf uns zukam. Der Mann hatte einen Turban auf dem Kopf; beunruhigt sah Mama mich an.

»Lieber Gott«, seufzte ich müde, während ich ihr in das Vehikel half. »Er wird schon kein Taliban sein.«

»Er ist ein Taliban?«, krähte sie laut.

Merke: Schwerhörige sprechen nur in einer Lautstärke.

Ich warf einen Seitenblick auf den finster dreinschauenden Träger und formte mit den Lippen ein stummes »*Tut mir leid*«, während ich mit dem Zeigefinger zuerst auf mein Ohr tippte, dann auf Mama deutete. Noch grollend, akzeptierte er die Entschuldigung mit widerwilligem Verständnis, umfasste energisch die Griffe des Rollstuhls und lotste uns durch den Zoll.

Unser Flug nach Bari startete nicht von Gatwick, sondern vom ziemlich weit entfernten Flughafen Stansted aus. Zum Glück lebt der Mann, dem mein Herz gehört, in London und hatte sich uns als Chauffeur zur Verfügung gestellt.

Ich entdeckte Colin gleich, als ich Mama durch die Tür der Zollabfertigung schob. Lang und schlaksig lehnte er an der eisernen Sperre, in der Hand die unvermeidliche zusammengerollte Zeitung, und winkte uns mit freudiger Miene. Ich antwortete mit Augenrollen und herabgezogenen Mundwinkeln.

»Sie ist grantig. Der Flug war fürchterlich«, murmelte ich, als Colin mich in den Arm nahm und küsste.

Sanft löste er sich von mir und beugte sich zu meiner Mutter hinunter. »Hallo, Val«, begrüßte er sie herzlich und hob ihr zuliebe seine sonst eher leise Stimme ein wenig. »Wie war der Flug?«

»Wunderbar, absolut perfekt«, flötete Mama und schenkte ihm ein 1000-Watt-Lächeln.

Fragend sah er mich an.

Ich zuckte mit den Schultern. Was soll ich sagen? Die Frau lügt.

»Ich geh den Wagen holen. Wartet vor dem Terminal auf mich. Dann essen wir irgendwo unterwegs zu Mittag.« Colin wiederholte seine Worte ein wenig lauter zu meiner Mutter gewandt. »Sind Sie hungrig, Val? Ich weiß ein nettes kleines Pub auf dem Weg nach Stansted. Ich glaube, es wird Ihnen gefallen.«

»Wunderbar«, wiederholte sie so enthusiastisch wie vorher.

Auf der Suche nach Bestätigung sah er mich wieder an. Ich nickte lächelnd.

»Er ist wirklich ein netter Mann, Jane«, bemerkte Mama begeistert, als Colin davoneilte. »So heiter. Und immer so proper. Ganz besonders gefallen mir seine Haare.«

Von den Männern, die gekommen und gegangen sind,

seit ich vor ungefähr vierzig Jahren mein erstes Date hatte, ist Colin der einzige, der meiner Mutter je zusagte. Na ja, es gab noch einen anderen, den sie ganz nett fand. Ich war damals noch ein Teenager, und der Kerl kiffte und wollte mir ständig an die Wäsche. Aber das wusste Mama natürlich nicht.

»Kommt Colin mit nach Italien?«, fragte sie.

»Nein, aber er kommt nach, wenn wir in Viterbo sind.« Ich schob sie aus dem Gebäude hinaus und sah mich nach einer Rampe für Rollstühle um. »Weißt du nicht mehr? Wir haben das mehrmals besprochen.«

Sie hielt den Blick starr geradeaus gerichtet, während sie sichtlich krampfhaft versuchte, sich zu erinnern.

Colins silbergrauer Wagen fuhr vor. Sofort begann ich, das Gepäck vom Kuli zu nehmen und durch die Heckklappe ins Auto zu stopfen. Leicht verschnupft darüber, dass Colin nicht sofort angesprungen kam, um mir zur Hand zu gehen, blickte ich um das Heck herum nach vorn. Er war ganz damit beschäftigt, meiner Mutter so behutsam wie möglich auf den Beifahrersitz zu helfen. Erst nachdem er sich vergewissert hatte, dass sie bequem saß und Arme und Beine nicht eingeklemmt würden, schloss er die Tür. Das ist einer der Gründe, warum ich diesen Mann liebe. Er setzt die richtigen Prioritäten.

»Ich glaube nicht, dass sie es auf den Rücksitz geschafft hätte«, erklärte er, als er zu mir nach hinten kam. »Tut mir leid.«

Er gab mir einen Kuss, und ich fuhr ihm mit der Hand durchs graumelierte Haar.

»Schön, dich zu sehen.« Er lächelte. »Du siehst ein bisschen gestresst aus. Alles in Ordnung?«

»Na ja, es ist meine erste Reise mit einem behinderten Menschen. Außerdem ist sie meine Mutter und verrückt dazu. Ich weiß nicht, wie ich das schaffen soll.«

»Auf mich wirkt sie ganz okay«, erwiderte er. »Munter und hellwach. Komm, fahren wir was essen.«

Ich zwängte mich hinten ins Auto, und los ging's.

Ich war froh, dass ich hinten saß, und dachte, ich könnte meine Verantwortung eine Weile abgeben. Colin und Mama unterhielten sich vergnügt miteinander, und ich war gerade daran einzunicken, als ...

»Aber diese Immigranten alle! So viele habe ich noch nie gesehen. Wo wir wohl ohne sie wären?«

»Mama! Hör auf.«

»Sie ist so empfindlich in dieser Beziehung«, fuhr Mama kopfschüttelnd zu Colin gewandt fort, als wäre ich gar nicht da. »Ich versteh sie einfach nicht. Aber egal, es wimmelte jedenfalls *überall* von Immigranten.«

»Du bist auch eine Immigrantin«, bemerkte ich mit einem gezwungenen Lächeln.

»Das ist etwas ganz anderes«, versetzte sie hochmütig.

Natürlich. Alle Immigranten sind fest davon überzeugt, dass nach ihrer Ankunft das Tor hätte verrammelt werden müssen.

»Was halten Sie von den vielen Farbigen an den Flughäfen?«, verhörte sie Colin weiter.

Ich stöhnte auf. »Mama, Colin reist sehr viel. Und er lebt in London, wo es jede Menge ›Farbige‹ gibt, ob du's glaubst oder nicht.«

»Soviel ich weiß, habe ich nicht mit dir gesprochen, Jane«, entgegnete sie mit herablassender Freundlichkeit, nach dem Motto: *Halt doch endlich die Klappe, du arme Irre!*

Colin umfasste das Lenkrad fester – ich erkannte, dass seine Handknöchel weiß hervorstachen – und trat aufs Gaspedal.

Nach einem gemütlichen Mittagessen setzte Colin uns am Flughafen in Stansted ab und küsste uns beide zum Abschied, ehe wir uns erneut dem entwürdigenden Ritual der Sicherheitskontrolle unterziehen mussten.

Ich hatte unseren Flug von London nach Bari zu dem unglaublich günstigen Preis von neununddreißig Pence pro Person übers Internet gebucht. Flugsteuern, Zuschläge und Gebühren waren im Preis nicht eingeschlossen, zum Glück aber immerhin die Tragflächen der Maschine.

Inbegriffen war auch die Begegnung mit einer Masse Mensch, mit der ich in dieser Form hoffentlich nie wieder zu tun haben werde.

Als wir in der Abflughalle ankamen, drängten unsere Mitpassagiere bereits mit aller Gewalt gegen die hauchdünne Absperrung zur sogenannten Preboarding-Zone für die Reisenden, die als Erste in die Maschine steigen durften. Einige kauerten regelrecht in Startposition, um im Augenblick des Aufrufs wie Hundertmeterläufer über das Flugfeld zur Maschine zu sprinten.

Eine Flugbegleiterin bemerkte zunächst meine an den Rollstuhl gefesselte Mutter und dann mich, wie wir völlig eingeschüchtert inmitten der brodelnden Menge hockten.

»Vielleicht schieben Sie sie besser da rüber«, schlug sie mir vor und bahnte uns mit der Unerbittlichkeit einer Dampfwalze einen Weg nach ganz vorn. »Sie haben Vorrang beim Einsteigen«, erklärte sie uns mit einem resoluten Nicken.

Die Meute war entrüstet.

Vorrang beim Einsteigen war in diesem Fall ein eher zweifelhafter Vorteil. Er verschaffte einem einen Vorsprung von vielleicht zehn Sekunden.

»Machen Sie lieber schnell«, riet mir die Flugbegleiterin mit gesenkter Stimme und einem vielsagenden Blick.

Sie öffnete die Absperrung und ließ uns durch. In einem Schwall drängten die anderen Passagiere sofort nach. Das Letzte, was ich von der Flugbegleiterin hörte, war ein lautes Klatschen und ihre blaffende Stimme: »Halt! Bleiben Sie zurück!«

Ich schob den Rollstuhl aufs Flugfeld hinaus und marschierte hurtig auf die Maschine zu, wobei ich mich mehrmals nervös umschaute, um mich zu vergewissern, dass die Meute noch sicher in Schach gehalten wurde. Wir hatten die Hälfte des Wegs hinter uns, als der allgemeine Sturm auf das Flugzeug begann. Das Gewühl am Grabbeltisch im Sommerschlussverkauf war nichts dagegen.

Ich lief schneller. Nein, ich will ehrlich sein: Ich rannte um mein Leben. Mit eisernem Griff hielt Mama unsere Handtaschen an sich gedrückt.

Kurz vor der Maschine fingen zwei Leute vom Bodenpersonal uns ab und bugsierten uns in aller Eile in einen Rollstuhlaufzug. Als wir oben ausstiegen, traf unten mit fliegenden Haaren, flatternden Krawatten und verrutschten Brillen die atemlos keuchende Horde ein.

»Ha, ha, ihr Deppen«, lachte ich schadenfroh in mich hinein.

Wir setzten uns auf unsere Plätze, und wenig später donnerte die Maschine die Startbahn hinunter, einem leuchtenden frühabendlichen Himmel entgegen.

Ich holte einmal tief Luft und atmete ganz langsam aus. Wir waren auf dem Weg nach Italien. Endlich.

In meinem Leben hat es Momente gegeben, da fühlte ich mich italienisch bis in die tiefsten Tiefen meiner Seele. In meinen Adern fließt kein Tropfen italienisches Blut, aber immer wenn ich auf der Straße jemanden italienisch sprechen höre, stockt mir das Herz; wenn ich Puccinis *La Bohème* oder *Gianni Schicchi* höre, bin ich zu Tränen gerührt; wenn ich italienische Familien sehe, die Arm in Arm spazieren gehen oder an der Fleischtheke zusammengedrängt darüber diskutieren, welche Sorte Prosciutto nun die bessere ist, macht mich das glücklich, weil ich dann weiß, dass die Welt in Ordnung ist und in Italien immer noch Lebenskunst über ideologischen Fanatismus siegt.

Immer wenn ich in meinem Leben voller Höhen und Tiefen mal wieder ganz unten war und mich fragte, wofür es sich – außer für meine Kinder – überhaupt zu leben lohnte, griff meine Seele auf eine Folge abgedroschener Italienbilder zurück, die, zunächst stockend, abzulaufen begannen wie ein alter Film – temperamentvolle Familien versammeln sich im Schatten einer Pergola aus Weinlaub um einen Tisch, der sich unter Körben mit selbst gebackenem Brot und Schüsseln voll Pasta, Tomaten, grünem Gemüse und Früchten biegt; goldenes Sonnenlicht, das durch Olivenzweige fällt; Rotwein in bauchigen Korbflaschen; der Blick aus der Luft auf einen Sportwagen, der an einem klaren blauen Tag eine schmale, gewundene Küstenstraße entlangflitzt.

»Ja«, sagte ich dann leise seufzend zu mir selbst und packte die Rasierklingen wieder ein, »es gibt ja immer noch Italien.«

Nach fünfzig Jahren Sehnsucht war dies der lang erträumte Besuch meiner wahren Heimat. Ich wollte erfahren, was Stendhal meinte, als er schrieb: »Der Zauber Italiens ist mit dem der Verliebtheit verwandt.«

Durch eines der Fenster erkannte ich die ersten glitzernden Lichter der Adriaküste. Ich war dabei, in einen Zustand tiefen Glücks zu versinken, als …

»Hast du einen Rollstuhl bestellt?«, fragte Mama, während die Maschine über das Rollfeld des Flughafens von Bari holperte.

Du lieber Himmel! Schon wieder der Rollstuhl.

»Ja«, versicherte ich mit einem mühsamen Lächeln.

»Ich seh da draußen aber keinen«, insistierte sie, den Blick durchs Fenster suchend auf das Flugfeld gerichtet.

»Es ist dunkel, Mama, da ist ein Rollstuhl nicht so leicht zu erkennen. Hab Geduld.« Am liebsten hätte ich »Euer Majestät« hinzugefügt, aber ich verkniff es mir.

Die Bordtreppe wurde zur Maschine gerollt, und die Passagiere drängelten sich mit Schieben, Stoßen, Rempeln und Schimpfen so gnadenlos hinaus, als hätte jemand »Schweinegrippe!« gerufen.

Mama und ich blieben auf unseren Plätzen. Einige Reihen vor uns saß eine junge Frau mit einem Gipsbein.

Vier Flughafenangestellte kamen an Bord, aber nur mit einem Rollstuhl. Mama rappelte sich mühsam hoch und wollte ihnen schnurstracks entgegengehen.

»Warte!« Ich packte sie hinten an der Hose und zog sie auf den Sitz zurück. »Wenn du das tust, glauben sie, du brauchst in Wirklichkeit gar keinen Rollstuhl«, flüsterte ich.

»Aber was –?«

»Warte einfach.«

Die vier Männer halfen der jungen Frau vorsichtig aus dem Sitz in den Rollstuhl, dann begannen sie, sich über die Art ihrer Verletzung zu unterhalten (ein gebrochenes Knie), und überlegten laut, wie sie sie aus dem Flugzeug befördern sollten. Die Frau war in Begleitung eines älteren Mannes, ihres Vaters vielleicht, obwohl man so etwas heutzutage nicht mit Gewissheit sagen kann. Auf Italienisch erklärte sie, dass sie sich in England bei einem Sturz verletzt hatte. Eine lautstarke Diskussion folgte. Ich verstand nicht jedes Wort, aber offenbar ging es um das englische Gesundheitssystem und die Frage, ob englische Ärzte überhaupt adäquat mit Knochenbrüchen umgehen können. Es war ein einziges Stirnrunzeln, Kopfschütteln und wildes Gestikulieren, reinstes Theater.

Die Italiener lieben Debatten über knifflige Fragen und rätselhafte Phänomene. Jeder ist ein verkappter Galilei, überzeugt, er allein wisse Bescheid, ganz gleich, um welches Thema es geht. Wer mutig genug ist, die Lösung oder Meinung des Betreffenden in Frage zu stellen, erntet meist nur ein Schulterzucken, das besagen soll: *Wie du meinst. Aber behaupte nicht, ich hätte dich nicht gewarnt.*

Was für eine Wonne, diese Italiener reden zu hören, dachte ich.

Mama wurde derweilen ungeduldig und versuchte, sich mit einem Hüsteln bemerkbar zu machen.

»*Momento*«, warf uns daraufhin einer aus der Gruppe knapp zu, und die vier kehrten zu ihrer Diskussion zurück.

Ungefähr zehn Minuten später, nach erschöpfender Erörterung des Themas und aller möglichen Lösungen, wandten die Männer sich meiner Mutter zu.

Und endlich begriffen sie das größere Problem – zwei behinderte Personen und nur ein Rollstuhl. Wieder entbrannte eine heiße Diskussion. Schließlich machte der Mann, der in der Gruppe offenbar das Sagen hatte, eine Bemerkung zu einem seiner Mitarbeiter, einem großen strammen jungen Burschen mit dunklem Haar, und wies auf meine Mutter.

Die Frau mit dem Gips wurde in einen mobilen Aufzug geschoben, der wie durch ein Wunder an der Kabinentür auftauchte, und der junge Helfer trat zu meiner Mutter. Sehr behutsam, aber auch sehr bestimmt nahm er sie bei der Hand und geleitete sie zum Aufzug. Er hielt ihre Hand, während sie abwärtsglitten, führte sie an der Hand in einen zweiten mobilen Aufzug, der sie zum Flugfeld hinunterbrachte, und ließ ihre Hand auch nicht los, während er langsam und geduldig mit ihr zum Terminal ging. Sie meinten wohl, wenn nur jemand sie bei der Hand nähme, könnte Mama schon irgendwie laufen.

Ein Mann von der Gepäckabfertigung hatte im Fracht-raum der Maschine den metallic-roten Rollator meiner Mutter entdeckt und schon aufs Vorfeld gebracht.

Der fesche junge Kavalier bat Mama zu warten und gesellte sich zu dem Gepäckmann. Gemeinsam kämpf-ten sie tapfer mit dem Packband und dem Schulterriemen einer alten Reisetasche, die den Rollator zusammenhiel-ten. »Den hab ich wirklich gut verpackt, nicht?«, flüsterte Mama mir stolz zu.

Plötzlich entsprang der Rollator seinen Fesseln, be-triebsbereit stand er da. Wie ein Kind, das unversehens ein Lieblingsspielzeug wiedergefunden hat, strebte Mama ihm mit unsicheren Schritten entgegen. Der junge Hel-fer schob ihr die Hand unter den Ellbogen, während sie sich samt Rollator in Bewegung setzte. Durch die Pass-kontrolle brachte er uns zu unserem Gepäck.

»Glaubst du, er bleibt den ganzen Urlaub bei uns?«, fragte Mama nervös kichernd. »Er sieht sehr gut aus, fin-dest du nicht auch? Tolle Haare. Soll ich ihm was geben? Er scheint auf ein Trinkgeld zu warten.«

Ungerührt blieb der junge Mann bei meiner Mutter sit-zen, während ich unsere Koffer vom Gepäckkarussell hievte, zum Mietwagenschalter schleppte und dann auf der Suche nach unserem gemieteten Auto über den ganzen Parkplatz schleifte.

»Du hättest dir wirklich von jemandem helfen lassen sollen«, tadelte mich Mama, nachdem sie sich mit einem »*Ciao*« von ihrem hilfsbereiten Schönling verabschiedet hatte und zu mir trat. Sie hatte tatsächlich die Zeit ge-funden, ihre Lippen nachzuziehen und frischen Puder aufzulegen.

»Leider bieten die Flughäfen alleinreisenden reifen Frauen, die körperlich fit sind, keine italienischen Pracht-kerle an«, entgegnete ich schlecht gelaunt.

Ich lud unsere zwei schweren Riesenkoffer, die beiden Reisetaschen und den Rollator auf den Rücksitz des Mietwagens, eines silbernen Ford Focus Kombi, der blitzend im grellen Licht einer nahen Straßenlampe stand. Drei Männer, die in der Nähe herumlungerten und rauchten, sahen mir zu, ohne einen Finger zu rühren.

Ich setzte mich hinters Steuer und ließ den Motor an. Mamas Parkerlaubnis für Behinderte, die sie aus Kanada mitgenommen hatte, legte ich aufs Armaturenbrett und nahm aus meiner Handtasche die Wegbeschreibung für die Fahrt nach Alberobello, das ungefähr anderthalb Stunden vom Flughafen entfernt lag.

Zwei Wochen vor unserer Abreise nach Italien war ich eines Nachts schweißgebadet erwacht, in heller Panik darüber, in Italien Auto fahren zu müssen. Ich sprang aus dem Bett, rannte nach unten und suchte bei Google unter *Autofahren in Italien*. Die gefundenen Internetseiten beschrieben die entsprechenden Verhältnisse als entweder »kompletten Wahnsinn« (was meine Befürchtungen bestätigte) oder »nicht so schlimm« (was die Unzuverlässigkeit von Google bestätigte). Ich konzentrierte mich auf die Seiten der ersten Kategorie und erfuhr alles über Tankstellen und die Bedienung der Zapfsäulen, las Horrorberichte über Irrfahrten in Wäldern aus Verkehrs- und Hinweisschildern, über den Drehwurm, den man sich in Verkehrskreiseln einfing, aus denen man niemals mehr hinausfand, und über die feinen Nuancen der Etikette auf italienischen Schnellstraßen. Nichts davon beruhigte mich.

Ich rief einen Freund an, der ein paar Jahre zuvor in Italien ein Auto gemietet hatte.

»Fährst du gern aggressiv?«, fragte er.

Ich war nicht sicher, ob es klug wäre, ihn zu bitten, das Wort »aggressiv« zu definieren.

In einer Studie des britischen Automobilclubs über die Länder mit den schlimmsten Autofahrern rangierte Italien gleich hinter Spanien an zweiter Stelle. Höchst beunruhigend war auch, dass im vergangenen Jahr beinahe fünfeinhalbtausend Menschen bei Verkehrunfällen ums Leben gekommen waren. Angesichts solcher Statistiken fragt man sich, ob nicht eine Reisewarnung herausgegeben werden sollte.

Es war schlimm genug, dass ich in Italien Auto fahren musste, aber dann auch noch nach einem Transatlantikflug *und* bei Dunkelheit! Fast ein Kamikazeunternehmen. Ich brauchte drei Versuche, um die Auffahrt zur Schnellstraße nach Alberobello zu finden. Aber als das endlich geschafft war, stellte ich überrascht und erfreut fest, dass das Autofahren in Italien nicht anders war als zu Hause. Schon nach wenigen Minuten auf der Autostrada überholte ich mit gewohntem Selbstvertrauen.

Dann verfuhren wir uns.

»Wo ist die Karte?«, fragte ich.

Unendlich langsam schlug Mama die Straßenkarte auf, die man uns bei der Mietwagenagentur mitgegeben hatte.

»Du bist mein Copilot. Meinst du nicht, du hättest die Karte schon aufgeschlagen auf dem Schoß haben sollen?«

»Sei nicht so schnippisch«, gab sie zurück. »Halt doch hier an der Tankstelle und frag.«

»Erstens ist sie geschlossen, und zweitens befinden wir uns in Italien, falls du das noch nicht gemerkt haben solltest. Da reden die Leute italienisch. Im Gegensatz zu uns.«

»Ach, die verstehen bestimmt auch Englisch«, widersprach sie. »Meine Freundinnen haben gesagt, dass in Italien jeder englisch spricht.«

»Deine Freundinnen haben eine Seniorenbusreise gemacht«, erinnerte ich Mama. »Sie haben nur Orte besucht, die von englischsprechenden Touristen überlaufen sind.«

Je weiter wir fuhren, desto weniger wusste ich, wo wir waren. Wir folgten Schildern zu einer Fünf-Sterne-Hotelanlage, die bis auf einen verdächtig aussehenden Mann, der auf dem Gelände herumspazierte, völlig verlassen war. Ich sprach ihn trotzdem an. Sein Englisch war noch dürftiger als mein Italienisch, aber das Wesentliche verstand ich, und wenig später erreichten wir eine Straße, die uns auf den richtigen Weg führte.

Dann verfuhren wir uns noch einmal.

»Da ist noch was geöffnet. Frag nach dem Weg«, regte Mama an.

»Nein, das sieht mir zu finster aus.«

»Schau mal, da vorn ist eine Tankstelle, die noch offen hat. Fahr einfach rein, dann frag ich.«

»Nein.«

»Also wirklich, wie kann man nur so stur sein! Du bist wie dein Vater.«

»Schnall dich an.«

»Ich mag nicht; das ist unbequem.«

»Es ist Vorschrift, Mutter. Schnall dich an.«

»Na gut. Ich bin angeschnallt.«

»Lüg mich nicht an. Hörst du dieses Piepen? Das zeigt an, dass der Gurt nicht angelegt ist. Jetzt schnall dich endlich an!«

Und so ging es weiter, Kilometer um Kilometer. Jetlag und Müdigkeit sorgten dafür, dass auch das letzte bisschen Höflichkeit flöten ging.

Irgendwann fanden wir endlich die richtige Abzweigung und fuhren dann schweigend eine endlose Strecke bis in den kleinen Ort Locorotondo. Auf einem Platz, an dem vier oder fünf Straßen zusammenliefen, hielt ich noch so einen einsamen Wolf an, der durch die dunklen Gassen streifte, und fragte nach dem Weg. Er schnappte sich meine Straßenkarte, begann dabei aber unkontrolliert zu schwanken. Mir wehte plötzlich ein Alkoholhauch entgegen, und ich riss die Karte wieder an mich.

»Siehst du? Das passiert, wenn man nachts wildfremde Leute anspricht!«, blaffte ich Mama an.

»Warum rufst du nicht einfach jemanden an?«, erwiderte sie.

»Womit?«

»Mit deinem Handy.«

»Ich habe kein Handy.«

»Du gibst doch sonst für alles Mögliche Geld aus, wieso hast du da kein Handy?«, hielt sie mir pikiert vor.

Ich mag diese Mobilmonster nicht – ich hasse ihre Aufdringlichkeit, ihre blechernen Klingeltöne, die Tyrannei ihrer Tarifangebote, den Mangel an Umgangsformen, zu dem sie ihre Benutzer verleiten. Ich bin entsetzt darüber, wie schnell sie von einer Gesellschaft angenommen wurden, in der die Leute offenbar kaum etwas mehr fürchten, als zehn Minuten zu schweigen oder allein zu sein. Und dann auch noch diese Märchen von den absolut unschädlichen elektromagnetischen Wellen. Blödsinn.

Es war nach Mitternacht, als wir das Rathaus fanden, den verabredeten Treffpunkt mit einem Immobilienverwalter, der uns zu unserem Häuschen führen sollte.

Mama und ich redeten kaum noch ein Wort miteinander.

»Jetzt gib ihm aber gründlich Saures dafür, dass er uns nicht am Flughafen abgeholt hat«, forderte sie, als wir auf dem Parkplatz anhielten und ein hochgewachsener Mann auf uns zukam. »Was hat der überhaupt für Sachen an?«

Ich hatte nicht einmal mehr zum Schimpfen genug Energie. Außerdem ist es ein Riesenunterschied, ob ich meine Mutter anschnauze oder einen völlig Fremden.

Zwar habe ich auch das schon fertiggebracht, aber diesmal war ich so klug, es mir zu verkneifen, zumal der große kräftige Mann, der sich uns näherte, ebenfalls ziemlich schlecht gelaunt zu sein schien.

Ich kurbelte mein Fenster hinunter und begrüßte ihn. Er hieß Chris, war Brite, lebte aber in Italien. Wir folgten ihm in unserem Wagen aus der trübe beleuchteten Stadt hinaus und krochen auf gewundenen, holprigen Straßen so lange durch stockfinstere Pampa, dass ich mich zu fragen begann, ob wir irgendwo im Dunkel der Nacht um die Ecke gebracht werden sollten.

Die Straße schlängelte sich um niedrige Steinmauern, die fast unseren Wagen streiften. Nach nordamerikanischen Maßstäben wäre er als kleiner Mittelklassewagen eingestuft worden, nach italienischen war er ein Straßenkreuzer. Meine Mordsangst vor einem Mord wurde durch eine nüchternere Sorge verdrängt: Hatte ich mir eigentlich die Schadensklausel unseres Mietwagenvertrags angesehen?

Der Motor soff ein paar Mal ab, als wir einen steilen, kurvigen Weg zu dem *trullo* hinauffuhren, den wir gemietet hatten. Ich fluchte kräftig. Mama schwieg, aber ihre starre Miene verriet mir, dass sie innerlich kochte. Zwei übellaunigere Gäste hatte Italien wohl selten empfangen.

Wir stellten den Wagen ab und mühten uns aus den Sitzen.

»Wie kriegt man das verdammte Ding wieder auf?« Wütend riss Mama an ihrem Sicherheitsgurt.

Chris war schon an der Tür des *trullo* und hantierte im Dunkeln mit einem großen Schlüsselbund. »Das ist manchmal ein bisschen nervig«, bemerkte er mit einem frustrierten Seufzer, während er einen Schlüssel nach dem anderen probierte. Schließlich fand er den richtigen und stieß die Tür auf.

Als er Licht machte, war der Tag gerettet – oder besser, die Nacht. Der *trullo* war ein Traum, übertraf noch das Versprechen der Internetfotos. Weiß getünchte steinerne Wände wölbten sich zu Kuppeldecken; glänzende, diagonal verlegte Terracottakacheln bedeckten die Böden; Nischen unterschiedlicher Größe und Form waren in die Wände gehauen – zum Teil als Fenster, zum Teil als Regale für Bücher, DVDs und andere Dinge. Durch breite Rundbögen gelangte man von Zimmer zu Zimmer. Die Holzrahmen der Türen und Fenster waren in dunklem Braun gebeizt. Das Wohnzimmer, in dem wir standen, war mit schwarzen Ledersofas sowie Tischen und Kommoden aus Naturkiefer eingerichtet. In einem kleinen Alkoven, der vom Wohnzimmer abging, bemerkte ich einen offenen Kamin.

»Den benutzen Sie besser nicht«, warnte Chris mich, als er sah, in welche Richtung mein Blick ging. »Ich weiß nicht, ob er überhaupt funktioniert.«

Zum Trost erklärte er mir die Heizung und das Verriegelungssystem der mit Innenläden aus Holz versehenen Türen und gab mir schließlich erschöpfende Anweisungen zum Gebrauch des Fernsehers samt Videorekorder und DVD-Player, die allesamt in meinem reisemüden Hirn verrauchten. Doch selbst hellwach und ausgeruht stehe ich mit Bedienungsanleitungen für elektronische Geräte jeder Art auf Kriegsfuß.

Schließlich drückte Chris mir ein Schlüsselbund, das einer Beschließerin würdig gewesen wäre, in die Hand – jede Tür im *trullo* hatte zwei Schlösser und die Haustür sogar drei –, wünschte uns eine angenehme Nacht und verschwand in der Finsternis.

Ich sah den Rücklichtern seines Kleinwagens nach, die den steilen Weg hinunter verschwanden und am gegenüberliegenden Hang wieder auftauchten. Mit plötzlichem

Erschrecken fiel mir ein, dass ich für den Notfall nicht einmal seine Telefonnummer hatte, ja, dass es in unserem *trullo* überhaupt kein Telefon gab.

Mama war schon losgegangen, um die Badezimmer zu inspizieren, und ich sah mir den Rest unserer Behausung an.

Neben dem vorderen Zimmer gab es einen kleinen Schlafraum mit zwei Betten, Teil des ursprünglichen Baus. Der hintere Bereich des *trullo* jedoch war ein moderner Anbau mit zwei Schlafräumen – jeder mit einem breiten Doppelbett, einer davon (den Mama sofort für sich beanspruchte) mit anschließendem Bad –, einer Küche mit kleinem Wäscheraum und einem zweiten Bad. Aus den Schlafzimmern und der Küche gelangte man direkt auf die Terrasse und zu einem Pool, dessen Form an eine Sanduhr erinnerte.

Ich stöberte ein wenig in der Küche herum, öffnete Schränke und Schubladen. Vorräte waren genug vorhanden – Pasta, Tomatensoße, frischer Käse, knuspriges italienisches Brot, Olivenöl, Salat, Tomaten. Und zwei Flaschen Wein. Eine – die mit dem Roten – öffnete ich und schenkte uns großzügig ein.

Mama und ich ließen uns in die schwarzen Ledersofas im Wohnzimmer sinken.

»Auf Italien und unser gemeinsames Abenteuer!« Strahlend hob Mama ihr Glas.

Die Gereiztheiten zwischen uns – die größtenteils von meiner Seite ausgegangen waren – wurden mit keinem Wort erwähnt, und ich schaffte es auch nicht, mich zu entschuldigen.

# 3

# Alberobello, Martina Franca, Locorotondo

Regen trommelte auf das Schieferdach des *trullo*, als ich am Morgen erwachte.

Ich schlug die Bettdecke zurück, stand auf und öffnete die schweren Innenläden der Glastür, um durch die Scheibe hinauszuschauen. Strömender Regen prasselte auf die Terrasse und das Wasser im Pool, dass es nur so spritzte.

Als ich die Tür aufzog, um die linde italienische Luft hereinzulassen, fegte mir eine bitterkalte Brise ins Gesicht – so eisig, wie ich sie in keinem kanadischen Winter je erlebt hatte. Ich schnappte heftig nach Luft und knallte die Tür zu.

Ernüchtert blickte ich auf meinen geöffneten Koffer hinunter, der von all den unnützen Klamotten überquoll, die ich eingepackt hatte: zwei Badeanzüge, Caprihosen, lange flatternde Röcke, ärmellose Tops, Riemchenschuhe. Es fehlten: warme Pullis, Wollsocken, Gummistiefel, Handschuhe und eine Wärmflasche.

Ich zog den einzigen Pulli an, den ich mitgenommen hatte – ein voluminöses Ding in einem ekligen blassen Grün mit V-Ausschnitt, das ich im letzten Moment noch in den Koffer geworfen hatte –, und ging ins Wohnzimmer. Beim Blick durch ein kleines Fenster sah ich durch den Regen und sich allmählich lichtenden Nebel hindurch beunruhigt, wie hoch am Berg unser *trullo* tatsächlich gebaut war. Der Weg wand sich steil in den Abgrund hinunter und zog sich auf der anderen Seite einen ebenso steilen, von tiefen Furchen durchzogenen Hang wieder hinauf. Es schien mir bereits unmöglich, ihn zu Fuß zu bewältigen, geschweige denn mit dem Auto. Ich konnte es kaum fassen, dass ich im Stockdunklen diesen Weg gefahren war, ohne vor Angst zu schreien.

Mama war wach, als ich in ihr Zimmer kam.

»Na, der ideale Urlaubsbeginn ist das ja nicht gerade«, brummelte sie, während sie unter einem Berg dicker Decken hervorspähte. »Hat es aufgehört zu regnen?«

»Es klart bestimmt bald auf«, versicherte ich ihr. »Schließlich sind wir hier in Süditalien. Lass uns doch einfach in die Stadt fahren.«

Der Vorschlag schien sie nicht zu begeistern.

»Wozu denn?«, fragte sie unwillig.

»Weil wir gerade in Italien angekommen sind«, antwortete ich ungeduldig. »Bist du denn nicht neugierig auf die Gegend hier? Ich setz schon mal Wasser auf.«

Sie sagte nichts mehr und rappelte sich tapfer auf, um aus dem Bett zu kommen.

Während wir bei Tee und getoastetem Baguette in der Küche saßen, hörten wir in der Ferne Donnergrollen.

»Wann wolltest du losfahren?«, erkundigte sich Mama.

»Jetzt gleich. Passt dir das?«

»Nicht so ganz«, antwortete sie etwas verschämt. »Bei mir dauert es immer eine Weile, ehe etwas geht.«

»Okay, sagen wir, fünf Minuten?«

Sie zuckte zusammen. »Zu kurz. Ich sag doch, bei mir dauert es eine Weile, ehe *etwas geht.*«

»Ach so.« Endlich hatte ich begriffen.

»Ich sag dir Bescheid«, versprach sie und machte sich auf den Weg zum Badezimmer.

Ich wartete. Und wartete. Sie brauchte mit ihrer Morgentoilette länger als meine halbwüchsige Tochter. Ich vertrieb mir die Zeit mit einem englisch-italienischen Sprachführer für die Reise.

Mein italienisches Lieblingswort ist *andiamo*, übersetzt: »Los, auf, gehen wir!« Es drückt so viel Energie, Enthusiasmus und Optimismus aus. Wenn ich voller Tatendrang und Erwartungsfreude bin, sage ich: »*Andiamo*«. Der Klang dieses Wortes begeistert mich. Ich hatte so eine Ahnung, dass ich es auf dieser Reise häufig gebrauchen würde, aber nicht im positiven Sinn.

Mama riss mich aus einem Nickerchen, als sie eine Stunde später aus dem Bad kam.

»Okay, ich bin so weit«, verkündete sie. »Wo hab ich jetzt nur meine Brille hingelegt?«

Weitere vier Minuten vergingen.

Sie fand die Brille und begann, in ihrer Handtasche zu kramen.

»Ich dachte, ich hätte Kleenex-Tücher eingesteckt. Wo sind sie denn nur? Könntest du mir ein paar aus dem Bad holen?«

Noch eine Minute.

»Jetzt brauche ich noch meinen Inhalator. Warte mal. Vielleicht habe ich ihn in der Tasche.«

Wieder begann sie, schultertief darin zu wühlen.

»Ah, da könnte er sein. Ja. Da ist er tatsächlich. Ich sollte wirklich mal meine Tasche ausmisten.«

Zwei Minuten.

»Was meinst du, soll ich den Stock nehmen oder den Rollator? Na ja, der Rollator ist sowieso im Auto, nicht wahr? Am besten nehme ich beides mit. Was hab ich sonst noch vergessen?«

Ich riskierte es. »Vielleicht, dass mir bald der Geduldsfaden reißt?«

Sie blieb mitten im Zimmer stehen, legte einen Finger an die Lippen und starrte ins Leere, während sie im Geist die Möglichkeiten durchging.

Noch mal zwei Minuten.

Plötzlich richtete sie sich auf. »Na ja, so wichtig kann's nicht sein, wenn es mir jetzt nicht einfällt.«

Mühsam trippelnd ging sie durchs Zimmer zur Haustür und hinaus auf die Terrasse. Das alles kostete schlappe weitere drei Minuten.

Ich folgte ihr, doch an der Tür brauchte ich einige Zeit, um den richtigen Schlüssel zum Absperren zu finden.

»Wo bleibst du denn so lang?«, rief Mama, die inzwischen am Auto angelangt war.

Kaum hatte ich den Wagen gestartet, fing das Anschnallsignal wieder an zu piepsen.

»Sicherheitsgurt«, wies ich Mama an.

»Ach was«, entgegnete sie wegwerfend. »Hier brauchen wir uns doch nicht anzuschnallen.«

»O doch.«

»Aber es ist so unbequem.«

Sie erstarrte, als ich mich über sie beugte, den Gurt auf ihrer Seite herausriss, über ihren Oberkörper legte und energisch die Steckzunge ins Schloss drückte, nachdem ich den Gurt auf eine komfortable Länge eingestellt hatte. Aber Mama zufolge sitzt man ja mit Gurt nie komfortabel. Vor Jahren hat sie einmal ernsthaft erwogen, die Sicherheitsgurte in ihrem Auto einfach abzuschneiden, weil die Dinger, wie sie erklärte, nicht nur lästig seien – ständig verklemmten sie sich in der Tür –, sondern auch unästhetisch.

Ich musste an die Zeiten vor etwa zwanzig Jahren denken, als es für mich zur täglichen Routine gehört hatte, meinen Nachwuchs in den Kindersitzen anzuschnallen, wenn wir das Auto benutzt hatten. Nie hatten sie sich gesträubt; im Gegenteil, sie waren die fügsamsten und vernünftigsten kleinen Wesen gewesen und hatten die Notwendigkeit, sich im Wagen anzuschnallen, immer klaglos akzeptiert.

Damals hätte ich meine Kinder am liebsten nicht von meiner Seite gelassen, es war wunderbar, ihren frischen Duft zu riechen, das Strahlen ihrer Augen zu sehen. Manchmal griffen sie mir mit ihren noch ungeschickten kleinen Händchen in die Haare und zogen mein Gesicht ganz nah zu sich heran, um mir einen Kuss zu geben, und lachten hinterher halb verlegen, halb triumphierend.

Doch das hier war meine Mutter, nicht eines meiner Kinder. Ich roch den vertrauten Duft ihres Puders, aber zärtliche Empfindungen löste das nicht aus.

Ich kann nicht behaupten, dass es mir leichtfiel, meine Mutter zu bemuttern. Was mir als Mutter selbstverständlich ist, kostet mich als Tochter große Anstrengung. Das liegt sicher an der Distanz, die im Lauf der Jahre zwischen uns entstanden ist.

»Du brauchst mich wirklich nicht wie ein kleines Kind zu behandeln«, sagte Mama unwirsch. »Ich kann mich schon selber anschnallen, vielen Dank.«

Sie schnaubte empört, als ich prüfte, ob der Gurt auch wirklich geschlossen war. Als altgediente Mutter ignorierte ich die beleidigte Reaktion.

Schweigend fuhren wir auf schmalen, regennassen Straßen, die sich durch eine wellige Landschaft schlängelten, in Richtung Alberobello. Durch die Windschutzscheibe, an der das Wasser nur so herunterlief, war kaum etwas zu erkennen.

An einer Straße, die mir eine Hauptverbindung zu sein schien, bog ich links ab, und Augenblicke später tauchten aus dem Regen die ersten Bauten auf, die ankündigten, dass wir uns einem größeren Ort näherten: eine Gärtnerei, vereinzelte Restaurants, eine Keramikhandlung, in der Kacheln und Bodenfliesen verkauft wurden. Nichts schien geöffnet zu haben.

Wir fuhren in eine Tankstelle, aber niemand kam, um uns zu bedienen. Ich stieg aus und ging in den dazugehörigen Imbiss.

»*Chiuso oggi. Tutto*«, verkündete der junge Mann hinter dem Tresen kurz und bündig und machte eine Geste, als wolle er eine Fliege verscheuchen. Heute geschlossen. Alles. Einen Grund nannte er mir nicht.

»Die Stadt hat heute zu«, erklärte ich meiner Mutter, als ich wieder in den Wagen stieg.

»Warum?«

»Keine Ahnung.« Ich zuckte mit den Schultern.

»Aber heute ist doch Donnerstag.«

Wir fuhren die leeren Straßen von Alberobello hinauf und hinunter. Eine Stadt, in der sich überhaupt nichts rührt, hat etwas Bedrückendes. Am Ende kapitulierten wir seufzend und fuhren zurück zu unserem *trullo*.

Dort angekommen, verkrochen wir uns in die Wärme unserer Betten. Ich zog meinen Schlafanzug wieder an und darüber den schleimgrünen Pulli. In Schränken und Schubladen stöberte ich erfolglos nach zusätzlichen Decken. Wie konnte es nur sein, dass es in Italien – meinem wunderbaren, warmen Italien! – kälter war als in Kanada?

Ich schaute noch einmal nach Mama. »Ist dir warm genug?«, fragte ich.

Aber sie schlief schon.

Am nächsten Tag unternahmen wir den nächsten Ausflugsversuch.

Tiefer als jeder Kulturschock erschütterte mich die absolute Orientierungslosigkeit, der ich mich hier ausgesetzt fühlte. Die Karte war keine Hilfe, in ihr waren die zahllosen kleinen Straßen und Fahrwege nicht eingezeichnet, die in allen Richtungen von der Hauptstraße, oder dem, was ich für die Hauptstraße hielt, abzweigten.

Gewissenhaft folgten wir den Schildern, die zum nahe gelegenen Städtchen Locorotondo wiesen, und landeten unserem Bemühen zum Trotz in einem ganz anderen Ort, Martina Franca. Völlig perplex schaute ich auf die Karte in meinem Schoß. Mir war schleierhaft, wie wir hierhergekommen waren, und noch schleierhafter, wie wir wieder nach Hause finden sollten.

Aber in Martina Franca war wenigstens etwas los. Wir krochen durch kleine Straßen voller Menschen und Autos, in denen ständig Fußgänger ohne Rücksicht auf den Verkehr die Fahrbahn kreuzten.

»Oh, schau mal!«, rief Mama. »Eine Kirche. Halt an. Da will ich rein.«

»Hier kann man schlecht halten«, erwiderte ich mit einem Blick in den Rückspiegel und riss den Wagen fast gleichzeitig vor einem entgegenkommenden Fahrzeug zur Seite. »Hinter uns staut sich der Verkehr. Steig du aus und geh rein. Ich versuche, einen Parkplatz zu finden.«

»Du bist gerade an einem vorbeigefahren, Jane. Warum hast du den nicht genommen?«

»Wo denn?« Ich drehte den Kopf und sah gerade noch, wie ein Kleinwagen sich in die freie Lücke schob. »Wie soll ich nach Parkplätzen Ausschau halten und gleichzeitig Auto fahren, noch dazu in einem fremden Land?«

»Du würdest sie schon sehen, wenn du mal deine schlechte Laune wegpacken würdest. Jetzt halt einfach an.«

Ich stoppte mitten auf der Straße und zog die Handbremse.

Mama stieß die Tür auf – sie schaute gar nicht erst, ob ein Auto oder Fahrrad kam, hatte aber Glück – und quälte sich umständlich aus dem Wagen. Inzwischen sprintete ich nach hinten, hob die Heckklappe und holte den Rollator heraus. Im Rücken spürte ich den Druck geballter italienischer Ungeduld, die sich in wütendem Hupen Luft machte.

Wenn mir sonst so etwas passiert und ich mich im Recht fühle, weil ich aus triftigem Grund angehalten habe, erlaube ich mir einen kleinen Ausbruch moralischer Entrüstung, dem ich mit gewissen Fingerzeichen und Ausdrücken, die alles andere als ladylike sind, Nachdruck verleihe. Aber diesmal hinderte mich irgendetwas daran. Vielleicht war es das Gesicht des alten Mannes am Steuer des Autos, das beinahe meine hintere Stoßstange berührte. Mir fehlten einfach die Worte – jedenfalls die italienischen.

Stattdessen behielt ich Mama im Auge, die sich tapfer aus dem Wagen kämpfte, langsam ihren Rollator über den Bordstein zum Gehweg hievte und sich auf den mühsamen Weg zur Kirche begab.

»Lieber Gott«, murmelte ich, »gib mir den Gnadenschuss, bevor es mit mir auch so weit kommt.«

Ich setzte mich wieder in den Wagen und lenkte ihn auf der Suche nach einem Parkplatz im Schneckentempo durch ein Labyrinth enger Straßen. Beinahe am Ausgangspunkt zurück, entdeckte ich – jawoll, jawoll, jawoll! – eine Lücke dicht bei der Kirche, bei der ich Mama abgesetzt hatte. Ich schwitzte vor Anstrengung, als ich das Auto unter Einsatz all meiner Lenkkünste endlich ganz ohne Kratzer hineinbugsiert hatte, stieg hochbefriedigt aus, sperrte ab und wollte mich gerade zur Kirche aufmachen, als ich Mama auf mich zukommen sah.

»Ich dachte, du wolltest dir die Kirche ansehen«, drückte ich meine Verwunderung aus.

»Ich habe sie gesehen und gebetet. Sie ist wunderschön«, berichtete sie. »Fahren wir weiter.«

Wenn ich bete, ist das nie so schnell erledigt. Zu meinen Gebeten könnte Gott sich immer in einen bequemen Sessel hauen und in aller Ruhe eine große Tasse Kaffee schlürfen.

Niedrige Steinmauern säumten zu beiden Seiten die zweispurige Schnellstraße zurück nach Alberobello. Vor uns kam auf einer Hügelkuppe ein Ort in Sicht. Eine Kirchenkuppel und ein Glockenturm aus weißem Stein erhoben sich beeindruckend über weiß gekalkten Steinmauern, die terrassenförmig angelegte Felder befestigten. Wir hatten Locorotondo erreicht.

Die Wegweiser, denen wir zum *centro storico* folgten, führten uns genau zu dem Rathaus, an dem wir uns wenige Abende zuvor mit Chris getroffen hatten. Auf dem belebten Platz davor waren Stände und Buden mit farbenfrohen Waren aller Art aufgestellt.

»Das ist bestimmt der Markt«, sagte ich zu Mama. »Ich lass dich hier raus und komme nach, wenn ich einen Parkplatz gefunden habe.«

Nachdem ich ihr hinausgeholfen und den Rollator aufgestellt hatte, wartete ich, bis sie sich in Bewegung setzte, ehe ich zur nächsten Parkplatzexpedition aufbrach.

Wir waren erst seit zwei Tagen in Italien, aber es ärgerte mich bereits, dass ich ständig mit dem Auto herumkutschieren und Parkplätze suchen musste. Sonst bin ich auf Reisen immer frei wie der Wind. Meistens bin ich zu Fuß unterwegs und kann kommen und gehen, wohin es mich gerade treibt, je nach Laune verweilen oder weiterziehen. Nicht auf dieser Reise. Da war ich durch die Verantwortung für jede Kleinigkeit gebunden. Ich musste mich nicht nur um meine Mutter und ihren Rollator kümmern, ich musste das Auto fahren, immer den richtigen

Weg finden, mich mit den Italienern auseinandersetzen, wenn es etwas zu regeln gab, jede Fahrt planen, ja zum Teufel, ich musste sogar entscheiden, wann und wo und was wir essen wollten. Wenn mir bisweilen vorgeworfen wurde (meist von einem Ex-Ehemann), ich müsse ständig alles bestimmen, gab ich darauf stets dieselbe logische Antwort: »Irgendjemand muss es ja tun.« Aber ehrlich, der Vorwurf war einfach ungerecht. Ich würde alles tun – wirklich *alles*! –, wenn wenigstens eine Woche lang mal jemand anderes die Initiative ergreifen und mir die täglichen Pflichten und Entscheidungen abnehmen würde.

Mama hatte schon den halben Markt inspiziert, als ich zu ihr stieß. Sie und ihr roter Rollator können erstaunliche Geschwindigkeiten entwickeln.

Verkauft wurde hier so ziemlich alles, was man sich vorstellen kann: Kleidung fragwürdigen Stils und zweifelhafter Auslese, Plastikkörbe, kleine Elektrogeräte für den Haushalt, Handtaschen aus Leder oder Lederimitat (sie verlockten mich nicht zu näherer Begutachtung), Steppdecken und Bettbezüge mit großen hässlichen Blumenmustern in blassen Pastellfarben sowie diverse Küchenhilfen, die nützlich sein mochten, denen aber jeder ästhetische Charme fehlte.

Mama und ich fielen auf wie die sprichwörtlichen bunten Hunde in diesem Gewimmel einheimischer Frauen. Es gab viele schwarz gekleidete alte mit zerfurchten Gesichtern und großen, fest unter ihrem Kinn verzurrten Kopftüchern, aber auch jüngere in modischen Jeans, die, wenn die Mienen mit den zusammengekniffenen Augen und der gerunzelten Stirn etwas über das Leben dieser Frauen aussagten, wahrscheinlich dennoch ein hartes, karges Dasein fristeten. Sie alle zogen mit gleichgültigen Blicken an den Ständen vorbei, nahmen hier und da einen Gegenstand zur Hand, als wollten sie die Verkäufer reizen, die dann augenblicklich herbeischossen und marktschreierisch ihre Ware anpriesen, wobei nie der Zusatz fehlte, dass heute ausnahmsweise alles dreißig Prozent herabgesetzt sei.

Meine Mutter war in dieser Menge leicht zu erkennen. Sie trug eine beigefarbene Hose mit passender Reißverschlussjacke. Sie war die einzige Blondine weit und breit und schob einen metallic-roten Rollator, der hier, nach den vielen neugierigen Blicken zu urteilen, eine kleine Sensation darstellte.

Die Verkäufer drehten auf volle Lautstärke, sobald sie uns unbedarfte Touristinnen witterten, einige buhlten sogar mit rührenden Versuchen, englisch zu sprechen, um uns. Einen Moment war ich versucht, mein bescheidenes Italienisch auszuprobieren, aber dann schienen mir die Kenntnisse, die ich besaß (oder zu besitzen glaubte), doch völlig unzureichend.

Einer der schmalen Gänge zwischen den Ständen führte uns unversehens zu einer niedrigen mittelalterlichen Kirche mitten auf einer kleinen Piazza. Gerade wollten wir hineingehen, als ich englische Laute hörte. Ich schob mich näher an die zwei Frauen heran, die etwas entfernt in angeregtem Gespräch standen, um mich zu vergewissern, dass ich richtig gehört hatte, dann stürzte ich mich auf sie wie auf lang vermisste Freundinnen.

»Sie sprechen Englisch?«, fragte ich vielleicht eine Spur zu überschwänglich und überschüttete die beiden sogleich mit einem Schwall von Fragen. »Können Sie uns vielleicht ein bisschen was über die Gegend hier sagen? Wieso schließen hier mitten in der Woche in den Städten sämtliche Geschäfte? Wie finden wir uns hier am besten zurecht?«

Die Frauen kamen aus Schottland und verbrachten seit vielen Jahren ihre Urlaube hier, wie mir die lustige

Dicke mit den dunklen Haaren und den vorstehenden Zähnen erklärte. Die andere, schmächtig, mit stachligem grauem Kurzhaarschnitt und strenger Miene, sprach kein Wort.

»Wir haben gerade einen *trullo* gekauft«, berichtete die Dicke begeistert. Ihr Englisch wies einen starken schottischen Akzent auf. »Jetzt wollen wir renovieren. Gestern haben wir uns die Pläne angeschaut.«

Ich gratulierte ihnen. Im Ausland eine Immobilie zu kaufen und zu renovieren, das braucht eine Menge Mut und Gottvertrauen.

»Sie sprechen sicher fließend Italienisch.« Ich gab mich Phantasien hin, wie sie Mama und mich während unseres Aufenthalts in Alberobello unter ihre Fittiche nehmen würden.

»Von wegen, wir sprechen beide kaum ein Wort, obwohl wir seit fünfzehn Jahren hierherkommen«, bekannte die Dicke lachend. »Sagen Sie einfach immer: ›*Il mio italiano è poco e male.*‹ Das heißt wörtlich: ›Mein Italienisch ist wenig und schlecht.‹«

Sie sprach mir den Satz langsam und artikuliert vor und forderte mich dann auf, ihn zu wiederholen. Ich vermute, sie war Lehrerin.

»Was ist eigentlich mit dem Wetter los?«, fragte ich weiter. »Ich dachte, es wäre viel wärmer hier.«

»Ja, es ist frisch heute, nicht?« Sie zog ihre Wolljacke fester um ihren ausladenden Busen. »Letzte Woche hätten Sie hier sein sollen. Das Wetter war göttlich. Dreiundzwanzig Grad.«

Diese Worte sollte ich während unserer Reise noch oft zu hören bekommen. Ich wünschte den beiden Frauen alles Gute und machte mich auf die Suche nach Mama, die irgendwann während des Gesprächs abgewandert war.

Ich fand sie beim Stöbern an einem Stand mit Küchen-

utensilien; sie hielt einen Pfannenwender in der Hand, als
erwöge sie, ihn zu kaufen. Ich nahm ihn ihr vorsichtig aus
den Fingern und legte ihn wieder auf den Tisch.

»Wie hast du es geschafft, dich mit diesen Frauen zu
unterhalten?«, fragte Mama verwundert.

»Sie haben englisch gesprochen«, antwortete ich. »Das
hat es mir ein klein wenig leichter gemacht.«

»Na, für mich hörte sich das ganz anders an.«

Wir gingen noch ein Stück, aber Mama wurde jetzt
langsam müde.

»Hast du genug?«

Sie nickte.

»Dann lass uns zurückfahren.«

Ich verabredete einen Treffpunkt mit ihr und brachte
sie noch über die Straße, ehe ich loslief, um das Auto zu
holen. Der Parkplatz hatte sich während meiner Abwe-
senheit in ein wüstes Chaos verwandelt, überall kreuz
und quer abgestellte Fahrzeuge, von Ordnung und Organisation keine Spur mehr. Als hätte man einem Blinden
den Parkwächterjob gegeben.

Mein Wagen wurde von einem alten roten Fiat blo-
ckiert, aber noch ehe ich reagieren konnte, kam stolpernd
ein älterer Mann angerannt, warf sich in den Fiat und
fuhr ihn weg. Ich winkte zum Dank, aber er hatte sich
schon auf die Suche nach dem nächsten geparkten Auto
gemacht, dem er den Weg verstellen konnte. Blind schien
er folglich nicht zu sein.

Vorsichtig manövrierte ich den Wagen vom Platz, selbst
verwundert, dass ich nirgends aneckte, und fuhr zum
Treffpunkt an der einen Ecke des Markts, um Mama ab-
zuholen. Dann wieder raus aus dem Wagen, Heckklappe
hoch, Mama die Autotür aufgerissen, Rollator zusam-
mengeklappt und verstaut, zurück hinters Lenkrad, angeschnallt, fertig zum Start. In der Zeit, die ich brauchte, um

das alles zu erledigen, hatte Mama es mit Müh und Not geschafft, ein Bein ins Auto zu heben.

Mich ständig ihrem schleppenden Tempo anpassen zu müssen, gab mir das Gefühl, mich in Dauerzeitlupe zu bewegen. Es machte mich wahnsinnig. Nur mir Mühe unterdrückte ich den Impuls, sie mit einem barschen »*Andiamo*« zur Eile anzutreiben.

Auf ländlichen Straßen rumpelten wir von Locorotondo aus Richtung Heimat und verließen uns bei der Fahrt an uralten Olivenhainen, leeren Weideflächen, Weingärten und Ackerland vorbei einzig auf unseren Instinkt und irgendwie bekannt erscheinende Besonderheiten der Landschaft. Auf einem fernen Feld mähte eine einsame gebeugte Gestalt in gleichbleibendem Rhythmus die Grenzraine. Rauch stieg aus dem Kamin eines bescheidenen Häuschens auf. Es waren die einzigen Zeichen menschlicher Präsenz. Die Verlassenheit des Landstrichs war beinahe gespenstisch.

Dann aber bewegte sich auf der leeren Straße vor uns etwas, und wir erkannten einen Reiter, der uns entgegenkam. Ich nahm den Fuß vom Gaspedal.

Uns bot sich ein überaus netter Anblick – und ich spreche vom Reiter, nicht vom Pferd. Der Mann sah gut aus und wirkte sehr elegant in der Reithose und dem maßgeschneiderten Tweedjackett nach Art eines englischen Lords. Sorglos und unbekümmert, so schien es, ritt er uns in lässiger Haltung entgegen, hoch zu Ross, aber nicht auf dem hohen Ross. In der einen Hand, die in einem braunen Lederhandschuh steckte, hielt er die Zügel, die andere war zu seinem Ohr erhoben: Er führte einen gemütlichen Plausch an seinem Handy.

Mit einem lächelnden Gruß ritt er an uns vorbei.

»Da siehst du's«, knurrte Mama vorwurfsvoll. »Sogar er hat ein Handy.«

Regen und Kälte hielten an, und Mama bekam einen Bronchialhusten, der immer besorgniserregender wurde. Ich wusste nicht, ob ich eine beginnende Lungenentzündung oder einen drohenden Schlaganfall infolge der ständigen Anstrengung fürchten sollte. Die Sorge und das fortwährende Husten hielten mich nachts wach.

Eines Morgens quälte ich mich zitternd vor Kälte und Schlafmangel in aller Frühe aus dem Bett, nahm eine meiner Decken und brachte sie Mama hinüber.

Auf mein Klopfen rührte sich nichts. Ich versuchte es noch einmal, etwas lauter jetzt. Immer noch blieb es still. Schließlich zog ich vorsichtig die Tür einen Spalt auf. Mama lag auf dem Rücken, den Blick zufrieden zur Decke gerichtet, und hustete ab und zu vor sich hin. Sie hatte mich offensichtlich nicht gehört. Ich hüstelte meinerseits ein wenig, aber auch das bekam sie nicht mit.

»Herrgott noch mal, besorg dir endlich ein Hörgerät, Mama!« Noch immer reagierte sie nicht.

Ich schloss die Tür leise wieder und riss sie, nachdem ich noch einmal laut geklopft hatte, geräuschvoll auf.

»Guten Morgen.« Sie wandte mir das Gesicht zu.

»Ich konnte nicht schlafen«, erklärte ich. »Ich hab dir hier noch eine Decke gebracht. Du hast mich mit deinem Husten wach gehalten.«

»Hast du gut geschlafen? Hoffentlich hat dich meine Husterei nicht gestört.«

»Doch«, antwortete ich müde und voller Überdruss.

»Ach, das ist schön«, erwiderte sie. »Ich selbst habe leider schlecht geschlafen.«

Ich drehte meinen körpereigenen Lautstärkeregler deutlich nach oben. »Soll ich dir irgendwas bringen?«

»Na ja, ich müsste jetzt eigentlich meinen Blutzucker messen. Wegen dem Diabetes, du weißt schon.«

Ich holte ihr das Mess-Set aus dem Bad.

»Kannst du mir aufhelfen?« Sie streckte mir den Arm entgegen.

Ich zog sie hoch und half ihr sich umdrehen, sodass sie auf der Bettkante sitzen konnte. Sie reichte kaum mit den Fußspitzen zum Boden und baumelte im Sitzen wie ein Kind leicht mit den Beinen. Eine Welle der Fürsorglichkeit schoss in mir hoch.

»Warte, ich zeig dir, wie man das macht.« Eifrig öffnete sie ihr Mess-Set.

So weit ist es gekommen, dachte ich, als ich mich neben sie aufs Bett setzte. Meiner Mutter bei der Blutentnahme zuzuschauen, ist jetzt das große Urlaubsereignis.

Mit einer winzigen Nadel piekste sie in ihren Finger, ein Blutstropfen quoll heraus, und das LCD-Display auf ihrem Messgerät zeigte sofort den ermittelten Wert an.

»Fünf komma vier?«, rief sie ungläubig und überprüfte die Anzeige.

»Ist das schlecht?«, fragte ich beunruhigt.

»Es ist phantastisch«, antwortete sie. »So niedrig war der Wert noch nie. Ich frage mich, was ich richtig mache.«

»Du solltest dich wieder hinlegen«, meinte ich. »Nicht dass dir kalt wird. Wir bleiben heute mal zu Hause. Ich bringe dir eine Tasse Tee.«

In der Küche setzte ich Wasser auf. Während ich wartete, bemerkte ich draußen beim Pool den Verwalter. Ob Regen oder Kälte, Chris sorgte dafür, dass der Pool stets in tadellosem Zustand war. Wie gern wäre ich einmal hineingesprungen.

»Das Wetter ist abartig«, schimpfte er, als ich später zu ihm auf die Terrasse hinausging. Offenbar hatte er meine Frage vorausgesehen. Sein kurzes braunes Haar war feucht. »Sie hätten vor einer Woche kommen sollen.«

»Ja, das habe ich schon gehört.«

»Wie geht es Ihrer Mutter?«

»Nicht so gut. Sie hat einen scheußlichen Husten. Der *trullo* ist aber auch eiskalt.«

»Haben Sie denn nicht die Heizung hochgedreht?«

»Ich habe mich nicht getraut, daran herumzufummeln«, bekannte ich. »Gibt es irgendwo noch ein paar Decken?«

»Massen. Ich zeige Ihnen, wo sie sind. Aber jetzt bringen wir erst mal die Heizung auf Touren.«

Ich bekam eine überflüssige Einweisung für die Thermostaten – ehrlich, sogar ich weiß, wie die Dinger funktionieren –, dann zeigte Chris mir den Stapel Decken in dem abgeschlossenen Schrank, dessen Schlüssel dummerweise nicht an dem Riesentrumm von Bund gewesen war, das er mir gegeben hatte.

Aus Mamas Schlafzimmer hörten wir übles Gebelle und Gekrächze. Erschrocken sah Chris mich an.

»Ich weiß, ich sollte ihr schleunigst ein Medikament besorgen«, sagte ich. »Gibt es hier in der Nähe eine Apotheke?«

»Ich fahre Sie«, erbot er sich. »Dann zeige ich Ihnen auch gleich eine Abkürzung.«

Ich war froh, zur Abwechslung einmal nicht selbst fahren zu müssen und jemand anderem die Entscheidungen zu überlassen.

Zu der versprochenen Abkürzung kann ich nur sagen, dass es so etwas in Italien nicht gibt; halten Sie mich ruhig für eine Miesepetra. Chris' »Abkürzung« jedenfalls erwies sich als so umständlich und verzwickt, wie man es sich nicht einmal im größten Depressionsschub vorstellen könnte. Als wir endlich vor der Apotheke hielten – und ich hatte keine Ahnung, ob wir in Martina Franca oder Locorotondo oder überhaupt noch in Italien waren –, hatte ich jegliche Orientierung verloren. Hätte Chris mich gebeten, allein wieder zurückzufahren, wäre ich wahrscheinlich jetzt noch unterwegs.

Die *farmacia* war ein hübscher, etwas prätentiöser kleiner Laden, der Verkaufstisch, der die ganze Breite des Raums einnahm, hatte eine weiße Marmorplatte, dahinter reihten sich in einer weißen Regalwand wohlgeordnet Glasfläschchen, Schachteln und Dosen aller Größen und Formen. Eine Messingwaage und ein Mörser aus ebenfalls weißem Marmor standen auf der Theke, ich weiß nicht, ob zur Zierde oder zum praktischen Gebrauch, es war jedenfalls alles sehr gefällig.

Vor dem Verkaufstresen war nicht allzu viel Platz, und es warteten schon mehrere Leute ungeduldig auf Bedienung und Einlösung ihrer Rezepte, als wir hereinkamen. Eilig rückten sie näher zusammen, um die Lücken in der Schlange zu schließen. Nach ihren Mienen zu schließen, befanden sich alle im Endsta… Nein, sagen wir einfach, selten habe ich so grimmige Gesichter gesehen.

Als wir an die Reihe kamen, verlangte Chris in höflichem Italienisch einen Hustensaft. Ich stupste ihn an und bat ihn, noch ein Wick Vaporub mitzunehmen, aber ehe er seine Bestellung ergänzen konnte, stellte der Apotheker, der offensichtlich verstanden hatte, schon eine Dose auf die Theke. Ich bezahlte, dann gingen wir.

»Ich muss noch Windeln für unser Baby holen«, sagte Chris, als wir auf die Straße hinaustraten. »Macht Ihnen das was aus?«

»Ach wo.« Es gab mir Zeit, ein paar Lebensmittel zu besorgen. Im Kopf erstellte ich schnell eine Liste, auf der Wein ganz oben stand.

Nachdem unsere Besorgungen erledigt waren, machten wir uns auf den Rückweg zu unserem *trullo*. Die Fahrt führte uns an Dutzenden dieser witzigen Häuser vorbei. Es gab verputzte *trulli* und *trulli* aus blankem Tuffstein; ihre Kuppeln waren von symbolischen Schlusssteinen gekrönt, häufig in Form von schlanken kleinen Säulen oder

Kugeln. Manche standen dicht an der Straße, andere weit ab in fernen Feldern.

Tausende dieser Bauten sprenkeln die apulische Landschaft. Seit 1996 stehen sie unter dem Schutz der UNESCO. In den letzten Jahren wurden einige der strengen Vorschriften zur Restaurierung und Renovierung von *trulli* aufgehoben. Ich dachte an die beiden Schottinnen, denen wir in Locorotondo begegnet waren, und fragte mich, wie sich ihr Bauvorhaben entwickelte.

Als ich Chris über die *trulli* ausfragte, sagte er: »Oh, die sind auch bei den Italienern sehr beliebt. Die fangen langsam an zu begreifen, dass die *trulli* ein Teil ihres kulturellen Erbes sind. Man nimmt die eigene Geschichte anscheinend immer erst dann ernst, wenn Ausländer kommen und alles aufkaufen.« Er wies zum Fenster hinaus. »Die meisten Leute hier in der Gegend nutzen die *trulli* als Ferienhäuser, und manchmal ist das Ferienhaus nur ein paar Kilometer von ihrem eigentlichen Wohnsitz entfernt, auch wenn Ihnen das vielleicht absurd erscheint. Die vielen leer stehenden *trulli*, die Ihnen wahrscheinlich auffallen, sind nur ein Zeichen dafür, dass es noch früh im Jahr ist. Sogar den Einheimischen sind sie um diese Jahreszeit zu feucht und zu kalt. Aber im Sommer – und Sie können mir glauben, es wird hier teuflisch heiß – ist ein *trullo* der angenehmste Aufenthaltsort, den man finden kann.«

Vor unserem frostigen *trullo*, der mir eher vorkam wie ein Iglu, setzte Chris mich ab.

»Ich habe dir eine Überraschung mitgebracht«, verkündete ich, als ich zu Mama ins Schlafzimmer trat.

»Oh, wie nett! Was denn?«

Ich stellte ihr den Hustensaft und die Erkältungssalbe auf den Nachttisch und rief mit einer schwungvollen Handbewegung: »Tatata-taa!«

Sie machte ein enttäuschtes Gesicht. »War's nett?«, erkundigte sie sich.

»Na ja, so nett wie es eben sein kann, in einer italienischen Apotheke einzukaufen.«

Sie setzte sich im Bett auf und ich schüttelte ihre Kissen auf.

»Ich finde es toll, Jane, wie du einfach losfährst und mit den Leuten redest.«

»Na, diesmal habe ich gar nichts getan«, erwiderte ich. »Chris hat mich gefahren und für mich mit dem Apotheker geredet.«

»Erzähl doch mal. Wie war die Apotheke?«, bedrängte sie mich so aufgeregt, als wäre ich eben von einer Expedition nach Kathmandu zurückgekehrt.

»Wie man es erwarten konnte – klein, mit haufenweise Tuben und Schachteln und Flaschen. Keinerlei Ähnlichkeit mit unseren Drugstores in Kanada.«

»Oh«, sagte sie nur. Ich hatte den Eindruck, sie hatte gehofft, die Apotheke würde sich zum Ziel eines Shopping-Ausflugs später in der Woche anbieten.

»Hast du wenigstens ein bisschen geschlafen, während ich weg war?«, fragte ich.

»Eigentlich nicht. Ich habe nur hier rumgelegen und über alte Zeiten nachgedacht, als ich noch ein rebellisches kleines Mädchen war.«

»Rebellisch? Du?«

Rebellion erschöpft sich für meine Mutter darin, sich vor Mittag ein Gläschen Sherry zu genehmigen.

»Ja, ich«, bekräftigte sie. »Ich war einmal ein rebellischer Teenager. Ich war eine ganz Schlimme.«

Das kann ja interessant werden, dachte ich.

»Aber nur weil man rebellisch ist, ist man doch noch lange nicht schlimm.« Ich setzte mich zu ihr auf die Bettkante. »Und wogegen hast du rebelliert?«

»Zum Beispiel gegen den Zwang, immer nur mit Ungarn zu verkehren und mit ungarischen jungen Männern auszugehen«, antwortete sie. »Als ich mich einmal weigerte, mich mit einem jungen Ungarn zu verabreden, sind meine Eltern fast an die Decke gegangen.«

Mama war als Kind mit ihren Eltern von Ungarn nach Kanada ausgewandert. Als sie ins Teenager-Alter kam, stand für sie fest, dass sie zu den richtigen Kanadiern gehören wollte, und das hieß, einen Weißen aus alteingesessener protestantischer Familie angelsächsischer Herkunft zu heiraten. Alle ihre Freunde kamen aus diesen Kreisen; sie hatte für die heiratsfähigen Söhne der Immigrantenfreunde ihrer Eltern nichts übrig.

»Eines Tages besuchte uns ein befreundetes ungarisches Ehepaar«, erzählte Mama, »und verlangte von meinen Eltern, sie sollten mich zwingen, mit ihrem Sohn, der ungefähr in meinem Alter war, auszugehen oder mich wenigstens mit ihm zu unterhalten. Ich war so aufgebracht, dass ich mich einfach weigerte.«

»Und wie haben Oma und Opa reagiert?«, fragte ich.

»Mein Vater hat mir zum Glück verziehen, mit meiner Mutter war es nicht so einfach. Aber das war mir egal – ich fand, das sei ihr Problem. Ich war entschlossen, einen echten Kanadier zu heiraten.«

Mit achtzehn war sie nach Toronto gegangen und hatte als Reporterin bei der Presseagentur Canadian Press angefangen, wo sie sehr bald einem blonden, blauäugigen Kollegen aufgefallen war. 1952 wurde eine Ehe zwischen einem Anglikaner und einer Katholikin als Mischehe betrachtet. Meine Eltern durften nicht in einer Kirche heiraten, stattdessen wurden sie im bescheidenen Pfarramt der römisch-katholischen Saint-Gregory-Kirche in Oshawa am Ontariosee getraut. Ein paar Jahre später kam ich zur Welt, anderthalb Jahre danach folgte mein Bruder.

Mamas Herkunft hatte mich immer fasziniert, vielleicht gerade deshalb, weil darüber außerhalb unserer Familie nie gesprochen wurde. So gelangte ich zu der Überzeugung, meine Mutter sei eine Spionin. Und wenn ich sie mit ihren Verwandten ungarisch sprechen hörte, bestärkte mich das in meinen kindlichen Phantasien.

Ich fand es tief beeindruckend, war sogar stolz darauf, wie mühelos meine Mutter im Gespräch zwischen Englisch und Ungarisch hin und her springen konnte. Für die meisten Nordamerikaner jener Tage war Ungarn ein grauer, vom Krieg verwüsteter Ostblockstaat, wo alle Speisen mit Paprika gewürzt wurden. Für mich war es ein fremdartiges, geheimnisvolles und gefährliches Land. Ein Vetter meiner Mutter krempelte bei Familientreffen irgendwann unweigerlich sein Hosenbein hoch, um uns die Narben der Schussverletzungen zu zeigen, die russische Soldaten ihm beigebracht hatten, als er 1956 während des ungarischen Volksaufstands mit seiner Verlobten auf der Flucht durch ein Feld gerobbt war. Ich hörte immer schaudernd und wie gebannt zu, wenn er diese Geschichte erzählte, und verlangte, Genaueres zu hören.

Ganz selten einmal sprach meine Mutter mit Stolz von ihrem Erbe. »Vergiss nie, was einen echten Ungarn ausmacht«, mahnte sie mich dann. »Ein Ungar ist jemand, der hinter dir in eine Drehtür tritt und vor dir herauskommt.«

Überhaupt sprach Mama kaum von ihrer Vergangenheit, vielleicht weil nie Zeit dazu war, vielleicht aber auch weil sie ihre Lebensgeschichte nicht interessant genug fand, um mir davon zu erzählen. Aber zu hören, wie kompromisslos sie es abgelehnt hatte, sich mit dem Sohn der ungarischen Freunde ihrer Eltern verkuppeln zu lassen, war ein Aha-Erlebnis für mich. In meiner Jugend hatte sie sich immer über meinen Eigensinn aufgeregt, und nun zeigte sie mir mit dieser kleinen Geschichte eine Frau, deren eigener Sturkopf weit stärker war als meiner. Wie kommt es nur, dass Eltern oft nicht in der Lage sind, in ihren Kindern sich selbst zu erkennen? Und warum fällt ihnen Nachsicht ihrem Nachwuchs gegenüber so schwer? Vielleicht aus den gleichen Gründen, aus denen sie uns bei unseren Eltern schwerfällt.

Ich wollte diese Erkenntnis gerade zum Besten geben, aber Mama kam mir zuvor.

»Du bist zu großzügig in deiner Erziehung.« Sie drohte mir mit dem Finger. »Du musst deinen Kindern einbläuen, sich niemals mit Nichtweißen einzulassen.« Das war ihr Euphemismus für Sex. »Heute kann ich toleranter sein – sie dürfen Europäer heiraten, aber es müssen weiße Europäer sein.«

Ich stellte mir vor, wie meine Kinder auf diese Neuigkeit reagieren würden. Als sie noch klein waren – lange bevor sie ihre ersten Verabredungen hatten –, erzählten sie mir nach einem Besuch bei den Großeltern oft von Omas strengen Ansichten über den Umgang mit Nichtweißen. »Sie hat gesagt, dass sie uns enterbt, wenn wir uns mit Leuten rumtreiben, die nicht weiß sind«, berichteten sie gedrückt.

Aber meine Mutter hat, genau wie jeder andere, ein Recht auf ihre eigenen Ansichten und Vorurteile. Da ich jedoch keine Lust auf einen Streit hatte, erwiderte ich nur: »Wen meine Kinder sich als Partner aussuchen, ist allein ihre Sache. Ich weiß, du siehst das anders, aber das ändert nichts an meiner Einstellung. Ihr Sexualleben geht mich nichts an.«

»Über so was will ich nicht reden!«, herrschte Mama mich an. Dann fragte sie in sanfterem Ton: »Regnet es draußen immer noch?«

## · 4 ·

## *Alberobello*

»Wie fühlst du dich heute?«, fragte ich meine Mutter, als ich am nächsten Morgen zu ihr ins Zimmer trat. Über ihrem Kiefernholzbett schwebte ein weißer Spitzenhimmel, der nicht schlecht zu ihren häufig majestätischen Allüren passte.

»Ach, ganz gut eigentlich«, krächzte sie heiser. »Aber am liebsten würde ich nur schlafen.« Sie zog die Bettdecke höher.

Bei der Planung unserer Reise hatte ich mir vorgestellt, wie Mama und ich im Badeanzug am sonnenglitzernden Pool unseres *trullo* sitzen würden und uns bei einem kühlen Glas Wein friedlich über unsere problematische Beziehung unterhielten. Wir griffen ein heikles Thema nach dem anderen auf, besprachen es wie zivilisierte Menschen höflich und mit scheinbarer Nonchalance und lachten uns dann über unser früheres albernes Verhalten kaputt. Mit einem kleinen Toast begruben wir das Kriegsbeil, tranken einen Schluck und blickten zu den sanften Klängen ferner Kirchenglocken und dem leisen Rascheln der Olivenblätter träumerisch ins Weite. Wenn wir nicht am Pool saßen und Wein schlürften, unternahmen wir Ausflüge in die Dörfer und Städte der Umgebung.

Die Wirklichkeit sah anders aus. Wir verschanzten uns in unseren Zimmern, versuchten, die Kälte abzuwehren und den Regen zu ignorieren, der pausenlos an die Fenster prasselte. Mama schlief oder las; ich saß über einer Italienkarte, ackerte mich durch ein Sudokubuch oder paukte mithilfe des kleinen Sprachführers, den meine Tochter mir zu Weihnachten geschenkt hatte, Italienisch.

Das Büchlein entpuppte sich als kleine Schatztruhe. Es enthielt beispielsweise die bemerkenswerte Empfehlung, im Gespräch mit Italienern drei Themen unbedingt zu meiden: die Mafia, Mussolini und den Vatikan. Außerdem bot es einige recht pikante Wendungen, die ich mit großem Interesse immer wieder las. Es gab ja sonst nichts zu tun.

In mein Bett gekuschelt, übte ich meine Aussprache an Sätzen wie: *Non lo farò senza protezione* (Ohne Schutz mach ich es nicht); *Tocami qui* (Berühre mich hier); *Andiamo a letto* (Lass uns miteinander ins Bett gehen); *O dio mio!* (O mein Gott!); und dem in jeder Lebenslage brauchbaren *Calma!* (Immer mit der Ruhe!).

Unsere faulen Abende verliefen immer nach demselben Muster. Wir kochten selbst – meistens gab es Pasta mit Salat, zum Nachtisch ein Jogurt oder eine Orange – und sahen uns danach die BBC *World News* oder einen Film aus der kleinen Videothek im Wohnzimmerregal an.

Viel hatte ich allerdings meistens nicht von den Filmen. Meine Mutter hörte nie zu, sondern begann schon bevor die DVD eingeschoben war, mich mit laufenden Kommentaren zu versorgen.

Nur ein Beispiel:

»Was schauen wir uns heute Abend an?«, fragte Mama.

»Kennst du *Bridget Jones – Schokolade zum Frühstück*? Es ist eine Komödie.«

»Nein. Wer spielt da mit?«

»Renée Zellweger und Hugh Grant.«

»Oh! Den kann ich nicht ausstehen. Das ist so ein unsympathischer Kerl.«

»Du brauchst ihn nicht zu mögen. Außerdem spielt er sowieso einen miesen Typen, da wird das Zuschauen nicht so schlimm für dich.«

Der Film begann.

»Wer ist der nette junge Mann mit den dunklen Haaren?«, fragte Mama keine fünf Minuten später.

»Colin Firth.«

»Ein hübscher Kerl, findest du nicht auch?«, schwärmte sie. »Der wäre etwas für dich, Jane. Und was für schöne Haare. Ach, und jetzt sieh dir diesen grässlichen Hugh Grant an. Igitt. Schau doch. Ich verstehe gar nicht, was alle an ihm finden. Er ist doch unmöglich, oder?«

Ich nickte heftig, um endlich meine Ruhe zu haben.

Wenn sie nicht gerade am Privatleben der Leinwandstars oder ihren Filmfrisuren herumkritisierte, musste ich ihr eine Zusammenfassung der Handlung geben – und das alle fünf Minuten. Volle Lautstärke reichte ihr offenbar nicht, um der Handlung selbstständig zu folgen.

»Er schläft mit ihr, obwohl er eigentlich mit einer anderen verlobt ist!«, schrie ich ihr über die Tonspur hinweg ins taube Ohr.

»Wie kann man nur!«, erregte sie sich kopfschüttelnd, als wäre es meine Schuld, dass Hugh Grant mit Renée Zellweger vögelte, statt sich einem schicklicheren Zeitvertreib wie etwa dem Antiquitätensammeln hinzugeben.

Am Ende des Films war Mama aber dann doch zufrieden, allerdings nicht, weil Renée Zellweger und Colin Firth sich kriegten, sondern weil sie erleben durfte, dass Hugh Grant sein Fett abbekam.

Während ich die DVD aus dem Gerät nahm und wieder verstaute, sah Mama auf ihre Uhr.

»Ist es wirklich schon Viertel vor acht?«, rief sie ungläubig. »Wie die Zeit vergeht.«

»Schleppend«, murmelte ich vor mich hin.

»Wie bitte?«

»Ja, es ist genau Viertel vor acht«, bestätigte ich lauter. »Italien macht sich gerade zum Ausgehen fertig.«

»Sollen die Italiener doch tun, was sie wollen«, versetzte Mama wegwerfend. »Wir Kanadier gehen jetzt jedenfalls zu Bett.«

Damit hievte sie sich aus dem Sofa, hielt einen Moment inne, um wieder zu Atem zu kommen, und trippelte dann mühsam in Richtung Schlafzimmer. Das Klappern ihres Stocks auf den Terracottafliesen war das Letzte, was ich an diesem Abend von ihr hörte.

Nach drei solchen Tagen in Folge hatte ich restlos genug.

»Ich fahre mal weg«, teilte ich Mama eines Nachmittags mit, als sie aus einem ihrer Nickerchen erwacht war. »Kommst du allein zurecht?«

»Bei dem Regen willst du wegfahren?«

»Es hat ein bisschen nachgelassen. Soll ich dir irgendwas mitbringen?«

»Wohin willst du denn? Und warum willst du weg?«

Das Verhör hatte begonnen.

»Nur nach Alberobello. Ich krieg langsam den Lagerkoller. Ich bin sicher bald wieder da.«

»Aber da waren wir doch neulich erst. Was willst du denn da?«

»Ich brauche frische Luft und einen Tapetenwechsel«, erklärte ich ruhig, obwohl ich am liebsten losgebrüllt hätte, wie bodenlos gelangweilt ich sei.

Gelangweilt in Italien! Jahrzehntelang hatte ich von diesem Land geträumt, nach allem gehungert, was Italien mir bedeutete – Musik, Architektur, Kunst. Während meines Studiums hatte ich Kurse in italienischer Konversation und Kunstgeschichte belegt, um eine innigere Verbindung zum Italien meiner Träume zu schaffen. Ich suchte die Nähe von Italienern in der Hoffnung, dass sie sich unsterblich in mich verlieben und mich in die Villa ihrer Eltern einladen würden, um mich einer großen, temperamentvollen Familie mit rotwangigen Tanten und glutäugigen Cousins vorzustellen. Zwar habe ich nie einen Italiener erobert, aber das verstärkte nur meine Sehnsucht nach allem, was italienisch war. Ich kaufte in kleinen italienischen Lebensmittelgeschäften ein, lauschte verstohlen, wenn ich irgendwo italienische Laute hörte, kochte am liebsten italienisch. *Made in Italy* genoss erste Priorität, wenn ich etwas zum Anziehen benötigte. Ohne je italienischen Boden betreten zu haben, brauchte ich nur die Augen zu schließen, um Stimmungen und Sinneswahrnehmungen heraufzubeschwören, die für mich mit Italien verbunden waren – das Rauschen der Meeresbrandung, den Duft selbstgekochter Tomatensoße, das Bukett eines dunklen Weins, eine verrauchte Espressobar, ja selbst die hochnäsige Gleichgültigkeit der Verkäufer in den Mailänder Nobelläden. Wie konnte es möglich sein, dass ich mich bei all dem Neuen und Spannenden, das nun vor mir ausgebreitet lag, schon jetzt langweilte? Für mich stand fest, dieses ewige Herumsitzen mit Mama Faulpelz in einem zwar originellen, aber abgelegenen Feriendomizil war die reine Zeitverschwendung.

Ich sperrte die schwere Holztür des *trullo* auf, suchte den Schlüssel für die schmiedeeiserne Fliegengittertür davor – wir waren hier sicherer verwahrt als die Goldvorräte in Fort Knox – und rannte durch die Pfützen, die sich auf dem hellen Stein der Terrasse gesammelt hatten, zum Auto.

Aber als ich den Zündschlüssel drehen wollte, überkam mich plötzlich Panik. Ich hatte keinen Schimmer, wie ich nach Alberobello kommen sollte. Und selbst wenn ich wirklich dort ankam, würde ich dann auch den Rückweg finden? Was sollte ich machen, wenn der Wagen streikte? Wenn ich einen Unfall hatte? Ich sprach nicht italienisch. Ich hatte kein Handy. Keine regionale Karte. Wenn ich irgendwo falsch abbog, konnte es mich in die finstersten Gegenden Apuliens verschlagen und ich würde vielleicht nie wieder herausfinden. Trotz der paar Ausflüge, die Mama und ich seit unserer Ankunft nach Alberobello und in die benachbarten Orte unternommen hatten, fehlte mir das Vertrauen, einfach auf eigene Faust loszufahren.

In Situationen, in denen ich erkennen muss, dass ich mir zu viel aufgehalst habe, erwacht bei mir augenblicklich eine brennende Sehnsucht nach zu Hause und nach Altvertrautem. Das Unternehmen Italien, das mir in den Monaten, als ich es geplant und meinen Freunden aufgeregt davon erzählt hatte, so traumhaft erschienen war, kam mir jetzt nur noch waghalsig und beängstigend vor.

Ich bin von Natur aus leicht entflammbar und impulsiv. Kaum ist meinem Hirn eine Idee entsprungen, gibt es kein Halten mehr, ich muss ihr nach. Mein eigener Enthusiasmus treibt mich an. Und während ich mich mit Jubelgeschrei in mein Vorhaben stürze, überlegen die anderen, ob sie mich einfach gewähren lassen und mir alles Gute wünschen oder mich nicht doch besser in die nächste Irrenanstalt einliefern lassen sollen. So war es, als ich mit über vierzig unter die Rollerblader ging, und so war es, als ich fast mein gesamtes Hab und Gut verhökerte und für einen Winter nach Pelee Island ging, eine abgelegene kleine Insel in Ontario, um das einfache Leben zu genießen.

Und so geschah es wieder, als Frank, der italienische Besitzer eines meiner Lieblingscafés in meiner Heimatstadt, mir eines Tages vor etwa sechs Monaten vorschlug, doch nach Italien zu reisen. Ich weiß nicht, ob es daran lag, wie er das sagte, mit Tränen in den Augen – er war ungefähr fünfzig Jahre zuvor von Italien nach Kanada ausgewandert und nie wieder zurückgekehrt –, oder daran, dass ich selbst mich mit meinen nie wahrgemachten Träumen von einer Reise nach Italien völlig mürbe gemacht hatte. Kaum erkannte ich jedenfalls, dass mich nichts daran hinderte, nach Italien zu fahren, begann ich, meine Koffer zu packen. Es erschien mir als das Natürlichste von der Welt.

Immer wieder mal überkommen mich Anfälle blinden Gottvertrauens. Nach außen wirke ich wie eine unbekümmerte und mutige Person, die nichts auf einer Reise schrecken kann, aber in mir wohnt auch ein schrecklicher Angsthase. Über den Planungen vergesse ich alles, erst wenn ich angekommen bin, wohin ich unbedingt wollte, und Umkehr nicht mehr möglich ist, wenn ich entgeistert den harten Boden der Realität unter meinen Füßen spüre, schaltet sich der Verstand wieder ein. Die Frage, die viel, viel früher hätte gestellt werden sollen, fällt mir ein: Was zum Teufel hast du dir nur bei dieser glänzenden Idee gedacht? Wie damals, als ich am Fuß der Pyrenäen stand und mir dämmerte, dass ich da jetzt acht Stunden würde hinaufkeuchen müssen. Das war wirklich hart. Aber das Komische ist, dass ich mich immer wieder in solche Situationen bringe.

Doch jetzt an Mamas Bett zurückzukehren und ihr zu gestehen, dass ich mich nicht getraute, allein loszufahren, war ausgeschlossen. Ich tat deshalb das einzig Logische: Ich drehte den Zündschlüssel herum.

Nicht ohne mehrmals den Motor abzuwürgen, tuckerte ich zaghaft den langen abschüssigen Zufahrtsweg hinunter und ebenso verzagt den abschreckenden Steilhang gegenüber wieder hinauf. Zwischen einengenden Steinwällen und *trulli* hindurch, deren Mauern direkt an die Fahrbahn grenzten, kroch ich eine Straße entlang, die höchstens fünfzehn Zentimeter breiter war als der Wagen. Immer wieder atmete ich tief ein, als könnte ich das Auto dadurch ein wenig schrumpfen lassen, um ihm und mir die Durchfahrt zu erleichtern.

An der Hauptstraße, als sich endlich zu beiden Seiten die wellige apulische Landschaft ausbreitete, bog ich nach links in Richtung Alberobello ab.

Das eintönige Klacken und Quietschen der Scheibenwischer und gedämpftes Donnergrollen aus der Ferne begleiteten mich wie die Unheil verheißende Filmmusik eines Horrorstreifens. Nebelschwaden tanzten geisterhaft vor meinem Auto und schlangen sich um das ausladende Geäst und die knorrigen Stämme der Ölbäume.

»Wenigstens schneit's nicht«, brummte ich in dem Bemühen vor mich hin, das Positive zu sehen und mich nicht unterkriegen zu lassen.

Auf einigen Höfen brannten qualmende Holzfeuer. Mitte März werden in Süditalien traditionsgemäß verdorrtes Laub und abgestorbene Äste und Zweige von Weinstöcken und Bäumen eingesammelt und zu großen Scheiterhaufen aufgeschichtet, die zum Zeichen der Wiedergeburt und der Erneuerung verbrannt werden.

Ach ja, Wiedergeburt und Erneuerung: Waren das nicht auch die Gründe für diese Reise nach Italien? Na, wenigstens befinde ich mich im Einklang mit den hiesigen saisonalen Gepflogenheiten, sagte ich mir, nach jedem Strohhalm grapschend, um in meiner Anwesenheit hier einen Sinn zu erkennen.

Ich betrachte solche Zusammentreffen von Umständen – ob zufällig oder nicht – gern als gute Omen, und wenn sie sich ereignen, finde ich zu Mut und Selbstvertrauen zurück. Ich trat etwas energischer aufs Gaspedal und begann die Fahrt mehr als Abenteuer zu sehen und nicht mehr bloß als kopflose Dummheit.

Niedrige, von Efeu überwachsene Trockenmauern aus einheimischem Tuffstein säumten überall Wege und Felder. Die Witterung hatte ihnen eine dunkle Patina gegeben, nur hier und dort zeigten hellere Stellen, wo das Mauerwerk kürzlich erneuert oder ausgebessert worden war. In einem unregelmäßigen Trapezmuster umgaben die grauen Steinbänder Gehöfte, Olivenhaine und Weingärten.

Die Landschaft hat viel Ähnlichkeit mit den ländlichen Gebieten Englands, und das kommt nicht von ungefähr. Etwa fünfzig Jahre, bevor sie sich aufmachten, England zu erobern, schauten sich die Normannen auf dem italienischen Grundstücksmarkt um. Eine ganze Gruppe, die das Söldnerleben herzlich satt hatte, verabschiedete sich aus ihrer bitterarmen französischen Heimat und setzte sich in Richtung Süditalien ab. Eines Tages sagte wahrscheinlich einer von ihnen so etwas wie: »Hey, ihr kennt doch die Straßenkreuzung auf dem Weg nach Palästina, die, wo wir immer geradeaus weiterziehen, statt rechts abzubiegen. Lasst uns doch mal die andere Richtung nehmen.« Und schon waren sie unterwegs.

Als die Normannen sich über den Apennin geschleppt hatten, den gewaltigen Gebirgszug, der sich wie ein Rückgrat vom Norden Italiens bis zu dessen Stiefelspitze erstreckt, entdeckten sie zu ihrer Freude ein vielgestaltiges, großenteils regelloses, aber mit einem reichen kulturellen Erbe ausgestattetes Grenzland, in dem Byzantiner und Langobarden um die Vorherrschaft kämpften.

Zu den vielen Importen, die die Normannen nach Süditalien mitbrachten, gehörte die Ordnung, so paradox das angesichts des unangetasteten Rufs, den Italien als Epizentrum des Chaos genießt, klingen mag. Neben ordentlichen, festen Regeln führten sie ordentliche, feste Grenzmauern ein. Den Normannen war die Ordnung wichtig.

Zu Mama hatte ich gesagt, ich wolle nach Alberobello, um die Gegend besser kennenzulernen, in Wahrheit wollte ich versuchen, ein Internetcafé zu finden. Ich war schon seit mehreren Tagen nicht mehr online gewesen, aber ich brauche regelmäßigen Kontakt zu den Menschen, die mir etwas bedeuten, besonders zu meinen Kindern. Meine Mutter verstand das nicht, in unserer Familie war es nie üblich gewesen, sich zu melden, wenn man längere Zeit von zu Hause fort war. Man nahm einfach an, dass alles in bester Ordnung sei, solange man nichts Gegenteiliges hörte.

Bei mir ist das heute anders. So gern ich ab und zu aus der Welt bin, nach einiger Zeit will ich einfach wissen, was los ist, und dieses Verlangen treibt mich so lange um, bis es gestillt wird.

Ich war sicher, dass es meinen Kindern gut ging, aber wir waren es gewöhnt, miteinander Kontakt zu halten. Ich wollte gern wissen, was es Neues in ihrem Leben gab. Meine beiden Jungen waren Anfang Zwanzig – Adam war im ersten Studienjahr, Matt setzte gerade ein Jahr mit dem Studium aus, um zu arbeiten, und Zoë, meine sechzehnjährige Tochter, befand sich im Rahmen eines Austauschprogramms für drei Monate in Frankreich. Ich wusste, dass sie genauso gern von mir hören wollten wie ich von ihnen. Mindestens um zu erfahren, ob ihre Großmutter und ich gesund und wohlbehalten hier angekommen waren.

Man sollte meinen, dass es in Europa nicht schwierig ist, ein Internetcafé zu finden, aber in Süditalien gehen die Uhren anders. Es wurde eine Suche nach dem Heiligen Gral. Ich parkte den Wagen und lief unter grauem Himmel die vom Regen glitschigen Straßen und Gassen von Alberobello ab. Ich hielt durch, bis mir kalt wurde, dann kehrte ich zum Auto zurück.

In Locorotondo, meiner nächsten Station, wurde ich auch nicht fündig. Schließlich sprach ich zwei junge Mädchen an, beide vielleicht vierzehn, händchenhaltend, mit langen Haaren, in Jeans und Kapuzenshirts, der Uniform aller Teenager.

Meinen zuverlässigen Sprachführer in der Hand, fragte ich die beiden, ob es am Ort ein Internetcafé gebe. Sie sahen einander wortlos an, offenbar verwirrt durch meine Frage. Ich versuchte es auf Französisch, mit unwesentlich mehr Erfolg.

Sie nahmen mich auf eine lange Wanderung durch den Ort mit, eine steile Treppe hinunter und durch eine fast menschenleere Straße – wir waren beinahe fünfzehn Minuten unterwegs –, aber als wir unser Ziel erreichten, zeigte sich, dass sie meine Frage missverstanden und mich zu einem Computerladen geführt hatten, der auch noch geschlossen war.

Ich dankte ihnen höflich, aber auf dem Rückweg gab ich mich wenig netten Mutmaßungen über ihre Intelligenz hin. Ist doch wahr! Wie viele junge Leute gibt es denn heute, die das Internet nicht kennen? Spielten diese Tussis etwa noch mit Puppen?

Ich fragte in verschiedenen Hotels nach Internetanschluss, aber entweder hatten sie keinen oder begriffen nicht, wovon ich redete.

Also fuhr ich nach Alberobello zurück. (Dass ich überhaupt dorthin fand, sagt eine ganze Menge über intuitives Fahren und die Macht des Gebets.) Während ich den Wagen in dem festen Entschluss, ein Internetcafé aufzustöbern, im Schneckentempo durch ein Gewirr schmaler Straßen manövrierte, kam ich an einer Bar mit dem sonderbaren Namen *Twin Pub* vorüber. Im Fenster stand ein Computer.

Ich stellte den Wagen ab und rannte hinein. Der Laden war leer bis auf den alten Barista. Ob er zufällig Internetanschluss habe?

»*Sì*«, bestätigte er mit einer Kopfbewegung zum Computer und fragte nach meinem Ausweis. Ich reichte ihm meinen Pass. Danach musste ich ein italienisches Formular unterschreiben, von dem ich nur annehmen konnte, dass es eine Zusicherung war, keine pornografischen oder terroristischen Inhalte zu verbreiten.

Nachdem die Formalitäten erledigt waren, setzte ich mich hin und loggte mich ein. Innerhalb von Sekunden begrüßten mich fünfundfünfzig Nachrichten in meiner Mailbox. Nichts gibt einem deutlicher zu verstehen, dass man Teil der großen weiten Welt ist, als eine Flut von Nachrichten im eigenen elektronischen Briefkasten.

Nachdem ich alle Werbungen für Viagra, die herzzerreißenden Bittschriften nigerianischer Fürsten, ihnen bei der Geldwäsche behilflich zu sein, sowie all die nett gemeinten, aber nervigen Witze, herzigen Tierfotos und Lebensweisheiten, die in größerem Freundeskreis die Runde machten, gelöscht hatte, blieben fünf Nachrichten übrig, die mich wirklich interessierten.

Adam teilte mit, er habe eine Freundin, die so hübsch sei, dass er nicht glauben könne, sie verdient zu haben. Matthews' Nachricht beschränkte sich auf ein *Ey, was geht ab?* Ich sage dem Jungen immer wieder, dass ich nicht einer seiner Kumpels bin, aber das ist ihm offensichtlich schnurz. Zoë schwärmte von ihrem Aufenthalt in Frankreich und zeigte sich begeistert von ihrer Gastfamilie, den neuen Freunden, der Schule und dem französischen Lebensstil im Allgemeinen. Von Colin hatte ich zwei Mails, in denen er sich erkundigte, wie Mama und ich zurechtkämen und was das für ein Gefühl sei, den ganzen Tag die Sonne im Gesicht zu spüren. Ich antwortete allen, wobei ich Wert darauf legte, Colin über die wahren Wetterverhältnisse aufzuklären.

Glücklich, dass mit meiner Welt und meinen Lieben alles in Ordnung war, loggte ich mich aus. Bevor ich ging, bestellte ich mir noch einen Cappuccino, trank ihn mit Genuss und fuhr dann hochbefriedigt zu unserem *trullo* zurück.

Nachdem ich auf dieser Fahrt Mut und Selbstvertrauen getankt hatte, kutschierte ich gleich am nächsten Tag wieder nach Alberobello und folgte den Wegweisern zum *centro storico*. Als ich vor der imposanten neoklassizistischen Basilika ankam, war gerade der Gottesdienst zu Ende gegangen. Auf der großen Piazza Antonio Curri wimmelte es von Menschen, meist älteren Männern und Frauen, die, alle von Kopf bis Fuß schwarz gekleidet, in kleinen Gruppen gemächlich zum Corso Vittorio Emanuele schlenderten.

Nach ihren verwunderten Blicken zu urteilen, hatte ich offenbar einen Hinweis übersehen, dass motorisierter Verkehr hier verboten war, zumindest zu dieser Tageszeit. Ich flüchtete auf die kleine Piazza XXVII Maggio und schnappte mir den nächsten freien Parkplatz.

Auf einem kurzen Spaziergang fiel mein Blick auf eine kleine Terrasse neben einer Kirche. Neugierig trat ich näher und ging dann ganz nach vorn, um mir die Aussicht anzusehen.

Mir bot sich ein unglaublicher Anblick: eine Kaskade Hunderter leuchtend weißer *trulli*, die dichtgedrängt einen ganzen Hügelhang bedeckten. Das war Rione Monti, ein Ortsteil von Alberobello, der ebenfalls unter dem Schutz der UNESCO steht.

Die kleinen kegelförmigen Steinbauten sind typisch für diese Region Italiens, jedoch nicht einzigartig auf der Welt. Es gibt sie auch in der Türkei, in Ägypten, Malta, Syrien, Spanien, Frankreich und sogar Irland. Aber in solcher Häufung sind sie nur hier zu finden, in Alberobello, sozusagen der Hauptstadt der *trulli*.

Ursprünglich wurden sie ohne Verwendung von Mörtel gebaut und dienten Bauern und Hirten als saisonale oder tägliche Unterkünfte. Sie waren Wohnraum für die Menschen, Stall für die Tiere, Vorratsspeicher und Lager für die Gerätschaften. Als sich im Zeitalter des Feudalismus immer mehr Menschen um Alberobello ansiedelten, machten die hier herrschenden Grafen von Conversano es ihren bäuerlichen Untertanen zur Pflicht, ihre Häuser nach althergebrachter Art ohne die Verwendung von Mörtel zu errichten. So wollten die gerissenen kaiserlichen Vasallen ein Gesetz umgehen, das die Errichtung neuer Ortschaften nur mit Erlaubnis des Kaisers vorsah – die natürlich Geld kostete. Sobald sie Wind davon bekamen, dass eine kaiserliche Kontrollkommission zu ihren prosperierenden Lehensgütern auf dem Weg war, befahlen die adligen Cleverle den Bauern, ihre Häuser, die ebenso schnell ab- wie aufzubauen waren, auseinanderzunehmen und sich zu verkrümeln. War die Kommission wieder abgezogen – wahrscheinlich verwundert, dass so viele kleine Steinhaufen in der Gegend herumlagen –, riefen die Grafen ihre Bauern wieder zur Fron und erlaubten ihnen huldvoll den Wiederaufbau ihrer *trulli*. Man kann sich das Ausmaß eines solchen Unternehmens vorstellen, bei dem dreitausend Menschen aus einer Stadt, die es nicht geben durfte, vorübergehend obdachlos wurden. Und man kann sich den Groll der Bauern vorstellen.

Im Jahr 1797 hatten zwei von ihnen genug von dem Theater. Ohne Furcht vor dem Zorn der Grafen baten sie

Ferdinand IV., den Bourbonen-König von Neapel und Sizilien, mit Erfolg um Befreiung von ihren feudalen Fesseln einschließlich der dämlichen Vorgabe, beim Bau ihrer Häuser keinen Mörtel zu verwenden.

Während ich auf das dichte Gedränge der adretten kleinen Häuser hinausblickte – sie wirkten auf mich, als müssten jeden Moment die sieben Zwerge herausmarschieren –, kam mir der Gedanke, dass Mama diese Sehenswürdigkeit sicher gefallen würde. Auf dem Rückweg zum Auto bemerkte ich ein Museum, das der Geschichte des *trullo* gewidmet war, und stellte fest, dass es bis sechzehn Uhr offen hatte. Jetzt war es eins, wenn ich mich beeilte, konnte ich noch zurückfahren und Mama holen.

»Das ist absurd!«, schimpfte ich vor mich hin, während ich den Wagen startete. »Wir sind seit fast fünf Tagen in Italien, und das Einzige, was ich in- und auswendig kenne, ist diese Karre.«

Als ich schließlich vor unserem *trullo* anhielt, hatte ich mehrere Entschlüsse gefasst.

»Komm!«, rief ich Mama zu, sobald ich ihr Zimmer betrat. »Zieh dir was an, dann fahren wir noch mal los. Ich hab was entdeckt, was dir bestimmt gefallen wird.«

»Aber hier ist es so gemütlich«, seufzte sie und zog die Decken bis unter ihr Kinn.

»Mama, das ist doch der reinste Irrsinn. Wir sind in Italien, und du bekommst überhaupt nichts mit. Und ich dadurch auch nicht. Los, wir sind in einer Stunde wieder hier.«

Sie hob den Kopf und sah mich flehend an. Sie hoffte wohl, ich würde mich umstimmen lassen.

»Ich mein's ernst«, beharrte ich so geduldig, wie es mir möglich war.

»Bekomm ich nicht vorher wenigstens eine Tasse Tee?«, fragte sie.

»Meinetwegen. Aber mach schnell. Ich setz schon mal Wasser auf.«

Eine Viertelstunde später, nachdem sie in ihren beigefarbenen Hosenanzug und ihre Gesundheitsschuhe geschlüpft war und ihren korallenroten Lippenstift aufgelegt hatte, traten wir die Fahrt an, die langsam zur Routine wurde – den scharf abfallenden Fahrweg hinunter und den Steilhang gegenüber wieder hinauf. Diesmal schaffte ich es, den Motor kein einziges Mal abzuwürgen.

Bald war ich mit Mama wieder auf dem kleinen Platz in der Nähe der Kirche und des Museums. Für das Stück Weg bis zur Kirche, das ich in zwanzig Sekunden zurückgelegt hatte, brauchte Mama mühevolle zehn Minuten, und endlich angekommen, schien nichts anderes sie zu interessieren, als eine Bank zu finden, auf der sie sich niederlassen konnte, um wieder zu Atem zu kommen.

»Ich hab eine Überraschung für dich«, verkündete ich. »Komm, schau dir das mal an. Du wirst staunen.«

Widerstrebend stand sie auf, trippelte unsicher zu mir und blickte auf das Meer aus *trulli* hinaus. Gespannt beobachtete ich sie.

»Hübsch«, sagte sie gleichgültig. »Kann ich mich jetzt wieder hinsetzen?« Sie machte kehrt und trippelte zu ihrer Bank zurück.

Ich war fassungslos. *Hübsch?* Was war los mit ihr? Sie war doch sonst ganz verrückt nach solchem Zeug.

Plötzlich sah ich, wie alt meine Mutter geworden war. Ich hatte ihr Älterwerden bisher einfach ignoriert. Selbst ihre Hüftoperation und den Einsatz eines künstlichen Kniegelenks hatte ich als bloße Renovierungsmaßnahmen betrachtet, die ihre uneingeschränkte Beweglichkeit wiederherstellen sollten. Nie war mir der Gedanke gekommen, dass ihr körperlicher Zustand sich verschlechtern würde.

Zum ersten Mal erkannte ich jetzt erschüttert und mit aller Deutlichkeit, wie gebrechlich sie war und wie eisern entschlossen, sich im Kampf mit zunehmender Behinderung ihre Unabhängigkeit und ihren Lebensmut zu bewahren. Sie winkte immer ab, wenn man sie fragte, ob ihr die Beine wehtäten, aber jetzt verriet mir ihr Blick, dass die ganze Forschheit nur einstudiert war.

Es gab noch andere Zeichen. Mir war aufgefallen, wie ungeschickt sie manchmal mit den alltäglichsten Gegenständen umging, als hielte sie sie zum ersten Mal in Händen. Und sie wurde zunehmend zerstreuter. Anfangs glaubte ich, es läge an meinem eigenen Versäumnis, ihr dieses oder jenes mitzuteilen, aber die Ausfälle häuften sich. Wenn ihr etwas entfallen war, behauptete sie, ich hätte ihr nichts davon gesagt, wie zum Beispiel die Tatsache, dass wir in ein paar Wochen nach Viterbo wollten, obwohl wir oft über diesen Abschnitt unserer Reise gesprochen hatten.

Hier, in dieser fremden Umgebung, sah ich meine Mutter plötzlich in einem ganz neuen Licht.

Ich setzte mich zu ihr auf die Bank. »Gegenüber ist ein Antiquitätengeschäft. Hast du Lust reinzugehen?«

Früher hatte sie jeden dieser Läden schon aus meilenweiter Entfernung gewittert, und nichts hatte sie schneller auf die Beine gebracht als die Aussicht, darin herumstöbern zu können. Die ganze Familie hatte ihre Witze darüber gemacht.

»Nein, lass nur. Aber geh du ruhig rüber, wenn du willst«, antwortete sie. »Ich bin ganz glücklich hier auf meiner Bank.«

Sie wollte nicht zur Piazza hinaufgehen, um sich die Basilika anzusehen, sie wollte nicht zur Eisdiele, nicht mal ein Einkaufsbummel reizte sie. Sie war es zufrieden, Italien vom Auto aus zu besichtigen.

»Gleich da oben ist ein Museum über die *trulli*«, versuchte ich erneut, sie zu locken. »Du gehst doch gern in Museen. Hast du Lust?«

Ihre Miene drückte unmissverständlich aus, dass sie keine hatte. Trotzdem stand sie auf. Einen Moment blieb sie schwankend stehen und suchte Halt an ihrem Stock. Ich nahm sie bei der Hand und führte sie vorsichtig zum Museo del Territorio.

Langsam gingen wir von Raum zu Raum, sahen uns Tonscherben und alte landwirtschaftliche Geräte an, Schaubilder, die den Bau eines *trullo* erläuterten, und historische Fotografien der Region. Nichts vermochte Mama länger zu fesseln.

»Ich möchte heim in mein Bett«, bat sie schließlich.

Auf der Rückfahrt jammerten wir gemeinsam über die Kälte und den Regen. Ich war überzeugt, dass Wärme und Sonne Mamas Stimmung aufhellen und unseren Urlaub retten würden.

»Fahren wir doch einfach weiter nach Süden, nach Sizilien«, schlug ich vor. »Da ist vielleicht schöneres Wetter.«

»Ja, das ist eine gute Idee«, stimmte sie zu. »Wann wollen wir los?«

»Gleich morgen früh.«

## · 5 ·

## San Mango d'Aquino, Reggio di Calabria, Taormina

Ich wusste nicht genau, wie wir nach Sizilien kommen sollten, aber ich hatte ja eine Karte. Nach meiner überschlägigen Berechnung würden wir für die Fahrt einen vollen Tag brauchen. Am nächsten Morgen in aller Frühe half ich Mama ins Auto, und wir kehrten unserem frostigen *trullo* den Rücken. Prompt kam die Sonne heraus.

Das erste Mal hielten wir an einer Tankstelle in Martina Franca.

»*Il pieno, per favore*«, wandte ich mich selbstbewusst an den Tankwart. Es war eine der weniger pikanten Redewendungen, die ich meinem kleinen Sprachführer entnommen und auswendig gelernt hatte.

Der Tankwart schob den Zapfhahn in den Tank unseres Autos, und während sich auf der Anzeige der Zapfsäule munter die Euros drehten, redete er ebenso munter drauflos. So weit ich verstand, wollte er wissen, ob er die Scheiben putzen oder den Ölstand prüfen solle.

Wenn auch mein italienischer Wortschatz sehr beschränkt ist, scheine ich doch nach Aussage verschiedener Freunde einen überzeugenden italienischen Akzent zu haben. Die Gefahr dabei ist nur, dass Italiener in so einem Fall glauben, man beherrsche ihre Sprache fließend. Noch dazu, wenn man dunkles Haar hat wie ich.

»*Grazie, solo il pieno, per favore*«, antwortete ich höflich, aber bestimmt und hoffte, damit wäre die Sache erledigt. Aber dann musste ich doch noch fragen: »*Signore? Dov'è la strada per Sicilia?*«

Ich verstand nur ein paar Brocken von dem, was er antwortete, wie zum Beispiel *a sinistra* (nach links), *a destra* (nach rechts) und *sempre diritto* (immer geradeaus). Aber das reichte mir für den Anfang.

Ein paar Minuten später schon brausten wir, zu beiden Seiten von Orangenhainen begleitet, auf der SS172 durch die hügelige apulische Landschaft. Ich beschwor den Geist Francesco da Mostos herauf, des witzigen und temperamentvollen Fernsehmoderators, der für eine Serie mit italienischen Reisereportagen in einem kleinen roten Kabriolett durch die Lande flitzt. Hm, so ein schnuckeliges rotes Kabrio, das wär's doch jetzt, dachte ich.

Kaum eine Stunde später ließen wir das Land der *trulli* hinter uns und fuhren auf gemächlich abfallender Straße in die Küstenebene hinunter. Die Sonne vertrieb den Morgendunst, und vor uns breitete sich funkelnd der Golf von Tarent aus.

Ich richtete meine Aufmerksamkeit wieder auf die Straße – was angesichts der Tatsache, dass ich am Steuer saß, keine schlechte Idee war –, und bald tauchte vor uns Tarent auf, eine Industriestadt mit entsprechenden Düften. Rauch- und Dampfwolken aus den Fabrikschloten verpesteten bereits die klare Luft des neuen Tages. Nicht unbedingt das, was ich von der Stadt erwartet hatte, die angeblich der Tarantella ihren Namen gegeben hat.

Als wir die Ebene erreichten, bogen wir auf die E90 ab, die dicht an der Küste entlangführt, aber leider keinen Ausblick auf den Golf von Tarent bietet. Hin und wieder erhaschten wir einen Blick auf ein Stück blitzblaues Meer oder ein Gehöft im Schatten von Olivenhainen, aber sonst bescherte uns diese öde Strecke nichts als tosenden Lastwagenverkehr und staubige Baustellen.

Obwohl wir aufmerksam auf die Hinweisschilder achteten, verpassten wir die Zufahrt zur E940 bei Sibari, und ich hielt an der nächsten Tankstelle, um nach dem Weg zu fragen. Ich wollte gerade wieder in den Wagen steigen, als der Apoll der E90 auf seinem Motorrad herbeidonnerte, von Kopf bis Fuß in metallic-blaues, hautenges Leder gewandet, unter dem die tausend Muskeln eines durchtrainierten Körpers spielten. Anmutig schwang er sich von seinem gleichfalls metallic-blauen Stahlross und fuhr sich, nachdem er seinen selbstverständlich metallic-blauen Helm abgenommen hatte, mit einer Hand durch sein schulterlanges dunkles Haar, das sich daraufhin willig zu gepflegter Lockenpracht fügte. Dann federte er mit weit ausholenden, zielstrebigen Schritten wie in Zeitlupe auf das zur Tankstelle gehörende Café zu, unterm rechten Arm den Helm, gegen dessen Design gewiss nicht mal der göttliche Merkur etwas einzuwenden gehabt hätte.

Die Kombination von Selbstvertrauen und Eitelkeit war umwerfend. Ich konnte nur offenen Mundes dastehen und gaffen, was ich entschieden zu lange tat.

»Was würdest du denn mit so einem anfangen?«, blaffte meine Mutter geringschätzig. »Los, steig ein und fahr endlich weiter!«

»Eigentlich habe ich mir gerade überlegt, was er mit mir anfangen würde«, murmelte ich, als ich mich wieder ans Steuer setzte.

»Bitte?«

»Ach, nichts«, erwiderte ich nur und startete den Wagen.

Unsere Fahrt die Autostrada del Sol hinunter war gemütlich, mautfrei und bei Weitem nicht so qualvoll, wie ich sie mir vorgestellt hatte. Weder echte noch Möchtegern-Ferraris sausten auf der Überholspur raketengleich an uns vorüber, die Hinweisschilder waren klar und verständlich, selbst für Nichtitaliener, und die Landschaft wurde immer verheißungsvoller, je weiter wir nach Süden hinunterkamen.

Am Himmel ballten sich dunkle Wolken zusammen und folgten uns durch die Küstenebene der Basilikata hinauf ins gebirgige Kalabrien, wo sich die Berge des Pollino mit dem Silamassiv vereinigen. Wir gelangten in ein Gebiet gewaltiger bewaldeter Gipfel und tiefer schattiger Täler, wo das einzige Zeugnis menschlicher Zivilisation die Straße zu sein schien, auf der unser Wagen um atemberaubende Kurven und durch dunkle, in den Berg gesprengte Tunnel schoss. Die Felswand war so nahe, dass man an manchen Stellen nur den Arm aus dem Autofenster zu strecken brauchte, um sie zu berühren. Und immer wieder tauchten Ansichten vor uns auf, wie sie einem auf den Titelbildern von Reisebroschüren über Italien präsentiert werden: eine von Zypressen umstandene Villa auf einsamer Höhe, kleine Siedlungen mit gepflegten Weingärten und Obstpflanzungen auf dem Grund eines Tals.

Die Autostrada jedoch stahl in meinem Augen allem die Schau.

Der Straßenbau ist in Italien eine Kunstform. In der Planung und der Anlage von Straßen sind die Italiener meiner Meinung nach absolute Weltmeister. Italienische Straßenbauer konzipieren ihre Projekte, ohne dem Land und seiner natürlichen Gestalt Veränderungen aufzuzwingen. Sie tun ihm keine Gewalt an, sie nähern sich ihm mit Liebe.

Ich bin weiß Gott keine leidenschaftliche Autofahrerin, und bei der Vorstellung, auf italienischen Straßen herumkurven zu müssen, hatte mir bekanntermaßen gegraut, aber nun war ich wie beschwingt, während ich Kurven

nahm, die der Rundung eines Hangs folgten, durch licht-
lose Tunnel brauste und Brücken überquerte, die schwin-
delerregende Abgründe überspannten. Es war Landschaft
pur – nicht eine einzige Plakatwand weit und breit. Hätten wir Lust dazu gehabt, wir hätten jederzeit auf einem
der zahlreichen Parkplätze anhalten können, die überall
an der Straße dem Reisenden Gelegenheit boten, eine
Pause einzulegen und die Aussicht zu bewundern oder
sich ein kleines Picknick zu gönnen.

»Es ist zwölf Uhr«, verkündete Mama wie auf Kommando. »Ich muss essen. Du weißt ja, mein Diabetes.«

»Okay, wir nehmen die nächste Ausfahrt«, versprach
ich.

Kurz hinter Cosenza bogen wir ab, einem Schild nach
San Mango d'Aquino folgend. Dort, so dachte ich, gab es
sicher ein *ristorante*. Schließlich waren wir in Italien.

Die Straße wand sich eine ganze Weile steil bergauf.
Von einem Restaurant war weit und breit nichts zu sehen,
die Häuser an der Straße schienen alle leer und verlassen.
Immer weiter ging es den Berg hinauf. Ich dachte an Umkehren, aber mittlerweile waren wir beide halb neugierig,
halb amüsiert über den Weg, den wir da gewählt hatten.

»Wenn du Leute mit Flügeln siehst, kannst du davon
ausgehen, dass wir zu weit gefahren sind«, bemerkte ich.

Die Straße stieg hoch und höher. Als wir endlich ganz
oben ankamen, wagten wir kaum, abwärtszublicken. Häuser hingen am Felsrand über dem Nichts, der Ausdruck
»Randexistenz« erhielt eine ganz neue Bedeutung.

»Kannst du dir vorstellen, jeden Morgen hier oben auf-
zuwachen?« Mama keuchte, sie hat es nicht so mit lufti-
gen Höhen. »Ich würde umkommen.«

Immer noch auf der Suche nach einem Restaurant,
rumpelten wir auf einer Kopfsteinstraße, die jetzt kaum
noch anstieg, durch das Dorf und waren, als wir auch hier

nichts entdeckten, bereit, uns mit einem Lebensmittel-geschäft zu begnügen.

»Da ist eins.« Ich hielt den Wagen vor einem kleinen Laden an. Neben dem Haus lag ein eingezäunter Hof, der Ausblicke in gähnende Tiefen bot. »Vielleicht machen die uns hier ein paar Brote.«

Die *signora* stand hinter der Theke und summte ein Liedchen, als wir eintraten. »*Buongiorno!*«, rief sie uns in einem Singsang zu.

Sie war eine zierliche Frau mit krausem dunklem Haar, das kurz geschnitten war, und dicken dunklen Augen-brauen. Unter einer roten Filzweste trug sie einen schwar-zen, mit roten Blumen bedruckten Pulli und über dieser Kombination eine frische weiße Trägerschürze. Schlichte goldene Kreolen und ein dünnes Goldkettchen mit einem brillantbesetzten Kreuz waren der einzige Schmuck. Das ungeschminkte Gesicht strahlte eine große Zufriedenheit aus.

»*Buongiorno.*« Ich lächelte sie an. »*Vorrei due panini con prosciutto e provolone, per favore.*«

»*Sì. Inglese?*«, fragte sie interessiert. Vielleicht war mein Akzent doch nicht so überzeugend.

»*Sì.* Ja«, antwortete ich demütig.

»Mein Mann, er sprechen ein wenig Englisch«, erklärte sie, während sie zwei frische Brötchen auswählte.

Sie rief ihn, und er kam vom hinteren Ende eines Gan-ges herbei, wo er ein Regal mit Toilettenpapier aufgefüllt hatte, ein mittelgroßer Mann mit graumeliertem Haar und einer Hornbrille, die er auf der Nase hochschob, als er sich näherte. Unter der halb geöffneten schwarzen Sportjacke trug er einen rehbraunen, sorgfältig geknote-ten und in ordentliche Falten gelegten Schal.

»Sie sprechen etwas Englisch, *un po' d'inglese?*«, er-kundigte ich mich in diesem unseligen Ton, den die Leute gern anschlagen, wenn sie glauben, Schwachsinnige vor sich zu haben.

»Na, das will ich hoffen«, entgegnete er trocken mit bestem US-amerikanischem Akzent. »Ich habe fast zwanzig Jahre in Pittsburgh gelebt.«

Froh, dass ich mir meine Sätze nicht mehr aus dem Sprachführer herausklauben musste, fragte ich Federico – so hatte er sich vorgestellt –, was ihn nach Amerika verschlagen und schließlich in dieses abgeschiedene Bergdorf zurückgeführt habe. Während seine Frau unsere Brötchen richtete, erzählte er uns bereitwillig, dass er sein Heimatdorf, San Mango d'Aquino, als junger Mechaniker verlassen hatte.

»Damals gab es in Kalabrien für Fachkräfte kaum Arbeit«, erklärte er, an die Glasvitrine der Verkaufstheke gelehnt. »Um in meinem Beruf arbeiten zu können, musste ich weg von hier, und in Pittsburgh fand ich, was ich suchte. Nach achtzehn Jahren habe ich Schluss gemacht. Ich hatte genug. Ich kam zurück und heiratete meine Frau.« Lächelnd zwinkerte er ihr zu. »Das ist meine Marisa. Wir haben zwei Kinder, sie leben zur Zeit beide in Cosenza – Sie müssen auf der Fahrt hierher daran vorbeigekommen sein. Unser Sohn studiert Informatik und unsere Tochter macht eine Ausbildung als Friseurin.«

Er führte aus, dass San Mango im 15. Jahrhundert gegründet worden sei und heute etwa achtzehnhundert Einwohner habe. Natürlich, fügte er mit einem Schulterzucken hinzu, sei es im Vergleich mit Pittsburgh ein verschlafenes kleines Nest, aber er habe gern getauscht. Wieder ein Lächeln zu Marisa, die seinen Blick strahlend erwiderte.

Eine gute, glückliche Ehe, sagte ich mir.

Marisa überreichte uns unsere belegten Brötchen und steckte uns noch ein paar Gebäckteilchen in die Tüte, als wir bezahlten.

»Ich habe noch eine Frage«, sagte Federico, als wir gehen wollten. »Mein Sohn versucht, Englisch zu lernen. Darf ich ihm vielleicht Ihre E-Mail-Adresse geben, damit er mit Ihnen üben kann?«

»Gern«, erwiderte ich, obwohl ich bezweifelte, dass ein Zwanzigjähriger scharf darauf sein würde, mit einer Frau von über fünfzig zu korrespondieren. Ich nannte Federico das Datum unserer Rückkehr nach Kanada, und tatsächlich erhielt ich kurz nach meiner Heimkehr eine E-Mail von Federicos und Marisas Sohn. Seitdem schreiben wir einander sporadisch.

»Ist das nicht verrückt? Da reisen wir durch ein Land, das wir kaum kennen, biegen auf gut Glück irgendwo ins Blaue hinein ab und landen hier oben im Dorf bei diesen beiden«, sagte ich zu Mama, als wir aus San Mango hinausfuhren. Ich schaltete den Wagen in den Leerlauf und ließ ihn das lange Gefälle hinunterrollen.

»Es ist wie ein kleines Wunder, nicht?«, stimmte Mama zu. »So ein nettes Paar.«

Minuten später hatten wir die Einfachheit und Stille San Mangos hinter uns gelassen und stürzten uns wieder ins Getümmel der A3.

»Die beiden waren immer noch richtig verliebt ineinander.« Ich lächelte bei der Erinnerung. »Wieso habt ihr, du und Papa, eigentlich nie eure Zuneigung zueinander gezeigt? Ich glaube, ich habe nicht ein einziges Mal gehört, dass einer von euch ›ich liebe dich‹ zum anderen gesagt hätte – oder auch zu mir.«

In meinem eigenen Haus gehören die Worte »Ich habe dich lieb« so sehr zum täglichen Gebrauch wie »Halt die Klappe!«.

»›Ich liebe dich‹ ist leicht gesagt und bedeutet gar nichts«, versetzte Mama kurz und pragmatisch. »Mir ist es lieber, der andere zeigt mir, dass er mich liebt.«

»Und wie?«

»Durch Achtung und Ehrlichkeit und eine nette kleine Überraschung hin und wieder.«

»Da bist du anders als ich«, stellte ich fest. »Achtung und Ehrlichkeit sind die Grundlagen jeder Beziehung, aber ich brauche auch körperliche Nähe und verbale Bestätigung. Ich möchte alles haben.«

Aus dem Augenwinkel bemerkte ich, wie Mama bei den Worten »körperliche Nähe« zusammenzuckte.

»Dein Vater und ich haben dir und deinem Bruder immer unsere Liebe gezeigt, als ihr klein wart«, sagte sie abwehrend.

Stimmte das? Gewiss, meinem Bruder und mir hatte es in unserer Kindheit und Jugend an nichts gefehlt. Wir wohnten sicher und warm, wir waren immer gut gekleidet, wir bekamen feste Werte mit, an denen wir uns orientieren konnten, und es stand immer etwas zu essen auf dem Tisch. Aber die vielen Pflichten (vom Silberputzen bis zur Gartenarbeit) und strengen Regeln (unerschütterlich feste Zeiten für alles, vom abendlichen Nachhausekommen bis zu den Schularbeiten und zum Klavierüben), die meine Eltern uns auferlegten, ließen keinen Platz für ein entspanntes Miteinander. Waren die Pflichten erledigt und die Regeln bis aufs I-Tüpfelchen erfüllt, waren alle fix und fertig und auf Nähe hatte keiner mehr Lust.

Bei meiner Mutter – sie muss in einem früheren Leben eine Normannin gewesen sein – kam es immer darauf an, dass alles seine Ordnung hatte. Meine Haltung, meine Frisur, mein Verhalten, meine Kleidung, alles stand unter unablässiger akribischer Beobachtung. Sie wollte ein ordentliches, fügsames, angepasstes und fröhliches Kind. Ich war nichts von alledem. Je stärker sie darauf drang, desto widerborstiger wurde ich. Sie war nicht liebevoll zu mir, und ich rächte mich, indem ich nicht liebevoll zu ihr war.

Über Gefühle wurde in unserer Familie nicht gesprochen. Es waren die Sechzigerjahre des zurückliegenden Jahrhunderts. Ich konnte mich nur an Untertönen orientieren, und das machte mich ängstlich und unsicher; ich wusste nie genau, woran ich war, rechnete immer mit irgendeiner Katastrophe, hatte Angst, etwas falsch zu machen. Bei uns zu Hause lag eine Spannung in der Luft, ein diffuses Gefühl, dass gleich etwas passieren oder dass man aufgefordert würde, sich nützlich zu machen. Wenn ich vom Spiel mit Freunden nach Hause kam, schlich ich mich auf Zehenspitzen zur Tür hinein und versuchte die Stimmung zu erspüren, bevor ich vorsichtig »Hallo?« rief.

Ich verschlang die Sitcoms im Fernsehen und fragte mich, was denn – abgesehen von Produktsponsoring – uns fehlte, dass wir nicht sein konnten wie diese TV-Sippen. Wie schafften es andere Familien, so entspannt und humorvoll zu sein?

Meine Eltern lachten fast nie, wenn mein Bruder und ich anwesend waren. Schon gar nicht an gewöhnlichen Wochentagen. Es war kein ausdrückliches Gebot, aber wenn ich mich richtig erinnere, herrschte von Montag bis Freitag eine beinahe klösterliche Strenge, sie wurde bestimmt von Schule, gesunden Mahlzeiten und frühem Zubettgehen. An Wochenenden mussten wir tagsüber helfen, aber am Samstagabend durften wir Hamburger und Pommes essen und bis zehn Uhr aufbleiben.

Doch wenn meine Eltern zum Essen einluden, was sie gelegentlich samstagabends taten, zeigten sie im bunten Kreis ihrer Freunde – Künstler, Akademiker, Geschäftsleute, Autoren und Ingenieure –, wie lebenslustig und spritzig sie sein konnten. Die Frauen wirkten immer unglaublich mondän in Cocktailkleidern, hochhackigen Schuhen und funkelndem Schmuck, die Männer strahlten von den gestärkten weißen Hemden bis zu den glänzend polierten Schuhen Eleganz aus.

Bei solchen Gelegenheiten floss der Alkohol, es wurde hemmungslos diskutiert, gealbert und gelacht, man hörte im ganzen Haus, wie alle sich amüsierten. Zwanglose Abende unbeschwerter Geselligkeit waren das. Mit schmachtenden Tönen begleitete mein Vater Frank Sinatras Gesang aus der Hi-Fi-Anlage, während er seine Spezialmartinis schüttelte; meine Mutter tischte ein opulentes Büffet auf und zeigte sich als großzügige Gastgeberin.

Ich hockte oben im Dunkeln, um heimlich einen Blick auf die Gäste zu erhaschen, vor allem aber um die Verwandlung meiner Eltern zu beobachten, die so entspannt und fröhlich waren. Es kränkte mich tief, dass sie sich mir nie von dieser Seite zeigten.

Wenn die Gäste gegangen waren, kehrten wieder Ruhe und Ordnung ein. Mein Vater zog sich hinter ein Buch oder die Zeitung zurück; meine stets geschäftige Mutter sorgte dafür, dass Haushalt und Kinder reibungslos funktionierten.

Meine Eltern hatten keinen Sinn für körperliche Zärtlichkeit. Ich kann mich nicht erinnern, dass sie mich je geknuddelt oder fest an sich gedrückt hätten, höchstens gab es gelegentlich eine steife Umarmung, und dennoch hat mich dieser Mangel an inniger Berührung, soweit ich mich entsinne, nie belastet. Erst als meine Kinder kamen, änderte sich bei meinen Eltern etwas. Die kleinen Knirpse entwaffneten sie. Von da an konnte gar nicht genug geknuddelt werden.

Eine Welle des Selbstmitleids überkam mich, während wir auf der Autostrada südwärts rollten. Ich wünschte, in unserer Familie hätte es mehr Zärtlichkeit gegeben, und ich fragte mich, warum meine Eltern sich mit Rigidität und Unnahbarkeit wohler gefühlt hatten.

Genau über solche Fragen hätte ich auf dieser Reise gern mit meiner Mutter offen und ehrlich gesprochen. Aber bevor man sich mit ihr auf derartige Gespräche einlässt, muss man sich anhand einer Checkliste vorbereiten wie Batman, wenn er ins Batmobile steigt und aufbricht, seine durchtriebenen Widersacher zu stellen: »Schuldabweiser hochgeklappt, Anfeindungsschutz ausgefahren, Ich-hab's-dir-immer-gesagt-Schilde aktiviert, Selbstachtungskraftfeld in Bereitschaft.« Mit anderen Worten, ich muss psychologisch gewappnet sein, wenn ich es mit meiner Mutter aufnehmen will. Auch ein kräftiger Schluck kann nicht schaden.

Ich wünschte mir die Aussprache mit Mama von ganzem Herzen und ich wünschte sie mir gewinnbringend und reinigend für uns beide. Aber ich wollte sie nicht im Auto führen, schon gar nicht wenn ich fahren musste. Außerdem hatte ich keinesfalls vor, mich mit dem vorhersehbaren »Du kannst dich anscheinend nur an die unerfreulichen Ereignisse deiner Kindheit erinnern« abspeisen zu lassen, das sie mir jetzt im Wagen vorleierte. Wie die selektive Schwerhörigkeit gibt es auch die selektive Erinnerung.

Der Regen holte uns ein und begleitete uns durch den größten Teil Kalabriens. Tief hängende bleierne Wolken verdunkelten die Landschaft, das Wasser spritzte zischend zu beiden Seiten des Wagens auf, als die Reifen durch riesige Pfützen rauschten, die Scheibenwischer kämpften mit eintönigem *Tack-Tack* gegen die herabströmenden Fluten. Hätten wir lieber in Alberobello bleiben sollen? Ich hegte den Verdacht, dass das schlechte Wetter uns verfolgte.

Doch das fremde Land, das wir durch die regenverschleierten Scheiben erkennen konnten, war von einer archaischen Schönheit, eine erotische Welt üppiger, saftiger Pflanzen von majestätischer Größe. Riesige aufgeschwollene Aloeblätter reckten sich in bizarren Formen wie Krakenarme nach oben; weit ausladende Feigenkakteen mit fladenförmigen Gliedern, die so gigantisch wie die Fußabdrücke eines Brontosaurus waren, trieben zum Bersten pralle rote Knospen. Überall in dieser satten grünen Landschaft leuchtete frisches neues Wachstum.

Wir kannten Norditalien (noch) nicht und hatten daher keine Grundlage für einen Vergleich, aber angesichts dessen, was wir hier von Süditalien sahen, konnte ich nur voreilige Schlüsse ziehen. Abgesehen von Tarent – und das war nun wirklich von bescheidener Größe –, waren wir an keiner dieser explodierenden Großstädte wie etwa Mailand oder Neapel vorbeigekommen, nein, südlich von Neapel gibt es nichts, was als Wachstumsmetropole bezeichnet werden könnte. Auf wohltuende Weise fehlt es an schicken Einkaufszentren, Hochhäusern und Touristenattraktionen, obwohl diese Errungenschaften heutzutage leider als Maßstab einer blühenden Wirtschaft gelten.

Seit Jahrhunderten besteht zwischen Nord- und Süditalien eine riesige sozioökonomische Kluft, eine Ungleichheit, die heute besonders ausgeprägt ist. Italien hat seit dem Zweiten Weltkrieg einen rasanten wirtschaftlichen Aufschwung genommen, doch der Gewinn wurde nicht gleich verteilt. Das Land mag unter einer Regierung vereinigt sein, dennoch besteht zwischen dem reichen Norden und dem armen Süden eine starke Unausgeglichenheit.

Im Jahr 2006 fand ein Referendum statt, das über eine Teilung von Nord- und Süditalien entscheiden sollte. Trotz der ewigen Nörgeleien der Norditaliener, dass ihr ganzes sauer verdientes Geld dem Süden in den Rachen geworfen werde – oder vielleicht auch weil sie zu bequem waren, sich von ihren Kaffeehausstühlen zu erheben und ihre

Stimme abzugeben (die Wahlbeteiligung dort oben lag nur bei fünfzig Prozent) –, stimmten die Italiener in ihrer Gesamtheit mit überwältigender Mehrheit für den Zentralstaat. Das könnte sich leicht ändern: Silvio Berlusconi, das politische Stehaufmännchen, hat mit dem Versprechen, Italien zu teilen, Wahlkampf geführt.

Statistischen Erhebungen zufolge lag 2006 die Arbeitslosigkeit im Süden bei mehr als 12 Prozent, während im Norden nur 3,6 Prozent der Bevölkerung ohne Beschäftigung waren. Noch alarmierender ist der Exodus junger Menschen im Süden: Dort wandern mehr als 34 Prozent aus ländlichen Ortschaften wie San Mango d'Aquino ab; im Norden sind es nur 13 Prozent.

Die italienische Regierung bemüht sich, eine Trendwende herbeizuführen, und gibt Unsummen aus, um den Süden für den internationalen Tourismus attraktiv zu machen. Dennoch bleibt die Frage: Warum hat es so lang gedauert, bis etwas unternommen wurde?

Diese Frage stellte Henry Vollam Morton in seinem Buch *Wanderungen in Süditalien* schon 1969. Der englische Journalist und Reiseschriftsteller beklagte den Zustand vieler kultureller Schätze des Mezzogiorno: Schlösser und Burgen ausgeplündert und dem Verfall preisgegeben; die Überreste bedeutender Bauten von Gestrüpp überwuchert; Städte, die sich keine Wächter zum Schutz ihrer Artefakte leisten können. Vieles von dem, was Morton damals schilderte, konnten wir noch auf unserer Reise nahezu vierzig Jahre später beobachten.

Aber nicht in allem ist der Süden schlechter dran, wie ich lernte, als ich eines Tages in *La Repubblica* blätterte. Die Süditaliener haben kürzere Arbeitszeiten, mehr Feiertage, und ihre Lebenshaltungskosten sind um einiges niedriger als die ihrer ständig auf der Überholspur lebenden Landsleute im Norden.

Und die Geschichte des Südens reicht weiter zurück, man sieht es an den knorrigen alten Stämmen der Olivenbäume.

Hier also mein Rat: Wenn Sie das alte Italien erleben wollen, dann reisen Sie nicht in die Toskana; reisen Sie nach Kalabrien. Es ist Wurzel und Seele Italiens.

Fast fünfhundert Kilometer weiter, ungefähr fünf Stunden nach unserem Aufbruch in Alberobello, erreichten wir kurz nach ein Uhr mittags Reggio di Calabria, das ganz vorn an der Spitze des italienischen Stiefels liegt.

»Achte auf das Wort *traghetti*«, bat ich Mama. »Das sind die Fähren.«

»Hast du ›Spaghetti‹ gesagt?«, fragte sie. »Ich bin eigentlich nicht besonders hungrig.«

»Nein, *tra-ghetti*«, wiederholte ich lauter. »Schau einfach nach einem Schild mit einem Boot drauf.«

Sehr bald gelangten wir an eine Art Industriekai, auf dem sich reihenweise rostrote Container stapelten. Ich hielt vor einem kleinen Gebäude hinter einer offenen Schranke an, um nach dem Weg zur Fähre zu fragen. Ein massiger, dunkelhäutiger Mann mit einer Zigarette zwischen den Lippen wies uns zum hinteren Ende des Kais.

Durch einen Friedhof rostenden Metalls fuhren wir weiter, ohne aber den Kartenverkauf für die Fähre zu finden. Wir umrundeten einmal das ganze Geländer und entdeckten endlich auf der zweiten Schleife einen unscheinbaren kleinen Kiosk.

Der junge Mann hinter dem Schalterfenster, auch er mit der offenbar unvermeidlichen Zigarette im Mund, war damit beschäftigt, ein dickes Bündel Euroscheine zu zählen. Während ich wartete und derweil in meinen Sprachführer blickte, um die richtige Frage parat zu haben, sprang völlig unerklärlich eines der Gläser meiner nagelneuen Brille aus der Fassung und fiel zu Boden.

»Oh, verdammt!« Ich tauchte abwärts und tastete wie wild auf dem Beton herum. Das Glas – es war zum Glück nicht zerbrochen – lag nur wenige Zentimeter von meinem Fuß entfernt, und ich versuchte sofort, es irgendwie wieder in die Fassung zu drücken. Meine Augen waren im letzten Jahr merklich schlechter geworden, und ohne Brille war ich hilflos.

Der junge Mann hielt im Geldzählen inne und beobachtete mich neugierig und amüsiert wie ein fremdartiges Tier.

»*Mi scusi.*« Ich lächelte. »*Dove posso comprare un biglietto per Messina? Due biglietto – biglietti?*«

»*Qui. Venti euro*«, antwortete der Mann in ruppigem Ton.

»*Per due? Con macchina?*«, versicherte ich mich, weil ich nicht glauben konnte, dass in diesem bescheidenen Preis auch das Auto inbegriffen war.

»*Sì*«, bestätigte er.

»*A che ora …*«

»*Le tre e mezza.*«

Fragend sah ich ihn an. Er hielt drei Finger in die Höhe und sagte langsam und mit Betonung: »*E mezza.*«

Ich tat so, als hätte ich verstanden, aber dann fiel mir ein, dass *mezzo* halb heißt, somit also halb vier.

»Das war billig«, teilte ich Mama mit, als ich zum Wagen zurückkam. »Nur zwanzig Euro.«

»Mit dem Auto?«, fragte auch sie überrascht.

»Jau.«

Wir warteten anderthalb Stunden im Auto; wir getrauten uns nicht wegzufahren, weil wir Angst hatten, nicht zurückzufinden. Wir hatten jetzt beide Hunger, aber die einsame Bar am Kai war, wie hätte es anders sein können, geschlossen.

Zwei Lkw-Fahrer, die in der Nähe herumstanden, pirschten sich an uns heran. Mama umklammerte ihre Tasche mit beiden Händen.

»Sie wollen da hin?«, erkundigte sich der Größere der beiden in stockendem Englisch und zeigte nach Sizilien hinüber. Die Männer hielten respektvoll Abstand von unserem Wagen.

Ich bestätigte es. »Legt das Schiff hier an?«

»Ja. Kommt bald. Drei Uhr dreißig. Bleiben Sie hier. Ich sage Ihnen, wenn Sie fahren können.«

Er hatte kurzes strohiges Haar und ein rundes Gesicht. Sein lose sitzendes dunkelblaues T-Shirt war so schmutzig wie seine abgetragene Trainingshose und die schwarzen Plastiksandalen an seinen Füßen. Seine stämmige Figur und seine ruhige, beinahe schüchterne Art erinnerten mich an jemanden, ohne dass ich hätte sagen können, an wen.

Sie erzählten, sie seien aus Deutschland. Ja, stimmten sie nickend zu, sie seien weit von zu Hause, aber sie hätten die Fahrt schon oft gemacht und seien sie gewöhnt.

Sie wollten wissen, woher wir kämen. »Kanada«, antwortete ich, und sie starrten uns beide leicht verwirrt an, als müssten sie sich erst vergegenwärtigen, wo das auf der Weltkarte zu finden ist. Oder vielleicht meinten sie, wir hätten Mukluks anhaben und unseren Kombi von Schlittenhunden ziehen lassen müssen.

Das Gespräch versiegte bald. Der Größere nickte uns höflich lächelnd zu, dann kehrten sie beide zu ihren Fahrzeugen zurück, um auf das Eintreffen der Fähre zu warten.

Am Kai lagen mehrere schnittige weiße Fährschiffe, ich war deshalb einigermaßen verblüfft, als unseres ankam. Es war weder schnittig noch weiß, und obgleich mir das im Grunde egal war, hätte ich doch etwas ein bisschen Ansehnlicheres erwartet als den Pott, der da angetuckert kam. Er sah mehr aus wie ein Lastkahn mit großem, offenem Deck zum Transport von Fahrzeugen oder Frachten und einem Raum für Passagiere, der vielleicht ein Drittel des Schiffs einnahm. Als ich die … hm … Fähre erblickte, war mein erster Gedanke, dass sie dringend einen Anstrich brauchte. Ich warf dem großen schüchternen Lkw-Fahrer einen fragenden Blick zu, worauf er mit nachdrücklichem Nicken bestätigte, dass dies die Fähre nach Messina war. Wir fuhren unseren Wagen auf das offene Deck und stellten ihn inmitten einer Ansammlung schwerer Transporter ab, zu denen auch die Laster unserer neuen deutschen Freunde zählten.

Zwischen den Fahrzeugen hindurch geleitete ich Mama zu der Eisentreppe, die zum Passagierdeck führte. Die Besatzungsmitglieder waren raue Kerle mit dreckigen Händen und schwarzen Rändern unter den Fingernägeln. Ihre marineblauen Uniformen waren fleckig und an den Manschetten fast durchgescheuert. Verschwitzt und unrasiert, mit dunkel umschatteten Augen, strahlten die hageren Gesichter unter den fettigen Haaren etwas Verschlagenes und zugleich Hoffnungsloses aus. Ich musste unwillkürlich an Samuel Taylor Coleridges *Ballade vom alten Seemann* denken.

Wir setzten uns nach vorn, um die langsame Annäherung an Sizilien genießen zu können. Es hatte aufgehört zu regnen, und die Luft war so mild, dass wir die halbe Stunde Überfahrt im Freien verbringen konnten. Ich hätte mich so gern an die Reling gestellt, um die Meeresluft auf meinem Gesicht zu spüren und meinen Blick zwischen dem zurückbleibenden italienischen Festland und der näher kommenden Insel hin und her wandern zu lassen, aber auf diesem schäbigen Kahn wollte ich Mama nicht allein lassen. Außerdem fing sie sofort an, nach mir zu rufen, wenn sie mich nicht ständig im Blick hatte, was bei mir nur bewirkte, dass ich am liebsten in volle Deckung gegangen wäre.

Ein Mann von der Crew trat zu uns und bedeutete mir, ihm zu folgen. An der Treppe wies er auf die zerschrammte Holztür der Damentoilette und erbot sich, sie mir aufzusperren. Als ich über seine Schulter blickte, bemerkte ich den großen schüchternen Lkw-Fahrer, der mit verschränkten Armen an der Wand lehnte und uns beobachtete. Sobald er meinen Blick auffing, schüttelte er wortlos warnend den Kopf.

»*No, grazie*«, sagte ich mit einem höflichen Lächeln.

Der Matrose ließ nicht locker, aber ich wiederholte mit größerem Nachdruck mein »*No, grazie*« und ging. Mama nutzt ja jede Toilette, die sich bietet, aber ich hatte das starke Gefühl, dass sie es in diesem Fall lieber bleiben lassen sollte.

»Was wollte er?«, fragte sie sofort, als ich zu meinem Platz zurückkam.

»Er wollte mir die Verkaufsautomaten zeigen, falls wir was essen wollen«, antwortete ich schnell. »Aber ich finde, wir brauchen nichts. Warten wir lieber, bis wir im Hotel sind.«

Ich sah mich auf dem Passagierdeck um und stellte fest, dass wir die einzigen Frauen an Bord waren. Irgendwie alles etwas seltsam.

»Anscheinend fahren nicht viele Leute nach Sizilien«, flüsterte ich Mama zu.

Wie angewurzelt saßen wir auf unseren Plätzen und hielten den Blick starr nach vorne gerichtet, während das Schiff durch die Straße von Messina glitt. Die Strahlen der untergehenden Sonne warfen einen funkelnden Teppich über das Wasser.

Ich bemerkte, dass Mama mich ansah.

»Mir ist gerade unser Gespräch auf der Fahrt hierher durch den Kopf gegangen. Das über nicht gezeigte Liebe«, sagte sie. »Wenn dir so viel an körperlicher Berührung liegt, dann lass mich doch deine Haare machen. Sie müssten einmal richtig durchgebürstet werden.«

»Ach nein, lass nur. Aber trotzdem vielen Dank.« Eilig beugte ich mich über die Straßenkarte in meiner Hand.

Als ich mich ein paar Minuten später halb herumdrehte, fiel mein Blick wieder auf den stämmigen deutschen Lkw-Fahrer, der gedankenverloren zur sizilianischen Küste hinüberblickte. Hatte er Sehnsucht nach jemandem, den er zu Hause zurückgelassen hatte? Dachte er an die langen Fahrten und wie zuwider sie ihm waren? Oder grübelte er, wie wir alle das hin und wieder tun, darüber nach, auf welche Weise er sich das Leben in Zukunft leichter machen könnte?

Plötzlich wusste ich, warum er mir bekannt vorkam. Er erinnerte mich an einen ehemaligen Nachbarn – das gleiche runde Gesicht, der gleiche stämmige Körperbau, die gleiche stille Traurigkeit. Ich habe oft darüber nachgedacht, was es bedeutet, wenn man im Urlaub Menschen begegnet, die einen irgendwie an Bekannte von zu Hause erinnern. Sendet das Schicksal Doppelgänger aus, die uns Sicherheit geben sollen, wenn wir uns in ungewohnten Situationen befinden? Oder sollen sie uns eine Mahnung sein, dem betreffenden Menschen zu Hause in Zukunft freundlicher zu begegnen?

Um kurz nach vier legte die Fähre im Hafen von Messina an. In Italien wird es im März früh dunkel; noch eine Stunde vielleicht, dann würde rabenschwarze Nacht herrschen. Das hieß, dass wir unseren etwa fünfzig Kilometer entfernten Bestimmungsort Taormina wahrscheinlich erst nach Einbruch der Dunkelheit erreichen würden.

Ich mag es nicht, wenn ich mich in einer fremden Stadt bei Finsternis zurechtfinden muss. Spätestens am frühen Abend stellt mein Gehirn die Arbeit ein und die besondere Aufmerksamkeit, die ich brauche, um einen Ort zu finden, wo ich mein müdes Haupt betten kann, haut sich bereits egoistisch selbst aufs Ohr. Ganz besonders trifft das zu, wenn ich an einem Tag praktisch nonstop mehr als fünfhundert Kilometer am Autosteuer gesessen habe.

»Warum fahren wir eigentlich nach Taormina?«, fragte Mama.

»Weil ich gehört habe, dass ein Besuch sich lohnt.« Eine Empfehlung von Bekannten reicht mir in solchen Fällen oft als Anstoß.

Wir sagten unseren deutschen Lkw-Fahrern Auf Wiedersehen, suchten unseren Wagen und machten uns auf zur Autostrada.

Als wir die Ausfahrt nach Taormina erreichten, war draußen nur noch der fluoreszierende Schein der Straßenschilder zu erkennen. Den Hinweisen folgend, krochen wir eine Serpentinenstraße hinauf, die uns an unseren Abstecher nach San Mango erinnerte.

Ich übernachte gern in kleinen Pensionen mit Atmosphäre, und im Allgemeinen suche ich in einem Ort, den ich nicht kenne, mit verbissener Hartnäckigkeit nach der Unterkunft, die mir eben vorschwebt. Andere irritiert diese Sturheit, Mama nicht. Sie kann sich nicht vorstellen, warum man in einem langweiligen modernen Kasten wohnen soll, wenn woanders ein Hauch von Geschichte und interessante Architektur locken.

Aber das Gekurbel durch die engen Straßen von Taormina mit all den Haarnadelkurven und den ständigen Staus – jeder schien an diesem Abend irgendwo ein- oder ausparken zu wollen – wurde mir schnell zu viel. Mir war alles egal, ich war bereit, jede Absteige zu nehmen, in der noch ein Bett frei war.

Zweimal fuhren wir auf unserer Suche nach etwas Gefälligerem am Hotel *Continental* vorbei, beim dritten Mal hielten wir an.

»Bleib du hier, Mama, ich frage erst mal, ob sie ein Zimmer haben.« Ich schickte ein Stoßgebet gen Himmel, dass etwas frei sein möge.

Ich trat ins vergilbte Ambiente eines Foyers im Stil der Siebzigerjahre, mit Hängeleuchten, die an Ketten aufgemacht waren, und hohen Glasbausteinfenstern hinter tristen orangefarbenen Vorhängen. Die Einrichtung war skandinavisch, die Bezüge der Sitzmöbel aus diesem unverwüstlichen, aber absolut faden, genoppten senfgelben Stoff, der sich vor Urzeiten einmal großer Beliebtheit erfreute. Fehlte nur die Mahagoni-Musiktruhe. Zu seiner Zeit war das Foyer wahrscheinlich unglaublich trendy gewesen.

Ein junger Mann und eine Frau, beide gepflegt und in feschen dunkelblauen Uniformen, begrüßten mich lächelnd.

»Guten Abend«, erwiderte ich ebenfalls lächelnd, mit einem flehenden Unterton in der Stimme. »Haben Sie noch ein Zimmer frei?«

Sie hatten und erboten sich, es mir zu zeigen.

Das Zimmer war ein unpersönlicher Raum mit zwei Einzelbetten unter verwaschenen grünen Überwürfen und einem winzigen Bad, das nur über eine Stufe zu erreichen war, schwierig für Mama mit ihren von Arthrose geplagten Beinen.

»Sie sind alle gleich«, bemerkte der junge Mann, der mich führte, entschuldigend.

Orangefarbene gefütterte Vorhänge umrahmten die Fenster. Draußen war es zu dunkel, um etwas zu erkennen; ich sah nur das Spiegelbild meines müden und abgespannten Gesichts.

»Wunderbar.« Ich wandte mich zu dem jungen Mann um. »Wir nehmen es.«

Mama hat sich immer sehr stark für Innenarchitektur interessiert. Was sie weiß, hat sie sich selbst angeeignet, aber sie kennt jeden Stil und hat einen unfehlbaren Blick für Farben und Material. Jedes Haus, in dem wir gelebt haben – und einige waren die reinsten Bruchbuden, als meine Eltern sie erwarben –, wurde von meiner Mutter mit eigener Hand gewissenhaft renoviert und eingerichtet. Manchmal wurden die Räume, die unser Zuhause waren, sogar in Zeitschriften abgebildet. Ich habe nie recht verstanden, warum Mama die Innenarchitektur nicht zu ihrem Beruf machte. Bis heute braucht sie nur einen Raum zu betreten, und sofort fängt sie an, die Möbel umzustellen, die Wahl der Stoffe und die Anordnung der Kunstwerke zu kritisieren. Auch bei mir daheim tut sie das gelegentlich.

Ich war deshalb völlig perplex, als sie nach dem Gang durch das schäbige Retro-Foyer und den Flur mit der trüben kotzgrünen Beleuchtung, in der jeder wie ein Zombie aussah, begeistert »Wie schön!« rief, sobald ich in unserem Zimmer Licht gemacht hatte.

Ich sah sie an, als glaubte ich, sie mache Witze.

»Nun sei doch nicht so pingelig«, meinte sie ungeduldig. »In meinem Alter kommt es einem nur darauf an, dass es ein Bett und ein Klo mit Spülung gibt. Und einen Speisesaal. Wann können wir essen?«

Das Abendessen und die Bedienung waren ausgezeichnet. Der Speisesaal hingegen war schäbig wie das Foyer – die gleichen tristen orangefarbenen Vorhänge schmückten die Terrassentüren und dienten als Raumteiler zur Küche. Der Saal war hoch und die Beleuchtung funzlig, aber das schien niemanden zu stören, und wir genossen den köstlichen Schweinebraten mit Kartoffeln und Salat.

Es ging hoch her im Saal, gerade war eine Busladung amerikanischer Senioren eingetroffen, alle gepflegt und topfit.

Die Männer hatten ein wenig zerknitterte Gesichter, aber auf eine attraktive, beinahe kultivierte Art, die meisten hatten helle Cordhosen und karierte Hemden an. Die Frauen waren wohlfrisiert – einige trugen das Haar kinnlang und glatt, andere bevorzugten einen flotteren kurzen Schnitt, auch Strähnchen und Gel fehlten nicht – und viele von ihnen zeigten sich in sportlichen Ensembles, die aus eleganteren Versionen von Jogginghosen und entsprechenden Jacken bestanden. Mir gefiel der Stil eigentlich nicht, aber er war sicher praktisch für Leute dieses Alters. Ein Stock oder Rollator war nirgends auszumachen.

Manche sahen aus, als wären sie älter als meine Mutter, und ich fragte mich, warum sie, die so ein aktives Leben geführt hatte – bis vor nicht allzu langer Zeit hatte sie noch Tennis gespielt –, körperlich so stark abgebaut hatte. Ich weiß, es ist irrational, aber ich wurde plötzlich wütend auf meine Mutter und ihre Hinfälligkeit. Wenn sie sich ernsthafter bemüht hätte, ihr Gewicht zu halten, dachte ich, hätte sie vielleicht viele ihrer Gebrechen vermeiden können.

Was das Äußere anging, hatte sich an Mamas Frisur und ihrer Art, sich zu kleiden, seit Jahrzehnten nichts geändert. Sie hatte sich nie sonderlich für Mode erwärmt; ihr Interesse beschränkte sich seit jeher auf die Kunst und die Architektur vergangener Zeiten. Bei anderen – oder jedenfalls bei mir – war sie mit Vorschlägen zur Veränderung immer schnell bei der Hand, aber was sie selbst betraf, änderte sie nichts.

»Ich brauche eine neue Geraderobe«, verkündete sie aus heiterem Himmel. »Ich hatte eigentlich gehofft, auf dem Flug würde mein Gepäck verloren gehen.«

Auch sie beobachtete die amerikanischen Senioren.

»Ja, ein bisschen mehr Pep täte dir gut«, stimmte ich zu. »Du hast dein ganzes Leben alte Häuser renoviert, aber für dich selbst hast du nie was getan. Wieso eigentlich nicht?«

»Ich konnte doch nicht einfach losziehen und Geld für mich ausgeben«, antwortete sie, als wäre das ein unvorstellbarer Gedanke. »Wir hatten Kinder großzuziehen. Damals war es nicht wie bei euch heute, dass man jede Woche zur Maniküre und zur Fußpflege ging.«

»Aber deine Generation ist jede Woche zum Friseur gegangen«, konterte ich. »Ist das nicht das Gleiche?«

»In Kleiderfragen hat sich nie jemand angeboten, mir zu helfen«, klagte sie, ohne meine Frage zu beantworten.

Na bitte, jetzt kommt es, dachte ich. Die Schuldzuweisung. »Nie jemand« hieß »du«.

»Ich helfe dir gern beim Einkaufen, wenn du dich neu einkleiden möchtest«, sagte ich. »Aber ich glaube, du willst meinen Rat gar nicht. Außerdem bist du geizig, wenn es darum geht, dir etwas zum Anziehen zu kaufen und Geld für dich selbst auszugeben.«

»Siehst du die Frau da drüben?« Mamas Augenmerk galt einer gertenschlanken Frau mit kinnlangem, auf der Seite gescheiteltem Haar, das auf der einen Seite hinters Ohr geschoben war und auf der anderen lose herabfiel. »Das ist eine Frisur, die mir gefällt. Was meinst du? Würde mir das stehen?«

»Es würde bestimmt gut aussehen«, antwortete ich, leicht gereizt darüber, dass sie immer wieder abschweifen musste. »Aber dazu musst du erst deine Haare wachsen lassen.«

»Oh, da reicht meine Geduld nicht«, erklärte sie. »Aber für dich wäre das doch was. Warum versuchst du es nicht mal?«

»Warum willst du mich zu Frisuren überreden, die alte Frauen tragen?«, fragte ich spitz.

»Diese Leute sind doch gar nicht so alt«, entgegnete sie etwas bestürzt. »Sie sind bestimmt alle in deinem Alter.«

Ich musste schleunigst hinaus, bevor ich etwas Unverzeihliches tat.

Ein hübscher Innenhof mit einem Orangenbaum winkte auf der anderen Seite der Fenstertüren des Speisesaals.

»Ich mache nach dem Essen noch einen Spaziergang«, teilte ich Mama kühl mit.

»Du kannst doch hier nicht allein ausgehen. Wer weiß, was für Gesindel sich da draußen herumtreibt.«

»Mir wird schon nichts passieren«, entgegnete ich knapp. »Wir sind hier nicht in einer Großstadt.«

Der junge Mann vom Empfang, der beim Abendessen als Ober fungierte, trat zu uns an den Tisch, um uns Wasser nachzugießen. Ich verdrehte nur stumm die Augen, als Mama in dringlichem Ton seine Meinung über meine Wahnsinnsidee einholte.

»Können Sie garantieren, dass ihr nichts passiert?«, insistierte sie misstrauisch. »Schwarz auf weiß? Sie ist meine einzige Tochter.«

»Ihre Tochter ist hier sicher«, versicherte er ihr und nickte mir väterlich zu.

Der Bursche war nicht mal halb so alt wie ich. Weiß Gott, manchmal behandelt meine Mutter mich wie eine Zehnjährige.

»Ich bleib nicht lange«, versprach ich ihr, als ich ihr Tee einschenkte. Überzeugt sah sie nicht aus.

Machte sie sich wirklich Sorgen um mein Wohl, oder

beneidete sie mich um meine Beweglichkeit? Langsam bekam ich das Gefühl, dass sie erwartete, ich würde keinen Schritt von ihrer Seite weichen. Aber darauf konnte sie lange warten.

Ich begleitete Mama zurück in unser Zimmer, zog eine Jacke über, gab ihr einen Kuss auf die Stirn und versicherte ihr noch einmal, bald wieder da zu sein.

Mit einem herrlichen Gefühl von Freiheit und Ungebundenheit drückte ich das hohe schmiedeeiserne Tor auf, das zur Hintergasse hinausging – kein Zeitplan, kein festes Ziel und eine unbekannte Stadt, die darauf wartete, von mir entdeckt zu werden.

Ich lief vier steinerne Treppen hinunter und gelangte auf Taorminas kleine Hauptstraße, den Corso Umberto, eine hübsche und elegante Fußgängerzone mit Kopfsteinpflaster im Fischgrätenmuster, altmodischen schwarzen Laternen und schmiedeeisernen Balkonen oben an den Fassaden. An beiden Enden der Einkaufsstraße zeigten hohe Torbögen, wo die Stadtmauern aus vorrömischer Zeit gestanden hatten.

Mehr zum Zeitvertreib als aus echtem Interesse ging ich in einige der eleganten Geschäfte, die zu beiden Seiten die Straße säumten, und ließ im Übrigen einfach die angenehm entspannte Atmosphäre auf mich wirken. Die Piazza Chiesa sah aus wie eine Filmkulisse mit ihrem steinernen, von Cherubim gekrönten Brunnen und den Straßencafés rundherum. Junge Paare schlenderten händchenhaltend über den erleuchteten Platz, und ich bedauerte es, diesen Moment nicht mit Colin teilen zu können.

Taormina ist berühmt für sein antikes griechisches Theater, das 5400 Menschen Platz bietet und nicht nur gut erhalten und restauriert ist, sondern dem Besucher auch einen unvergleichlichen Blick auf die buchtenreiche Küste mit dem weißen Gipfel des Ätna im Hintergrund beschert.

Ich wollte mir das Amphitheater unbedingt ansehen, wurde aber unversehens von einem Neonschild abgelenkt, auf dem an einem Gebäude aus unbehauenem Stein halb eine schummrige kleine Gasse hinauf die Worte *Internet Point* blinkten.

Die Tür zu dem Internetcafé stand halb offen. Innen war alles hochmodern designt. Der Raum war ganz in das kalte, elektrisch blaue Licht getaucht, das bei mir immer sofort das Gefühl erweckt, an etwas Verbotenem teilzunehmen. Eine junge Frau mit genau der Pagenkopffrisur, die meine Mutter mir schon seit einiger Zeit aufdrängen wollte, brachte mir einen Cappuccino und stellte mir eine Verbindung her.

Mehrere E-Mails meiner Kinder erwarteten mich. Froh und glücklich beantwortete ich sie alle sofort und beschrieb natürlich auch die Hightech-Umgebung, in der ich mich hier mitten in einer Stadt mit vorrömischer Geschichte befand.

Zoë, die zufällig auch gerade online war, meldete sich prompt, und ein paar Minuten lang tauschten wir uns angeregt darüber aus, was wir erlebt hatten. Sie fand es immer noch herrlich in Frankreich.

*Und weißt du was?*, schrieb sie. *Ich habe mir hier schon drei Paar Schuhe gekauft.* Ich musste lachen. Wie die Mutter, so die Tochter. Dann starrte ich lange auf ihren letzten Satz: *Du fehlst mir ganz schrecklich.*

Es machte mich stolz, dass unsere Beziehung so offen und unbefangen war, gleichzeitig aber war mir ein wenig wehmütig ums Herz. Ich habe meiner Mutter nie so etwas gesagt, und sie mir auch nicht. Ich konnte mir nicht erklären, warum es Mama und mir immer so schwergefallen war und immer noch schwerfiel, über unsere Gefühle füreinander zu sprechen, während es doch zwischen meiner Tochter und mir so einfach war.

Es hatte zu regnen angefangen, als ich aus dem Internetcafé trat, deshalb kehrte ich auf dem kürzesten Weg ins Hotel zurück und nahm mir vor, das antike Theater am nächsten Morgen zu besichtigen.

Vor der Tür zu unserem Zimmer blieb ich einen Moment stehen, ehe ich leise den Knauf drehte und eintrat. Es war seit dreißig Jahren das erste Mal, dass ich mit meiner Mutter ein Zimmer teilte. Eines kann ich jedenfalls sagen: Alte Menschen geben im Schlaf die merkwürdigsten Geräusche von sich.

Ich lauschte Mamas angestrengtem Atmen, dem Röcheln ihrer verschleimten Bronchien, ihren sporadischen kleinen Schreien und Wimmerlauten. Sie lag halb eingerollt auf der Seite, mir den Rücken zugekehrt, und zum ersten Mal in meinen Leben sah ich sie als eine andere Person, nicht nur als meine Mutter.

In ihrem Wohnzimmer steht ein Foto meiner Eltern, das ich liebe, weil es genau das Gegenbild der Menschen wiedergibt, die mich erzogen haben. Es wurde bei einer Tanzveranstaltung aufgenommen, kurz nachdem sie sich mit Anfang Zwanzig kennengelernt hatten. Mein Vater wirkt sehr elegant in seinem weißen Jackett und der schwarzen weiten Hose nach der damaligen Mode. Sein Haar ist strahlend blond, sein Lächeln selbstbewusst und unbekümmert, er sieht aus wie ein Filmstar. Mit der linken Hand hält er die schmale Taille meiner Mutter umfasst, die Rechte umschließt ihre Hand, während sie beide in Tanzhaltung posieren. Und auch Mama, der das lange dunkle Haar in üppigen Locken über die Schultern fällt, glänzt in einem schwarz-weiß gepunkteten Cocktailkleid, auf Taille geschnitten und mit weitem, knöchellangem Rock, im modischen Schick der frühen Fünfzigerjahre. Sie hält sich sehr gerade in schwarzen Peep-Toes mit mindestens zehn Zentimeter hohen Pfennigabsätzen.

Jetzt war ihr Haar weiß und kurz geschnitten, ihr Körper längst nicht mehr schlank und von Arthrose deformiert, ihr Geist manchmal schläfrig. Die Hände, auf dem Foto so weiß und zart, waren mittlerweile gichtig und unter der papierdünnen Haut von aufgeschwollenen blauen Adern durchzogen.

Ich betrachtete meine schlafende Mutter. Ihr Gesicht sah friedlich aus, aber ich ahnte, was ich irgendwie immer geahnt hatte – die endlose Enttäuschung darüber, dass ihre Familie, vor allem ihre Kinder, nie ihrem Ideal entsprochen hatten. Sie hatte sich eine Familie wie die Waltons gewünscht, voll fröhlicher Zuversicht und liebevollem Umgang. Was sie bekommen hatte, war eine streng reglementierte Sippe, der eine gewisse Exzentrik anhaftete. Von »Gute Nacht, John-Boy«, »Gute Nacht, Jim-Bob«, »Gute Nacht, Mary-Ellen«, »Gute Nacht, Elizabeth« war der Christmas-Clan jedenfalls Lichtjahre entfernt.

Ich stand neben Mamas Bett, und während ich auf sie hinabschaute, dachte ich über die Frage nach, was zwischen uns schiefgelaufen war und warum wir immer zu ängstlich, oder vielleicht zu stolz, gewesen waren, uns einzugestehen, dass es überhaupt eine Kluft gab.

Nach einer Weile kroch ich in das andere Bett und machte das Licht aus. In der dunklen Stille betete ich darum, dass sie von allen Schmerzen, allen Gebrechen und Leiden, die sie quälten – den seelischen wie den körperlichen –, genesen möge.

Dann betete ich um ein gnädigeres Alter für mich selbst – eines ohne Rollator.

# · 6 ·

## Sizilien: Racalmuto, Agrigent

Am Morgen sah der Himmel aus, als wollten alle Dämme brechen.

Ich stand am Fenster unseres Hotelzimmers und fragte mich, ob es möglich war, dass uns jeder Tag unseres Urlaubs in Regen ertränkt wurde.

»Guten Morgen!«, rief Mama aufgekratzt, als sie aus dem Bad kam. Sie war schon angekleidet und hielt ihr Schminktäschchen in der Hand.

»Es sieht wieder mal nach Regen aus«, jammerte ich, und schon klatschten wie auf Kommando die ersten Tropfen an die Scheibe.

»Macht nichts.« Mama lächelte. »Wir sitzen ja im Auto.«

Ich blickte auf die aufgewühlten grauen Wellen des Ionischen Meers und die rot gedeckten Dächer von Taormina hinaus. Wir befanden uns so hoch oben, dass mir zu schwindeln begann. Mit einem resignierten Seufzer ging ich ins Bad, um zu duschen.

Im Waschbecken lagen mehrere kleine weiße Tabletten um den Abfluss verstreut und ein, zwei auf dem Rand. Sie waren Mama offensichtlich heruntergefallen, als sie ihre morgendliche Dosis eingenommen hatte. Ich blickte zum Boden hinunter und entdeckte noch ein paar.

In unserem *trullo* in Alberobello war ich einmal, als ich die Arbeitsplatte in der Küche gewischt hatte, unter einem Laib Brot auf eine verirrte Tablette gestoßen, und ein andermal hatte ich eine auf dem Boden von Mamas Zimmer gefunden. Ich war diesem Phänomen der herrenlosen Tabletten schon bei ihr zu Hause begegnet, hatte aber nie etwas gesagt, weil ich glaubte, die Dinger wären einfach aus der Packung gefallen.

Jetzt schien es mir ein beunruhigendes Muster zu sein, und ich überlegte, wie ich das Thema am besten ansprechen könnte, ohne ihr das Gefühl zu geben, ich zweifelte an ihrer Geisteskraft. Ich entschied mich, den Stier gleich bei den Hörnern zu packen.

Mit einem Handtuch um die nassen Haare und der Zahnbürste im Mund trat ich aus dem Badezimmer. »Ich habe im Waschbecken und auf dem Fußboden Tabletten von dir gefunden.«

»Ach, da sind sie geblieben«, erwiderte Mama zerstreut. Sie saß auf der Bettkante und trug ihren korallenroten Lippenstift auf.

»Wie viele Tabletten nimmst du eigentlich am Tag?«

»Sechzehn.«

»Aha. Ist es nicht wichtig, dass du sie auch alle nimmst?«

»Tu ich doch!«, rief sie.

»Nein, tust du nicht, wenn du sie im Waschbecken und auf den Fußboden verteilst. Es ist nicht das erste Mal, dass ich irgendwo Tabletten von dir gefunden habe. Geht's dir gut?«

»Herrgott noch mal, natürlich geht's mir gut! Ich bin schließlich nicht gestorben, oder?«

»Stimmt.« Ich nahm die Zahnbürste aus dem Mund. »Vielleicht heißt das, dass du die Tabletten gar nicht alle brauchst.«

»Mein Arzt sagt –«

»Glaubst du immer alles, was dein Arzt sagt?«, unterbrach ich sie. Ihr unbeirrbarer Glaube in die allumfassende Weisheit der Medizin bringt mich fast zur Weißglut. »Vielleicht solltest du mich mitnehmen, wenn du das nächste Mal einen Termin hast. Ich habe ein paar Fragen an ihn.«

»Wenn ich dich mitnähme, würden sämtliche Ärzte der Stadt mich auf die schwarze Liste setzen.«

»Wie damals, als ich mit dir in der Kirche war und du –«

»Darüber will ich nicht reden«, fiel sie mir schroff ins Wort. »Das war einfach fürchterlich.«

»Das« war Jahre her. Ich hatte meine Mutter eines Tages in ihre Kirche begleitet, mir brav eine wohltönende Predigt angehört und war kurz davor einzunicken, als der Priester etwas sagte, das mir augenblicklich den Kopf wieder in die Höhe riss: »Die römisch-katholische Kirche ist die Vertreterin der einzig wahren Religion auf der Welt.«

Ich prustete ungläubig – so eine Dreistigkeit! – und drehte mich auf meinem Platz herum, um zu sehen, ob seine Worte bei der Gemeinde irgendeine Wirkung gezeitigt hatten. Aber nein, die Schäfchen saßen alle so still und stumm wie zuvor. Ich konnte nicht erkennen, ob sie der Aussage ihres Hirten beipflichteten, oder ob sie alle darüber nachdachten, wie sie den Nachmittag verbringen würden, sobald sie der Kirche entflohen waren.

Nach dem Gottesdienst schoben wir uns in langer Schlange ins Freie hinaus, wo der Priester stand und jedem die Hand gab. Als wir an die Reihe kamen, sprach ich ihn auf die Predigt an.

»Sie streuen die Saat der Intoleranz«, hielt ich ihm kühn vor.

»Und Sie halten die Schlange auf«, gab er scharf zurück und richtete seinen zornigen Blick auf meine Mutter, die mit rotem Kopf neben mir stand.

Danach meinte sie, sie müsse sich wohl am besten sofort eine andere Kirche suchen – in einem anderen Ort – und sicherheitshalber auch die Konfession wechseln.

»Aber er hat's doch nicht anders gewollt«, protestierte ich, während ich mit der Zahnbürste in meinem Mund herumrührte.

»Dein Problem ist, dass du nicht weißt, wann du besser die Klappe hältst, Jane.«

»Aber –«

»Es reicht!«, schrie Mama mich an. Dann glättete sie die Fältchen in ihrer weißen Hose, fasste sich und sagte leise und ruhig: »So, und jetzt gehen wir frühstücken.«

Nach dem Frühstück stieg ich zur oberen Terrasse des Hotels hinauf, von wo sich angeblich eine herrliche Aussicht auf Taormina und seine Umgebung bot. Zwischen den unvermeidlichen weißen Plastikmöbeln hindurch schlängelte ich mich auf roten Terracottafliesen zu einem schmalen schwarzen Geländer. Ich wollte den versprochenen großartigen Ausblick auf den Ätna, die vielgestaltige Küste mit ihren zahllosen Stränden und das antike Theater genießen. Angestrengt spähte ich ins dunstige Grau und konnte nicht mehr erkennen als einen verschwommenen dunklen Streifen dort, wo die Küste sein musste. Dann trieb mich plötzlich einsetzender Platzregen ins Haus zurück.

Was blieb da anderes übrig, als auszuchecken und weiterzufahren?

Um aus Taormina hinauszufinden, braucht man eine Engelsgeduld, die gleich am frühen Morgen von keinem Menschen zu verlangen ist. Wir waren gerade mal sechs

Minuten unterwegs, und schon war ich so angespannt, dass ich an Hochprozentiges dachte.

Schmale, enge Gassen mündeten in eine kurvige Straße nach der anderen, man kam sich vor, als steuerte man durch die Windungen eines Verdauungstrakts. Dann, o Wunder, tauchte ein Hinweisschild aus dem Regen auf und zeigte uns den Weg zur Autostrada. Ehe wir's uns versahen, donnerten wir durch lange dunkle Tunnel, die uns am anderen Ende in eine Landschaft von unbeschreiblicher Schönheit entließen.

Sanft gewellte Hügel umgaben uns; halb verfallene alte Bauten hoben sich vor fernen Höhen ab, saftige Wiesen dehnten sich ins Unendliche – so viel Schönheit trotz eines wolkenverhangenen Himmels. Angesichts der grenzenlosen Weite, die sich vor mir ausbreitete, holte ich tief Luft und stieß sie in einem Seufzer des Glücks wieder aus. Ich lehnte mich ein wenig zurück, ließ die Finger, die im Würgegriff das Lenkrad umklammerten, locker und entspannte die Beine, zwischen denen ich bis jetzt die aufgeschlagene Karte eingeklemmt gehalten hatte.

Auf der Karte sieht Sizilien klein aus, aber tatsächlich ist es ziemlich groß, die größte Insel im Mittelmeer, mit fünf Millionen Einwohnern. Die Menschen dort leben hauptsächlich von der Landwirtschaft, überall gedeihen in großen und kleinen Pflanzungen Wein, Oliven, Mandeln, Orangen und Zitronen.

Aber wenn Sie jemandem erzählen, dass Sie nach Sizilien wollen, ernten Sie entweder verlegenes Schweigen oder ein »Ach du meine Güte!«.

Italienreisende haben immer eine Entschuldigung dafür parat, dass Sizilien nicht auf ihrem Programm steht; meistens heißt es, die Insel sei zu abgelegen oder zu weit entfernt für einen Abstecher. Das ist eine lahme Ausrede. Von Neapel aus erreicht man es mit dem Auto an einem Tag.

Ein Problem ist, so vermute ich, dass Sizilien sich im Geplärre der marktschreierischen Touristikbranche, die die Kunden lieber ins »kultiviertere« Norditalien lotst, kein Gehör verschaffen kann. Ein zweites Problem könnte die sizilianische Flagge sein. Sie ist diagonal in ein rotes und ein gelbes Feld unterteilt und zeigt vor diesem Hintergrund ein merkwürdiges Geschöpf: eine Triskele aus drei Beinen und einem Kopf in der Mitte dieser Spirale, aus dem Weizenähren und zwei kleine weiße Flügel zu sprießen scheinen. Vermutlich sind es Verweise auf Ceres, die römische Göttin des Ackerbaus, und auf den flitzeflinken Götterboten Hermes. Aber wenn man die Phantasie spielen lässt, mutet das ganze Kuddelmuddel wie der Tatort eines irren Killers an, der sein Opfer zerstückelt hat. Nicht gerade ein Werbekracher, um Touristen anzulocken, oder?

Armes, schönes Sizilien. Einst war es aus vielen Quellen gespeister kultureller Nährboden, ein außergewöhnliches Sammelbecken mannigfaltiger Einflüsse, wo Kunst und Wissenschaft miteinander wetteiferten. Es war der Dreh- und Angelpunkt nicht nur Großgriechenlands, sondern auch des Römischen Reichs, bevor es im 11. Jahrhundert ein eigenständiges Königreich wurde.

Aber irgendwie wurde Sizilien immer wieder in die Machtkämpfe der verschiedensten Stämme und Völker verwickelt, die auf Ausweitung ihrer Territorien drängten – und das wurde ihm letzten Endes zum Verhängnis. Die wirtschaftlichen Verhältnisse waren im 13. Jahrhundert heillos zerrüttet, und der stetige Abstieg Siziliens in eine wirtschaftliche Hölle war nicht mehr aufzuhalten. Als es so aussah, als könnte das Leben nicht noch trostloser werden, erschütterte 1639 ein Erdbeben die Insel, bei dem sechzigtausend Menschen umkamen.

Im Jahr 1861 wurde Sizilien ein Teil des Königreichs Italien, aber Landarbeiterunruhen breiteten sich aus, die

Wirtschaft brach zusammen und die Sizilianer flohen in Scharen aus ihrer Heimat. Das Einzige, was dort nun noch blühte, war das organisierte Verbrechen, die Insel wurde zum Gangsterparadies und Mafia-Exportweltmeister.

In heutiger Zeit brummen die kriminellen Geschäfte wie niemals zuvor. Ein kleiner Blick in die Auftragsbücher gefällig? Drogen- und Waffenhandel, Prostitution, Schutzgelderpressung, Raub, Diebstahl, Betrug, Schmuggel, Produktpiraterie, illegaler Geldverleih, illegales Glücksspiel, Kontrolle der Bauindustrie und der Abfallwirtschaft, Produktion minderwertiger Lebensmittel, Herstellung von Betonschuhen für unliebsame Konkurrenten und und und … puh, ich glaube, ich brauche eine Pause. Und könnte ich bitte ein Glas Wasser haben?

Zur Geldwäsche wird dann in saubere Unternehmungen reinvestiert: Immobilien, Gastronomie und – huch, Tourismus! Wäre die Cosa Nostra AG ein regulärer Konzern, mit 135 Milliarden Euro Jahresumsatz und einem Nettogewinn von 70 Milliarden wäre sie 2009 unbestrittener *numero uno* im Land gewesen. Die Peanuts-Produzenten von Fiat setzten im gleichen Zeitraum popelige 50 Milliarden um.

Aber so ist Italien: herzzerreißend schön und zugleich abschreckend hässlich.

Zwischen Catania und Enna durchfuhren wir die üblichen Gewerbegebiete mit ihren nichtssagenden Betonkästen, ein Anblick, den ich stets deprimierend finde, aber irgendwo hinter Enna veränderte sich die Umgebung dramatisch. Sanft mäandernd glitten wir durch leeres, unberührtes Land. Die Straße, die sich auf einer Kolonnade kannelierter Pfeiler hinzog, war ein architektonisches Wunderwerk, wahrscheinlich von römischen Aquädukten inspiriert. Das Schönste an dieser Fahrt war, dass die

Masse visueller Ablenkungen fehlte, die man sonst auf den großen Autobahnen antrifft. Hier war nichts davon zu sehen – keine Plakatwände, Gebäude, Schilder oder Tankstellen; das luftige Asphaltband mit den weichen Windungen eines Flusses, schob sich ruhig und still durch eine üppige, fruchtbare Landschaft. Die Fahrt war ein einziger Genuss.

Das Talent, Freude und Begeisterung zu entfachen, das den Italienern nachgesagt wird, entfalten sie eindeutig auch beim Straßenbau. Ich glaube keinen Moment lang, dass Italiener, wenn sie eine Straße bauen, lediglich das Terrain vermessen, einen Plan von A bis B aufzeichnen und dann ein Heer von Bulldozern anrollen lassen. Ich male mir aus, sie wälzen das Problem, stellen bei einem dampfenden Cappuccino Betrachtungen über die Landschaft an, wandern in ihr umher, sprechen mit ihr, nehmen aufmerksam Kenntnis von jeder kleinen Veränderung der Bodengestalt. Ein erster Entwurf, durchwirkt von reichem italienischem Erfahrungsrepertoire, beginnt Form anzunehmen.

Der weiche Fluss dieser Autostrada beispielsweise könnte von den sinnlichen Bewegungen einer schönen Frau inspiriert sein, die über eine Piazza schreitet, oder von einer sommerlichen Spritztour am Meer entlang, oder einem Weg, den man Hand in Hand mit einem geliebten Menschen gegangen ist, oder auch von einer Skipiste, die man im Winterurlaub gemeistert hat.

Und wenn ich diese Überlegungen noch einen Schritt weiter führen darf: Wenn die Italiener etwas gestalten, gestalten sie es nicht allein für sich, sie gestalten es für ihre Partner, ihre Schwiegerfamilie, Freunde, Nachbarn, für ihren Priester und für Gott, wenn auch nicht unbedingt in dieser Reihefolge. Ich kann mir nicht vorstellen, dass es anders geschieht.

Mir fiel auch auf – und nach insgesamt sechs Tagen und fast siebenhundert Kilometern Italien war ich natürlich Expertin –, dass die Italiener niemals gerade Straßen bauen. Sie wissen intuitiv, dass nicht Zweckmäßigkeit und Kosteneffektivität das Entscheidende sind; wesentlich ist, eine zufällige Besucherin aus Kanada dahin zu bringen, vor Begeisterung aus dem Wagen zu springen und von dem gerade befahrenen Stück Straße so hingerissen zu sein, dass sie einfach nur ihre zusammengeführten fünf Fingerspitzen küssen und diesen Kuss mit einem lauten »*Bravo! Bellissimo!*« in die Luft werfen kann.

Was ich auch tat. Und zum Abschluss schoss ich noch ein Foto.

Natürlich können Sie jetzt einwenden, dass die Entscheidung, statt einer geraden Straße eine gewundene zu bauen, weniger mit Schönheitssinn als damit zu tun hat, die Raser zu bremsen, aber das würde nur zeigen, dass Sie von der italienischen Mentalität keine Ahnung haben. Und ehrlich gesagt, solche Straßen bremsen niemanden; sie bewirken nur, dass der Fahrer den Kitzel genießt, sich in die Kurve zu legen wie Michael Schumacher. Autofahren in Italien ist ein einziger Rausch der SPRITzigkeit und des SPRITverbrauchs.

Ich sah zu Mama hinüber, um diese brillante Beobachtung mit ihr zu teilen, aber sie war eingenickt, den leicht zur Seite gekippten Kopf an der Lehne, den erschlafften Mund halb geöffnet. Nicht schon wieder! Wie konnte jemand eine so weite Reise unternehmen, nur um dann mitten in all dieser Pracht einzuschlafen?

Meine Gedanken kehrten zu unserem Gespräch über elterliche Liebe zurück. Vielleicht war es meiner Mutter ganz egal, ob sie in Italien oder sonst wo war, Hauptsache, sie konnte mit mir zusammen sein. Das ist sicher auch Liebe – der unausgesprochenen Art.

Ich trat leicht auf die Bremse, um zu sehen, ob der plötzliche Ruck sie wecken würde.

»Was machst du denn da?«, rief sie irritiert.

»Oh – hallo! Du bist wach.« Ich lächelte ihr zu.

»Natürlich bin ich wach. Ich wollte nur meine Augen mal ausruhen«, gab sie gereizt zurück und wischte sich verstohlen etwas Speichel ab, der sich in einem Mundwinkel gesammelt hatte.

»Wie kannst du hier nur schlafen?«, fragte ich. »Schau dich um. Wir sind in Italien. Sieh dir diese Straße an. Hast du jemals etwas so Schönes gesehen?«

»Jane, es ist nur eine Autobahn. Du lieber Gott, ich glaube, du bist diejenige, die Ruhe braucht.«

Ich nahm eine Ausfahrt in südlicher Richtung, auf eine kleinere, weniger beeindruckende Straße, und verabschiedete mich mit Bedauern von der A19.

Wir kamen an einem kleinen Bautrupp vorüber, der mit Ausbesserungsarbeiten beschäftigt war. Die Männer arbeiteten alle mit den Händen. Zwei oder drei schnitten mit Sensen – Sensen! – Gras und Gestrüpp am Straßenrand zurück; ein anderer lag mit einem Werkzeug, das wie ein Schraubenzieher aussah, auf den Knien und schabte den alten Teer von der Straße. Nirgends war eine benzinbetriebene Maschine in Sicht. Es war wirklich höchst erfreulich.

Ich warf noch schnell einen Blick auf die Karte, ehe ich hinter der Baustelle wieder aufs Gas trat.

Es gibt in Sizilien jede Menge schöner und bekannter Orte, die man besichtigen kann, unser Ziel an diesem Tag jedoch war eine eher obskure Ortschaft namens Racalmuto, die zu Hamilton in Ontario, der Stadt, in der ich seit zwanzig Jahren lebe, eine direkte Verbindung hat. Im zwanzigsten Jahrhundert war das schnell wachsende Hamilton das Industriezentrum Kanadas. Um 1945 wurden in der Stadt dringend Facharbeiter gesucht. Als die Bürger von Racalmuto, wo bittere Armut herrschte, davon hörten, bestiegen einige mutige Männer ein Schiff und brachen nach Westen auf, um der Sache auf den Grund zu gehen. Schon nach wenigen Wochen schrieben sie nach Hause, dass in dieser Stadt, wo die Wirtschaft auf Hochtouren laufe, tatsächlich alles zu haben sei, Arbeit, gute Löhne und neue Häuser. Man müsse nur zupacken.

Die Nachricht löste einen Exodus ungeahnten Ausmaßes aus. Bis Mitte der Fünfzigerjahre hatte sich Racalmuto mit seinen ehemals sechzehntausend Einwohnern großenteils geleert, so viele Menschen waren nach Hamilton in Kanada ausgewandert. Heute ist die Zahl aus Racalmuto stammender Familien in Hamilton größer als die der in Racalmuto selbst lebenden Menschen (gegenwärtig liegt die Einwohnerzahl knapp über neuntausend).

Sehr gespannt also lenkte ich den Wagen in Richtung des Landstädtchens. Der Anblick der frischen grünen Hügel und mein lang gehegter Traum, einmal in Italien zu leben, brachten mich auf eine Idee. Vielleicht könnte ich die erste Einwohnerin Hamiltons sein, die nun ihrerseits nach Racalmuto auswanderte! Ich hielt die Augen nach einem geeigneten Stück Land oder Anwesen offen.

»Das wär doch was für dich!«, rief Mama, als könnte sie Gedanken lesen.

Es war ein weitläufiger halb verfallener Bau mit kleinen scheibenlosen Fenstern in den unterschiedlichsten Größen und Formen. Das Dach war eingestürzt. Teile eines Bogengangs und die Überreste einer Laube ließen vermuten, dass hier früher ein Garten gewesen war. Zwei Kamine an beiden Enden des Hauses weckten Assoziationen zu einem Krematorium.

»Ist das nicht toll?« Mama seufzte. Keine Ruine ist ihr zu heruntergekommen oder zu unheimlich.

Aber dann veränderte sich das Gesicht der Landschaft von Neuem. Während wir weiter nach Westen vordrangen, wich das fruchtbare grüne Hügelland allmählich dürrem Buschwerk und kargem Fels, und als wir schließlich die Ausfahrt nach Racalmuto erreichten, war alles nur noch armselig.

Wir folgten der Straße in den Ort. Der Gehweg war von Unkraut überwuchert. Wir kamen an einem kleinen, erbärmlich aussehenden Olivenhain mit fast laublosen Ästen vorbei, der seinem Besitzer zur Erntezeit sicherlich keine Freude bereiten würde.

Racalmuto liegt in einer zwischen Hügeln eingebetteten Mulde, deshalb hielt ich, während wir die Straßen hinuntertrudelten, den Blick auf den Horizont gerichtet, um vielleicht ein höheres Gebäude zu entdecken, das uns zeigen würde, wo die Ortsmitte war. Als ein Kirchturm in Sicht kam, nahm ich direkten Kurs auf ihn, aber eine Umleitung wegen Straßenbauarbeiten drängte uns in eine andere Richtung ab. Wir hofften auf Wegweiser zum *centro storico*, wie wir sie inzwischen aus allen anderen italienischen Ortschaften und Städten kannten, die wir besucht hatten, aber in Racalmuto begegneten wir nicht einem.

Wir holperten über das Kopfsteinpflaster von Straßen, die direkt an die Eingangstüren der Häuser grenzten. Die Häuser hatten alle den gleichen verwaschenen gelbbraunen oder bestenfalls schmutzig gelben Anstrich, an den schmiedeeisernen Balkonen blätterte der Lack, ganz allgemein sahen die Gebäude stark verwahrlost aus.

»Kein Wunder, dass sie alle abgehauen sind«, bemerkte Mama trocken.

Später erfuhr ich, dass der Name Racalmuto von dem arabischen *Rahal-mut* kommt, was so viel bedeutet wie *il casale dei morti*, Bauernhaus der Toten. Wenn das keine selbsterfüllende Prophezeiung ist!

Ich weiß nicht, was ich von Racalmuto erwartet hatte, aber gewiss nicht das, was uns empfing. Es schien, als wäre hier die Zeit stehen geblieben und der ganze Ort wartete darauf, dass die Männer, die in ein besseres Leben aufgebrochen waren, strahlend und prahlend ins Dorf stolzieren würden, die Fäuste und die Taschen ihrer Arbeitshosen voller Goldmünzen und Dollarscheine.

Vielleicht ist das der üble Teil von Racalmuto, dachte ich und schlug in der Hoffnung auf eine gefälligere Gegend eine andere Richtung ein.

»Ich glaube, mir hat mal jemand erzählt, dass es hier ein Hotel *Hamilton* gibt«, sagte ich. »Mal sehen, ob wir es finden.«

Wir fuhren kreuz und quer. Die Straßen waren fast leer, bis auf die obligaten Ansammlungen alter Männer in schmutzigen weißen Unterhemden, die vor einer Bar mit großen Gesten diskutierten.

Ich stieg aus dem Wagen und erkundigte mich bei einer dieser Gruppen nach dem Weg zum Hotel *Hamilton*, bekam aber nur höfliches Schulterzucken zur Antwort. Als die Männer wissen wollten, woher ich käme, und ich Hamilton erwähnte, regte sich ein Schimmer des Begreifens, als hätte das Wort eine lang verblasste bittersüße Erinnerung geweckt. Aber die Männer konnten uns nicht weiterhelfen, sie schienen, wie das so oft in kleinen, abgelegenen Dörfern vorkommt, nichts von der Welt hinter der nächsten Ecke zu wissen.

In einer anderen Straße sprach ich eine Frauenclique an und hatte mehr Glück. Eine der Frauen versuchte, mir den Weg zu erklären, meinte dann aber, es sei einfacher, wenn wir ihrem Wagen folgten. Sie fuhr mit uns zur Landstraße hinaus und zeigte zur anderen Seite hinüber.

Dort stand ein großes hässliches Reklameschild mit Hinweis auf das *Hotel Hamilton* samt *Ristorante, Pizze-*

*ria, Self-Service.* Dahinter erhob sich das wohl scheuß-
lichste Stück moderner Architektur, das die Welt hervor-
gebracht hat.

Wir winkten unserer Führerin noch einmal dankend
zu, dann überquerten wir die Straße und hielten auf dem
Parkplatz an, von wo aus wir erst einmal sprachlos das
Hotel anstarrten, einen grellweißen Betonkasten neben
einer Tankstelle.

»Also, so habe ich's mir nicht vorgestellt.« Ich stöhnte
auf. »Aus irgendeinem Grund habe ich etwas Altes, Hochherrschaftliches erwartet.«

»Ich auch.« Mama nickte. »Aber wenigstens ist es sauber«, fügte sie in dem Bemühen hinzu, etwas Positives an
der Situation zu finden.

Dann schwiegen wir, als könnten wir nicht glauben,
dass wir tatsächlich in diesem Bunker übernachten sollten, der so gar nichts von den charmanten Pensionen und
Hotels kleiner italienischer Städte hatte, die man auf Fotos immer zu sehen bekommt.

Schließlich seufzte ich tief. »Ich geh rein und frag, ob
sie ein Zimmer haben.«

Woher wusste ich bloß, dass sie eines haben würden?

Im Foyer war kein Mensch außer einem geschniegelten Empfangsangestellten mit öligem schwarzem Haar,
der ein erschrockenes Gesicht machte. An der Wand hinter ihm befand sich ein großes Schlüsselbrett mit vollem
Behang. Er rieb sich geschäftig die Hände, während er
eingehend das Register studierte und dann bestätigte,
dass etwas frei sei. Ich erklärte mich mit dem Preis von
fünfundsechzig Euro pro Nacht einverstanden und trug
uns ein.

Das Beste an Zimmer 105 waren die glänzende Maha-
gonitür und das ovale Messingschild mit der Nummer.
Drinnen sah es so gemütlich aus wie in einem Studenten-

wohnheim: zwei Betten mit pflegeleichten grünen Überwürfen, eine helle Holzkommode mit dem Charme einer
Betonwand und ein Schrank, dessen Kleiderstange für
einen normal gewachsenen Menschen kaum erreichbar
war. Wir ließen unsere Sachen in den Koffern. Immerhin
war das Badezimmer hell und blitzblank wie das Bad in
einer Zahnpastareklame.

Die Aussicht auf ein ausgiebiges warmes Mittagessen
stimmte uns wieder etwas zuversichtlicher, und nachdem
wir uns frisch gemacht hatten, suchten wir in Vorfreude
auf ein leckeres sizilianisches Mahl das Hotelrestaurant
auf.

Der Speisesaal war leer. Ich hustete laut, aber es kam
niemand. Aus der Küche hörte ich Topfklappern und stieß
versuchsweise eine Schwingtür auf.

»*Buongiorno!*«, rief ich freundlich, wenn auch etwas
zaghaft.

Nach einer Weile ließ sich ein Mann um die Vierzig mit
rotblondem Haar und ebensolchem Schnauzer blicken.
Während er sich die Hände an einer fleckenübersäten
Schürze abwischte, sah er mich mit herausfordernd vor-
geschobenem Kinn an, als wollte er sagen: *Was zum Teufel hast du hier zu suchen?* Er war entweder ein Kellner
oder der Koch.

Höflich erklärte ich, dass wir hungrig seien und gern
essen würden.

Kurz angebunden wies er uns zu einem Tisch, warf uns
zwei Speisekarten hin und verschwand wieder.

»Nehmen wir doch einfach eine Pizza«, schlug Mama
vor. »Draußen stand doch, dass es die hier gibt.«

Aber als Kellner-Koch wiederkam, um unsere Bestellung aufzunehmen, verkündete er mit Nachdruck und
einer schroffen Handbewegung: »Keine Pizza!« Es schien
klüger, nicht zu insistieren.

Und so ging es weiter. Was uns da an Service geboten wurde, grenzte an Feindseligkeit. Es war die reinste Kriegserklärung. Ein klarer Fall für den Internationalen Strafgerichtshof in Den Haag.

Am Ende begnügten wir uns damit, eine Suppe zu bestellen. Es war so ziemlich das übelste Gebräu, mit dem mein Magen je Bekanntschaft schließen musste: eine Dose Kichererbsen fünf Minuten aufgewärmt und mit ein paar getrockneten Kräutern garniert, fertig war die Brühe. Sie wurde uns so unwirsch auf den Tisch geknallt, dass die Hälfte überschwappte. Ohne Entschuldigung ließ uns Kellner-Koch mit der Bescherung sitzen. An die Wand gegenüber gelehnt, starrte er uns mit zusammengekniffenen Augen an und paffte wütend eine Zigarette.

Im Gegenzug kramte ich mein Tagebuch und einen Stift aus der Tasche und begann wie wild zu schreiben. Vielleicht glaubte er, ich sei eine Restaurantkritikerin oder Verfasserin von Reiseführern, und das würde ihm Beine machen.

Nein, glaubte er nicht. Nein, machte es ihm nicht.

Wir beschlossen das köstliche Mahl mit wässrigem Tee und bezahlten vierzehn Euro für den Spaß.

Im Hotel hielt uns nichts. Gedrückter Stimmung setzten wir uns wieder in den Wagen und fuhren ins ungefähr zwanzig Kilometer entfernte Agrigent. Die Sonne gab überraschend ein kurzes Gastspiel. Na ja, vielleicht geht's jetzt aufwärts, dachte ich.

Agrigent ist weit größer als Racalmuto und hätte mit besseren Hotels und Restaurants aufgewartet, nur betrieben dort, wie uns am vergangenen Abend in Taormina ein Reiseführer gewarnt hatte, Autoknackerbanden ihr Gewerbe mit großer Leidenschaft.

Aber von einem Tagesbesuch in Agrigent konnte nichts mich abhalten, denn es ist vor allem für eines berühmt:

das Tal der Tempel, in dem die meisten und besterhaltenen dorischen Tempel außerhalb Griechenlands zu bewundern sind. Schon von der Straße aus sahen wir auf einer Anhöhe einen dieser beeindruckenden Bauten stehen und bogen sofort ab, um sie eingehend zu besichtigen.

Organisation gehört nicht zu den starken Seiten der italienischen Tourismusbranche, das merkte man auch in Agrigent. Nirgends gab es Hinweise, wo Eintrittskarten verkauft wurden, geschweige denn Hilfsangebote für Gehbehinderte. Ich fragte überall (vorsorglich hatte ich den Satz »*Mia madre è disabile*« auswendig gelernt), aber weiterhelfen konnte mir niemand.

Schließlich fuhr ich direkt zu den Drehkreuzen, die den Zugang zu den Tempeln absperrten, aber hier ging alles automatisch, und niemand war da, den ich hätte um Hilfe bitten können.

»Mach dir wegen mir keine Gedanken«, sagte Mama, als wir wieder auf dem Parkplatz standen. »Ich bleib einfach im Auto.«

»Kommt nicht in Frage«, protestierte ich, immer noch auf der Suche nach jemandem, der irgendwie zuständig aussah. »Ich möchte dich nicht allein im Wagen lassen.«

»Ach, hör doch auf. Mir passiert schon nichts. Zieh einfach los. Es gibt ja ein paar Läden hier, da werde ich mich sicher nicht langweilen.«

»Okay. Ich versprech dir, ich bleib nicht lange.«

Schließlich stöberte ich einen Souvenirladen auf, wo Eintrittskarten verkauft wurden, aber als ich fragte, ob man mit einem Rollstuhl aufs Gelände könne, bekam ich nur Achselzucken zur Antwort. Also kaufte ich eine Karte und marschierte los. Angesichts der dunklen Wolken überlegte ich, meinen Schirm aus dem Auto zu holen, ärgerte mich aber gleich über meine eigene Unkerei und beschloss, positiv zu denken.

»Es wird nicht regnen«, leierte ich vor mich hin.

Ich hatte die Drehkreuze schon hinter mir und war auf halbem Weg zum Concordiatempel, als der Himmel seine Schleusen öffnete. Umsichtigere Besucher als ich spannten lässig Regenschirme auf und gingen unbekümmert weiter. Ich tat so, als merkte ich nichts vom Regen und von den verwunderten Blicken der anderen Touristen, die offensichtlich fanden, dass eine Frau meines Alters vernünftiger sein sollte.

Statt auf den Regen, der mir das Gesicht hinunterlief, konzentrierte ich mich auf die Tempelruinen und die massigen Stämme mehrerer Olivenbäume, die so alt waren wie die Bauten hier.

Die acht Tempel waren atemberaubend in ihren Ausmaßen – jeder einzelne Stein ein Gigant, jede einzelne Säule so gewaltig, dass man sich fragte, wie es die Menschen damals geschafft hatten, solche Bauten zu errichten. Gewiss, die Griechen entwickelten schon vor viertausend Jahren Kräne, Winden und Kranausleger, aber das ändert nichts an dem Wunder dieser Anlage. Man hätte einen oder zwei volle Tage gebraucht, um das ganze Gelände zu besichtigen, sich die Ausgrabungen genauer anzusehen, einen Blick in die Katakomben zu werfen und das Museum zu besuchen, das Berichten zufolge überreich mit örtlichen Funden bestückt ist, aber der Regen und eine alte Mutter allein im Auto erlaubten mir nicht, allzu weit zu schweifen.

Ich war inzwischen völlig durchnässt, das heißt, ich sah aus, als wäre ich eine Woche lang durchs Mittelmeer gezogen worden. Die Leute gafften mich an, wie sie im allgemeinen Penner angaffen, mitleidig und voll heimlicher Geringschätzung. Ich machte gute Miene zum bösen Spiel, setzte meine Scheuklappen auf und trottete durch Regen und Matsch zurück zum Auto.

Mama schlief selig, als ich ankam. Ängstlich sah ich mich um, ob nicht vielleicht eine entrüstete Menge sich versammelt hatte, mich dafür zu lynchen, dass ich eine hilflose alte Frau ins Auto eingesperrt hatte. Behutsam klopfte ich auf der Fahrerseite ans Fenster, bevor ich die Tür öffnete. Mama fuhr in die Höhe.

»Ah, da bist du ja!«, schnaufte sie, bemüht, den Schlaf abzuschütteln. »Ich war auch ein bisschen draußen und habe ein paar Ansichtskarten gekauft. Wie war dein Spaziergang?« Erst da fiel ihr auf, dass ich aussah wie eine gebadete Maus. »Wir müssen uns wirklich mal deine Haare vornehmen.«

Natürlich kam die Sonne heraus, sobald wir abfuhren. Wir machten noch mal einen Abstecher nach Racalmuto, um zu sehen, ob es seit unserem letzten Besuch vielleicht etwas gefälliger geworden war. Doch selbst im Sonnenglanz, selbst nach dem reinigenden Regen zeigte es sich unverändert. Ich hoffte, es läge an der Jahreszeit; ich hätte Racalmuto so gern schön gefunden.

Ausgehungert suchten wir die Straßen nach einem Restaurant ab. Der Hunger schien bei uns immer dann zuzuschlagen, wenn Italien Siesta machte.

Ich stellte den Wagen ab, und wir gingen zu Fuß weiter, um zu sehen, ob sich nicht irgendwo etwas zu essen organisieren ließ. Die vom Regen glitschigen Straßen lagen verlassen da, und die Stille hatte etwas Unheildrohendes, als würde gleich jemand mit einem Maschinengewehr hinter einer Ecke hervorspringen und losballern.

In der Ferne meinte ich einen Mann auf uns zukommen zu sehen, aber es war nur eine dieser lebensgroßen Statuen, die auf Parkbänke oder Gehwege montiert werden, um einen aus dem Konzept zu bringen. Die Statue war nicht gekennzeichnet, aber später fand ich mit Hilfe des großen Orakels Google heraus, dass sie eine Darstellung des Schriftstellers Leonardo Sciascia war, Racalmutos berühmtem Sohn, der 1921 hier geboren worden war.

Endlich entdeckte ich eine Bar und nahm eine Flasche sizilianischen Wein und zwei altbackene Croissants mit. »Das wird unser Abendessen«, eröffnete ich Mama. »In diesem Hotel esse ich bestimmt nicht mehr.«

Zurück in unserem Zimmer machten wir es uns im Schlafanzug mit dem Wein und den Croissants so gemütlich, wie es ging.

»Trink du den Rest. Ich bin nicht so scharf auf Wein.« Damit knipste Mama ihr Licht aus und rollte sich auf die Seite, um zu schlafen.

»Aber es ist doch erst sieben Uhr«, protestierte ich.

»Es ist dunkel. Schlafenszeit. Gute Nacht, Jane.«

## · 7 ·

# Messina, Catanzaro Marina

»Italien ohne Sizilien macht gar kein Bild in der Seele: hier ist erst der Schlüssel zu allem.«

So schrieb Goethe im Jahr 1787 und sprach mir damit aus der Seele. Es gab noch so vieles auf Sizilien zu sehen – die Küstenstädte Cefalù und Palermo sowie einige Dörfer im Landesinneren hätten mich zu einem Besuch gereizt –, aber das musste ich mir alles für eine spätere Reise aufheben. Für mich hieß es, frei nach Julius Cäsar, *veni, vidi, Wiedersehen.*

Das ist eben einer der Nachteile, wenn man im Urlaub ein festes Quartier mietet. Meine Sparsamkeit, die sich meistens in den ungünstigsten Momenten meldet, gab mir zu bedenken, dass wir neben der Miete für unseren *trullo* in Alberobello auch immer wieder für Hotelzimmer bezahlten (und scheußliche noch dazu).

Am nächsten Morgen sagten wir dem Hotel *Hamilton* nach dem Genuss eines Frühstücks, über das man besser den Mantel des Schweigens hüllt, Valet und traten die Rückfahrt nach Messina an. Wir nahmen die Strecke, die wir schon kannten, vor allem weil das am schnellsten ging, aber auch weil die Fahrt so schön gewesen war, dass ich nichts dagegen hatte, sie noch einmal zu machen.

»Wir sollten bald mal halten«, bemerkte Mama leise, als wir vielleicht eine halbe Stunde unterwegs waren.

Das hieß: Ich muss dringend pinkeln.

Ich gab Gas und hielt nach einem *Autogrill* Ausschau.

Überall an den italienischen Straßen findet man die freundlichen und gepflegten Raststätten dieser Restaurantkette. Das Essen ist immer frisch zubereitet und alles schmeckt köstlich. Was auch daran liegt, dass gegrillte Autos glücklicherweise nicht im Angebot sind. Hinzu kommt, dass fast alle Raststätten behindertengerechte Toilettenräume haben.

Zehn Minuten später, nicht weit von Enna, entdeckte ich, was ich suchte. Wir folgten der Ausfahrt auf den Parkplatz und fanden praktisch vor der Tür einen für Behinderte reservierten freien Platz.

Im Rückspiegel sah ich einen Reisebus heranrollen. »*Andiamo!* Mach schnell«, drängte ich Mama.

Ich sprang aus dem Wagen und rannte auf die andere Seite, um ihr schnell herauszuhelfen, aber bis sie sich unter Mühen aus dem Auto gequält hatte, waren die rüstigeren Senioren aus dem Bus – lauter Deutsche – schon ausgeschwärmt, um die Toiletten zu stürmen.

Eilig trippelte Mama der Konkurrenz hinterher und ich vergnügte mich inzwischen im großen Verkaufsraum des *Autogrill*, wo ein verführerisches Sortiment an Käsen, Schokoladen, Würsten, Nudeln, Soßen und Weinen aufgebaut war, als sollte es für eine Gourmetzeitschrift fotografiert werden.

Ab und zu reckte ich den Kopf über die Regale, um nach Mama zu sehen, die geduldig, aber mit angestrengtem Gesicht in einer langen Schlange vor der Damentoilette wartete. Soweit schien alles in Ordnung mit ihr zu sein, daher steuerte ich die Bar an und bestellte einen Cappuccino.

Weniger erfreulich an den *Autogrills* ist der Mangel an Organisation. Meistens befinden sich genug Angestellte hinter dem Tresen, die die Speisen zubereiten und gefällig anrichten, aber wehe, ein Gast möchte etwas bestellen! Da gerät das ganze System aus den Fugen. Ich begnügte mich deshalb meist damit, nur einen Cappuccino zu nehmen.

An der Bar drängte sich mittlerweile eine ganze Horde älterer Herren aus dem deutschen Reisebus. Wenn Sie mal *survival of the fittest* im Sinne Darwin'scher Evolutionstheorie live erleben wollen oder je Anlass haben sollten, den Begriff einem Besucher von einem anderen Stern zu erklären, dann ist ein *Autogrill*, der unter Belagerung durch eine Reisegruppe steht, der beste Ort dafür. Zuzusehen, wenn Touristen und Einheimische sich darüber streiten, wer als Erster da war, macht einen Heidenspaß. Italien und Deutschland gingen in Angriffsposition, und ich zog mich mit meinem Cappuccino an einen Tisch zurück, um den Schlagabtausch zu beobachten.

Fairerweise muss gesagt werden, dass die Deutschen zuerst an der Bar waren, aber sie schoben ihre Bäuche in solch ungeordnetem Durcheinander vor der Theke herum, dass es mit dem typischen Klischee von der deutschen Ordnungsliebe kaum vereinbar war. Die Italiener sind – mal abgesehen vom Heimvorteil – erstaunlich cool, wenn sie sich mit Widersachern aus einem Land anlegen, in dessen Verfassung ein Mindestmaß an ziviler Ordnung verankert ist. Diese besondere Begegnung gestaltete sich hingegen umso hitziger, da es zehn Uhr morgens war, eine Zeit also, wo die Vertreter beider Kaffee-Junkie-Kulturen bereits unter fortgeschrittenen Symptomen von Koffeinentzug litten.

Ein Deutscher, der schon bestellt hatte, feuerte die erste Salve ab. Lauthals beschwerte er sich über die Frechheit eines Italieners, der einfach um die in loser Formation Wartenden herum nach vorn gegangen war, um zu bestellen.

Der Italiener konterte mit einem geringschätzigen Schulterzucken und wechselte im Schnellfeuertempo ein paar Worte mit dem Barista. Einige seiner Landsleute rückten dichter an den Tresen heran, um ihm den Rücken freizuhalten. Die Deutschen protestierten mit Donnerhall, was die streitlustigen Einheimischen einen Moment aus der Fassung brachte. Italiener mögen keine lauten Stimmen, wenn es nicht ihre eigenen sind.

Im nachfolgenden Wortwechsel machten die Italiener, vorhersehbar, aber sehr unterhaltsam, die Deutschen mit arrogantem Grinsen und spöttischen Bemerkungen nieder. Dabei wischten sie sich demonstrativ die Ärmel ab, eine Geste, die ihren Gegnern bedeuten sollte, dass sie sich vom Staub provinzieller teutonischer Spießigkeit befreiten. Die Deutschen wurden schließlich zurückgedrängt, weil es ihnen an Alltagsitalienisch fehlte, und gruppierten sich mit finsteren Gesichtern zu einer ordentlichen, fest geschlossenen Reihe.

Ich trank den letzten Schluck Cappuccino und sah mich zum Zeitvertreib noch bei den Osterartikeln um, unter denen sich auch gigantische Schokoladenhasen von der Größe eines Kleinkindes fanden. Aber wieso brauchte Mama gar so lang?

In der Damentoilette war kein Mensch, als ich eintrat.

»Mama? … Mama?«

»Ja?«, kam es endlich kleinlaut aus einer der Kabinen.

»Ist alles in Ordnung?«, fragte ich besorgt.

Die Kabinentür öffnete sich langsam einen Spalt.

»Gott, es ist mir so peinlich«, jammerte Mama mit gesenktem Kopf.

»Was ist dir denn passiert, du Arme?«

Die rüstigeren und flinkeren deutschen Busreisenden hatten sämtliche Kabinen mit Beschlag belegt, und Mama war nichts geblieben, als in der schier endlosen Schlange zu warten. Und zu warten. Und zu warten. Als sie endlich an die Reihe gekommen war, hatten sich die inneren Schleusen schneller geöffnet, als sie ihre Hose hatte aufmachen können.

»Wie kann ich dir helfen?«, fragte ich leise.

»Bringst du mir ein paar frische Sachen aus dem Auto?«

Sie war tief bedrückt und beschämt, als wir weiterfuhren. Sie sprach kaum ein Wort.

»Das muss schlimm sein, wenn einem der eigene Körper nicht gehorcht«, sagte ich.

»Ja. Es kommt einfach aus dem Nichts – der Drang, meine ich.« Sie drehte den Kopf von mir weg. »Ohne Warnung. Und ich kann nichts dagegen tun. Deshalb treffe ich mich auch nicht mehr mit Männern.«

Nach dem Tod meines Vaters hatte sie zwei Verehrer gehabt, sie aber auf Distanz gehalten. Ich hatte geglaubt, es wäre übertriebene Prüderie, aber jetzt verstand ich. Für jemanden, der so viel Wert auf tadelloses Auftreten und gesellschaftliche Formen legt wie meine Mutter, war diese Art des Kontrollverlusts das Schlimmste.

»Ach, denk dir nichts«, meinte ich aufmunternd. »Heute Abend sind wir wieder in unserem kleinen *trullo*. Sag mir einfach Bescheid, wenn ich wieder halten soll.«

Als wir uns nach Norden, Richtung Catania, wandten, kam die Sonne heraus, aber sie vermochte Mamas Stimmung nicht aufzuhellen.

»Schau!«, rief ich begeistert. »Da ist der Ätna.«

Die charakteristische Rauchfahne des Vulkans stand wie ein ominöses Schriftzeichen am Himmel, aber nicht einmal der Anblick des mächtigen Bergs riss Mama aus ihrer Niedergeschlagenheit.

»Hast du gewusst, dass der Ätna so riesig ist, dass man seine Rauchfahne und die Lavaströme von der internationalen Raumstation aus sehen kann?«, fragte ich, um sie ein bisschen zum Reden zu bringen.

Sie reagierte nur mit einem »Hm« und einem dünnen Lächeln. Dann fragte sie: »Sind das Häuser?«

»Tatsächlich, ja«, antwortete ich, selbst einigermaßen verblüfft über den Anblick: An der Flanke des Ätna, des größten und unberechenbarsten Vulkans in Europa, zieht sich ein wachsendes Wohngebiet mit bäuerlichen Anwesen und Weinterrassen bergwärts.

»Ich frage mich, was für Werbesprüche man sich ausdenken muss, um die Leute dazu zu kriegen, sich so ein Stück Land zu kaufen«, überlegte ich laut. »›Immer im Fluss bleiben‹? ›Schwimmen Sie mit dem Strom?‹«

Wahrscheinlich brauchte es überhaupt keine. Nichts illustriert besser die fatalistische Einstellung der Sizilianer als eine Wohnsiedlung, die an den Hängen eines Vulkans klebt.

Der Ätna brach nicht lange nach unserer Abreise von der Insel aus, aber eine stärkere Eruption gab es mehrere Monate später, im September 2007, als eine Lavafontäne von bis zu vierhundert Metern Höhe in die Luft stieg, ehe sie sich über den Berghang ergoss. Ich weiß nicht, wie es der Siedlung dabei ergangen ist, aber ich habe gelesen, dass der Flughafen von Catania einen Tag geschlossen wurde und die Bauern am Berg die Arbeit eine Weile ruhen ließen. Nach zwölf Stunden ging man wieder zur Tagesordnung über. Alles halb so wild.

Gegen Mittag erreichten wir Messina. Der Fährhafen, zu dem uns die *traghetti*-Schilder und eine breite, von hohen Palmen und gelb-weißen Barockhäusern gesäumte Prachtstraße führten, sah ganz anders aus als der, an dem wir nach unserer Überfahrt angekommen waren. Zum Ersten war da schon mal eine riesige Ansammlung von Autos und Menschen, und etwas wie Partystimmung herrschte auf dem ganzen Kai. Leute lagen auf den Kühlerhauben ihrer Autos, um noch ein paar Minuten in der Sonne zu baden. Gut gekennzeichnete Verkaufskioske, Cafés und Souvenirbuden erfreuten sich regen Zulaufs. Weit und breit war kein Lastwagen zu sehen.

Die größte Überraschung aber war der Fahrpreis: Er war doppelt so hoch wie auf der Hinfahrt. Plötzlich wurde mir klar, dass wir unsere Jungfernfahrt nach Sizilien auf einem Frachtschiff gemacht hatten.

An Bord dieser überaus modernen Fähre war alles viel kultivierter. Es gab ein zweistöckiges Parkdeck, angenehm gepolsterte Sitzplätze in großen Aufenthaltsräumen, saubere Toiletten, zu denen man sich nicht erst bei einem Besatzungsmitglied den Schlüssel holen musste, einige Läden und mehrere Cafés mit einer reichen Auswahl an Panini und Pasta. So viel Luxus für eine Seefahrt von einer halben Stunde.

Uns blieb kaum Zeit, uns ein Panino und eine Limonade zu Gemüte zu führen, da mussten wir uns schon dem allgemeinen Run auf die Parkdecks anschließen. Wir ließen uns im Getümmel zu den Aufzügen schieben und warteten geduldig, während unsere Mitreisenden sich mit ausgefahrenen Ellbogen an uns vorbeidrängten, als hätte es Feueralarm gegeben.

Nach der reibungslosen Fahrt die kalabrische Westküste hinunter in Richtung Sizilien glaubte ich, die Rückreise nach Alberobello ginge ebenso glatt und wir würden spätestens bei Einbruch der Dunkelheit wieder zu Hause sein.

Alles lief wie geschmiert, bis wir in Reggio di Calabria von der Fähre fuhren und ich falsch abbog. In Italien kann einem so was zum Verhängnis werden. Ehe ich's mich versah, landeten wir im Straßengewirr einer schmutzigen Vorstadt, in der es nach Armut und Hoffnungslosigkeit roch.

Mama ließ die Fenster hochfahren und ich verriegelte die Türen des Wagens. Wir brauchten eine gute halbe Stunde, um aus dem Labyrinth wieder herauszufinden. Als wir endlich auf der Autostrada waren, dauerte es noch mal eine Viertelstunde, ehe mir aufging, dass wir statt die West- die Ostküste Italiens hinauffuhren.

Auch wenn sie als Autostrada bezeichnet wurde, war die Küstenstraße auf der Ostseite nicht mehr als eine zweispurige Landstraße, die uns zu einer nervigen Bummelfahrt über die Dörfer zwang – einige davon schmucke kleine Ortschaften wie Pilossi, Brancaleone und Locari, mit hübsch gestrichenen Balkonen und gepflegten Vorgärten, alle im tiefsten Dornröschenschlaf.

In manchen Teilen Kalabriens liegen Ost- und Westküste nur fünfzig Kilometer auseinander, aber die Unterschiede zwischen den beiden sind beträchtlich. Im Westen ist es ländlich, die Landschaft hat etwas Erhabenes und Ernstes; im Osten ist das Terrain rauer, aber über dem ganzen Küstenstrich liegt eine heitere Urlaubsstimmung. Im Westen sieht man Olivenbäume und Tannen; im Osten steht in jedem Vorgarten ein Orangen- oder Zitronenbaum. Das Leben scheint im Westen mühevoller zu sein, im Osten leichter.

Baustellen und dichter Lkw-Verkehr hielten uns auf. Wir mussten Umleitungen fahren, die uns in ein Gebiet mit Wiesen wilden Dills und steinernen Bauernhäusern führten, wo Bauern die Felder bearbeiteten und auf den Hängen Schafe weideten. Das klingt idyllisch, und unter normalen Umständen hätte ich die Fahrt wunderschön gefunden, aber mit einer blasenschwachen, missmutigen

Beifahrerin an der Seite war sie eine Tortur. Ich spürte Mamas ungeduldige Sehnsucht nach der vertrauten Umgebung unseres *trullo* und dem ereignislosen Alltag, den wir uns dort geschaffen hatten. Auch ich hatte es eilig zurückzukommen, schon um endlich diese nervenzerfetzende Fahrerei hinter mir zu haben. Ich hatte schon das Gefühl, am Autositz festgewachsen zu sein.

Nach viereinhalb Stunden schleppender Fahrt, als noch nicht einmal ein Viertel der Strecke geschafft war, die wir ein paar Tage zuvor in der gleichen Zeit zurückgelegt hatten, war klar, dass aus der Heimkehr an diesem Tag nichts mehr werden würde. Die Sonne ging jetzt schnell unter, und wir fanden uns damit ab, dass wir eine weitere Nacht im Hotel würden verbringen müssen. So fuhren wir nach Catanzaro Marina hinein und opferten, als wir kein annehmbares Quartier fanden, den Inhalt unserer Geldbörsen für eine kleine Suite im Hotel *Palace*.

Darf ich eine dumme Frage stellen? Warum begegnet man in hochklassigen Hotels oft einer so herablassenden Haltung? Soll dem Gast damit gesagt werden, dass er dankbar sein kann, sich in so exklusivem Ambiente bewegen zu dürfen? Oder steckt der sich angeeignete Snobismus eines Hoteliers dahinter, der ebenso gut eine Billigabsteige führen könnte?

Am Empfang des *Palace* wurden meine Mutter und ich angeglotzt, als kämen wir direkt vom Mars, was man in einem Hotel, das sich mit der Kategorie »international« schmückt, weiß Gott nicht erwarten sollte. Der Barmann ließ sich partout nicht zu einem Lächeln herab, obwohl er an mir gut verdiente und ich mich bemühte, Italienisch zu sprechen, und die Zimmermädchen schauten mich gar nicht an.

Die Krönung folgte bei unserer Abreise am folgenden Morgen. Als ich nach Begleichung der Rechnung über 218 Euro (Suite, kleines Abendessen und fürstliches Frühstück) meinen Wagen vom Hotelparkplatz über der Straße holen wollte, musste ich feststellen, dass er hoffnungslos eingeschachtelt war. Das Hotel mobilisierte den Parkwächter, einen dieser alternden Typen, die sich einbilden, mit schlingerndem Angebergang, Baseballmütze und schmuddeligem T-Shirt könnten sie der Damenwelt vormachen, sie wären dreißig Jahre jünger. Volltrunkenen Ladys vielleicht.

Signor Gammelbruder schlurfte lässig zum Parkplatz hinaus, kam ein paar Minuten später zurück, sah mich einmal kurz an und verschwand in einem Hinterzimmer. Niemand sprach ein Wort.

Mehrere Minuten vergingen, dann gewann bei mir die Neugier die Oberhand. Ich ging zu unserem Wagen hinaus. Er stand immer noch so schlecht, dass ich Angst hatte, die Nachbarautos zu beschädigen, wenn ich versuchte, ihn aus der Lücke herauszumanövrieren.

Zurück am Empfang bat ich abermals um Hilfe, erntete aber nur Schulterzucken und Gleichgültigkeit. Niemand erbot sich auch nur, unser Gepäck hinauszutragen. Und das schimpft sich heutzutage Fünf-Sterne-Service?

Stellen Sie sich also vor: eine total genervte Frau mittleren Alters, die sich mit drei unförmigen Reisetaschen herumschlägt, und eine alte Frau kurz vor einem Asthmaanfall, die sich schwer auf ihren Stock stützt und mit dem bisschen Luft, das ihr noch verblieben ist, ihre ungeduldige Tochter (die auch schon mal bessere Zeiten gesehen hat) dafür um Entschuldigung bittet, dass sie ihr nicht helfen kann.

»Schau dir doch die Scheiße an!«, schrie ich, als wir uns und das Gepäck endlich auf den Parkplatz geschleppt hatten. »Wie soll ich die Karre da jemals raus kriegen?«

»Beruhige dich«, beschwichtigte mich Mama. »Steig

einfach ein und lass mich machen. Vertrau mir. Ich lotse dich raus.« Und genau das tat sie. Mein tapferes fußlahmes Mütterlein.

Als wir abfuhren, zeigte ich dem Hotel *Palace* den Stinkefinger und klatschte Mama ab. »Das war toll! Wahrscheinlich das beste Stück Teamwork, das wir je geleistet haben.«

»Nein, nein, da gibt's andere Beispiele.« Sie lächelte. »Du hast ein kurzes Gedächtnis.«

Wir fanden nicht gleich aus Catanzaro Marina hinaus, aber ein Tankwart – ein Glück, dass es Tankstellen gibt – beschrieb uns ganz genau den Weg, der uns quer über den schmalsten Teil Italiens auf die A3 (Reggio di Calabria-Salerno) führte. Sobald wir auf der Autostrada waren – nie war ich glücklicher, eine Autobahn zu sehen –, ließ ich meine zusammengekniffenen Pobacken locker und trat aufs Gas.

Auf der Fahrt durch das raue Land mit seinen weiten Ausblicken und den untertunnelten Bergen – ich liebe diese Tunnel in Italien! – kam ich zu dem Schluss, dass der Westen der Stiefelspitze romantischer ist als der Osten.

Nur schade, dass die Fahrt die Küste hinauf nicht so flott vonstattenging wie hinunter. Anscheinend hatten die italienischen Straßenbauer beschlossen, dieser Donnerstag sei der ideale Tag, um die Arbeitswoche einzuläuten. Bei so viel hektischer Bautätigkeit konnte ich mir die große Zahl halbfertiger Villen nicht erklären, die wir überall auf unserer Reise sahen. Manche machten den Eindruck, als wäre seit Monaten nicht mehr an ihnen gearbeitet worden.

Darf ich an dieser Stelle kurz erwähnen, dass italienische Arbeiter eine ausgesprochen gut gekleidete Truppe sind? Selten sahen wir einen in Jeans und dreckbespritztem T-Shirt. Die meisten trugen dunkle Hosen (fleckenlos) und dunkelblaue Pullis mit einem Polohemd darunter. Sie sahen alle so präsentabel und sauber aus, sogar die auf den Schuttkippern und Frontladern!

Und ich machte noch eine Beobachtung: In Italien reißt niemand die Straße in einem Umkreis von zehn Kilometern auf, um ein Bauvorhaben durchzuführen. Hier hat man eine größere Ehrfurcht vor dem Land, die man in Nordamerika in dieser Form nicht kennt. Die Italiener haben den Straßenbau zur Kunstform entwickelt – kein Wunder, sie haben ihn dreitausend Jahre lang perfektioniert –, während die Nordamerikaner vielleicht seit zweihundert Jahren Asphalt in die Landschaft gießen und es für nötig halten, jede Menge schweres Gerät aufzufahren, um die Welt mit einem schauderhaften Wirrwarr von Autobahnkreuzen und riesigen Schnellstraßen zu überziehen. In Italien arbeitet man heute noch mit den Händen und ist bemüht, die Natur zu schonen; in Nordamerika wird rücksichtslos plattgewalzt, was nicht ins Konzept passt. Man könnte Nordamerika vielleicht mit dem kleinen Dicken vergleichen, der das protzigste Auto fährt: Irgendwie muss er seine Mängel kompensieren.

Ein Mittel, den Verkehr in Fluss zu halten, haben aber selbst die Italiener bisher nicht gefunden, und so ziehen auch hier, wie überall auf der Welt, zum Ersticken staubige Baustellen endlose Verkehrsstaus nach sich.

Es war dunkel geworden, als wir endlich den langen Anstieg zu unserem *trullo* hinaufkrochen. Ich schaltete den Motor aus, sagte den Reisegöttern stummen Dank und warf einen Blick auf den Kilometerzähler. In vier Tagen waren wir fünfzehnhundert Kilometer gefahren.

## ·8·

### Alberobello, Matera

Über Nacht entwickelte sich eine mysteriöse Infektion mit starkem Juckreiz rund um meine Augen, und als ich am Morgen erwachte, waren sie fast zugeschwollen. Dazu hatte ich mir Mamas Husten und triefende Nase geholt, und im Hals verspürte ich das Kitzeln und Kratzen, das eine Erkältung ankündigt.

Ich torkelte ins Bad, um mich im Spiegel zu inspizieren. Leider schätzte ich die Entfernung Gesicht–Glas falsch ein und prallte mit der Nase so heftig gegen den Spiegel, dass ich starkes Nasenbluten bekam. Blind wie ein Maulwurf grapschte ich nach dem Toilettenpapier, um die Blutung zu stillen.

Konnte es eigentlich noch schlimmer werden? Als weltgewandte Frau von mondäner Eleganz hatte ich mich durch Italien reisen, tänzelnden Schritts durch reizvolle italienische Straßen mit imposanten Renaissance- und Barockbauten streifen sehen. Eine sanfte Brise spielte im leichten weißen Stoff meines fließend fallenden Rocks; das ärmellose Top (ebenfalls weiß) enthüllte schlanke, straffe sonnengebräunte Arme, an den Handgelenken klirrten silberne Armreifen. Die großen silbernen Ringe in meinen Ohren blitzten im Sonnenlicht unter meinem dunklen Haar hervor. In diesen Träumen war mein Haar von dunklem Kastanienbraun, die vollen Locken wippten. In meinen schwarz umrandeten und von getuschten Wimpern umkränzten Augen glomm dunkle Glut. Meine Lippen schimmerten in kirschrotem Glanz. Mein von Kopf bis Fuß sonnengebräunter Körper war glatt und straff, die Haut weich und geschmeidig wie Baileys Irish Cream. Meine Brüste saßen hoch und waren fest. Die italienischen Männer unterbrachen ihre Gespräche mitten im Satz, um mich vorübergehen zu sehen, ein exotisches und geheimnisvolles Geschöpf wie das Mädchen aus Ipanema.

In Wirklichkeit war ich so exotisch und geheimnisvoll wie der Schrecken vom Amazonas; vielleicht erinnern Sie sich an diesen Horrorklassiker aus dem Kino. Wenn nicht, soll dies hier genügen: Meine Augen waren verkrustet, meine Haare dünn und strähnig, und meine Figur platzte dank der Süßigkeiten, mit denen ich mich Weihnachten vollgestopft hatte, aus allen Nähten. Wenn ich in diesem Zustand zu tänzeln versuchte, würde ganz Italien sich totlachen.

Im Geiste zählte ich all die Leiden zusammen, die ich auf dieser Reise ertragen hatte: Regen, Kälte, mittelmäßiges Essen, die Blasenschwäche meiner Mutter, Schnupfen, ständiges vergebliches Taktieren, um den beabsichtigten Mutter-Tochter-Showdown herbeizuführen, und jetzt auch noch eine juckende Augenentzündung und Nasenbluten.

Wir hatten kein Telefon, um jemanden um Hilfe zu bitten. Mir blieb nichts anderes übrig, als ein Krankenhaus zu suchen.

Ein Gutes war immerhin, dass wir uns in einer Gegend Italiens befanden, wo um diese Jahreszeit praktisch nichts los war. Ich konnte blind nach Alberobello fahren, ohne fürchten zu müssen, mir unterwegs jemanden als Kühlerfigur zuzulegen. Wir folgten den blauen Hinweisschildern und fanden Alberobellos *ospedale* hinter eine Tankstelle. Mama schnappte sich den ersten freien Rollstuhl, den sie am Eingang zum Krankenhaus erspähte, und benutzte ihn als Gehhilfe, als wir der Aufnahme entgegensteuerten.

In der irrigen Annahme, sie sei die Patientin, stürzte sich das gesamte Personal, ohne eine Frage zu stellen, sofort auf Mama. Eilig erklärte ich, so gut ich konnte, die Situation – glaubten sie etwa, ich sähe immer so schlimm aus? –, und wurde daraufhin in ein Untersuchungszimmer geführt. Drei Ärzte, eine Frau und zwei Männer, in signalroten Stretchhosen und dunkelblauen Vliesjacken erschienen. Sie schauten mir tief in die Augen, tasteten behutsam die Region um die Lider ab – nicht einer von ihnen trug übrigens Latexhandschuhe – und traten dann mit ernsten Mienen zurück, um über den Sachverhalt nachzudenken.

»*Mi fanno male gli occhi*«, erklärte ich hilfsbereit. Und nachdem nun bekannt war, dass mir die Augen wehtaten, fügte ich hinzu: »*Allergica alla primavera*«, um mit einem Hinweis auf meine Vorgeschichte anzudeuten, dass es sich um eine jahreszeitlich bedingte Allergie handeln könnte.

Alle drei nickten stumm und begannen dann, mit vielen schwungvollen oder grüblerischen Gesten und ernsten Blicken eifrig miteinander zu konferieren. Einmal sah es so aus, als wollten sie meinetwegen einen Ärztetag einberufen. Immerhin hörte ich aus der lautstark geführten Diskussion mehrmals *infiammazione* heraus, das italienische Wort für Entzündung, und wusste so, dass sie auf der richtigen Spur waren.

Sie waren sehr nett – jedenfalls wenn sie sich nicht gerade anschrien und mit gefährlich fuchtelnden Armen bedrohten – und überreichten mir schließlich Augentropfen und eine Kochsalzlösung mit der Anweisung, meine Augen zweimal täglich damit zu spülen.

»Das kostet nichts«, verkündete die Ärztin stolz. »In Kanada ist das anders, nicht?«

Ich war nicht in Stimmung, mit ihr zu streiten, aber der Fairness halber sei hier doch angemerkt, dass meiner Erfahrung nach in Kanada und anderen Ländern – mir fallen dabei England, Spanien und Ungarn ein – geringe, zumindest für die Dauer des Urlaubs ausreichende Dosen an Arzneimitteln häufig kostenlos an Touristen abgegeben werden.

Das Medikament wirkte beinahe augenblicklich, ein Grund, wild und hemmungslos zu feiern.

»Lass uns irgendwo essen gehen«, schlug ich Mama vor.

Wir fuhren zum *Green Park*, einem *agriturismo*, das in einer Informationsmappe in unserem *trullo* empfohlen worden war. Aber als wir hinkamen, hatte es geschlossen. Ich klingelte, und von einem jungen Mann erfuhren wir, dass das Landgasthaus erst nach Ostern wieder öffnen würde.

Ach, die vielen Enttäuschungen, die erlebt, wer antizyklisch reist!


»Warum machen wir eigentlich nie mal einen Rundgang und sehen uns etwas an?«, verwunderte sich Mama eines Nachmittags laut, als sie in ihren weißen Sandalen in unserer Küche herumtappte. Sie hatte die gleichen nutzlosen Klamotten mitgenommen wie ich – auf meinen Rat hin.

»Hm, warte mal.« Ich blickte von der Karte hoch, die aufgeschlagen vor mir lag. Ich war gerade noch einmal eine Liste von Orten und Sehenswürdigkeiten durchgegangen, die ich eigentlich hatte besuchen wollen, was ich aber wohl auf dieser Reise nicht schaffen würde, wie mir inzwischen klar war. »Du hast dich seit dem Tag unserer Ankunft nicht wohl gefühlt und wolltest immer am liebsten im Bett bleiben, du kannst nicht laufen, du musst zu den ungünstigsten Zeiten pinkeln und du erwartest, dass ständig jemand mit einem Rollstuhl zur Stelle ist. Hast du hier, abgesehen vom Krankenhaus, jemals einen Rollstuhl gesichtet?«

Ich wollte nicht gemein sein, aber jemand musste das Kind beim Namen nennen. Und ich kann nicht leugnen, dass sich bei mir eine Menge Groll angesammelt hatte. Uns blieben noch vier Wochen in Italien, aber ich wusste schon jetzt, dass ich die *passeggiata*, den traditionellen Abendspaziergang der Italiener, bei dem Groß und Klein, Jung und Alt schwatzend durch die Straßen bummeln, nie erleben würde. Ich würde nicht in den Hügeln wandern oder einfach mal einen Tag auf eigene Faust losziehen können, ohne mich zu sorgen, dass meine Mutter sich um mich sorgte. Ich würde es mir nicht erlauben können, einige der weiter entfernten Orte zu besichtigen, ohne sie allein im Auto sitzen zu lassen, oder diese opulenten italienischen Mahlzeiten zu genießen, von denen ich so viel gehört hatte, wenn das Restaurant nicht für jemanden zugänglich war, der sich nur mit Hilfe eines Rollators fortbewegen konnte. Da ich ständig auf die Bedürfnisse meiner Mutter achten musste, war es für mich am entspannendsten, einfach hier herumzusitzen, so erbärmlich das war.

Außerdem war ich wütend, weil ich nie genug Schlaf bekam. Das Reisen mit Mama war keine Erholung. Ihre Gebrechlichkeit und ihre diversen Leiden machten mir großen Kummer. Wenn sie aus dem Schlaf fuhr, wurde ich wach; wenn sie im Schlaf wimmerte und schrie, wurde ich wach; wenn sie sich in ihrem Bett herumwälzte, wurde ich wach. Es erging mir wie einer jungen Mutter, die mit feinen Antennen auf jede Regung ihres Neugeborenen reagiert.

Gewiss, auch für Mama mit all ihren Behinderungen war diese Reise kein Honiglecken, sondern eher eine bittere und oft demütigende Erfahrung. Und natürlich plant niemand, im Urlaub krank zu werden – aber es passiert.

Dennoch floss mein Groll jetzt langsam über. Mama hatte mich über ihre körperlichen Beeinträchtigungen im Unklaren gelassen. Sie hatte behauptet, »kerngesund« zu sein, aber die Realität sah anders aus. Nennen Sie mich pessimistisch, aber wenn jemand nach zehn Schritten anfängt zu keuchen und nach drei Treppenstufen akute Atemnot bekommt, deutet das nicht auf beste Gesundheit hin.

Mama konnte, oder vielmehr wollte nicht sehen, dass wir nur deshalb keine Ausflüge unternahmen, weil sie sich kaum zu bewegen vermochte und am liebsten im Bett liegen blieb. Wenn sie sich langweilt, kann nur ich schuld daran sein.

Ich war bereit, mich auf dieser Reise ihrem Tempo anzupassen, aber ich war nicht darauf eingestellt, sechs Wochen lang herumzusitzen und Löcher in die Luft zu starren, mich nur dann vom Fleck zu bewegen, wenn meine Mutter Lust dazu hatte, und brav zu Bett zu gehen, wenn sie zu Bett gehen wollte. Aber genau so war es bisher im Großen und Ganzen abgelaufen.

Es ging hier aber auch um die heikle Frage, was man mit seinem Gewissen vereinbaren kann. Während meiner Kindheit und Jugend hatte meine Mutter alles, was ich tat und sagte, streng kontrolliert. Sie war nie bereit gewesen, auf meine Wünsche Rücksicht zu nehmen. Aber jetzt sollte *ich* auf *sie* Rücksicht nehmen. Sie forderte es nicht ausdrücklich; sie hielt es einfach für meine töchterliche Pflicht. Ich fand das ungerecht. Und doch tat ich es, zum

Teil, wie alle Töchter, aus einem Gefühl der Verpflichtung, zum Teil weil ich ihr beweisen wollte, dass ich ein braves Mädchen war.

Was *sind* denn die Erwartungen an erwachsene Kinder und wer setzt sie? Hatte ich vielleicht unbewusst meine Kinder schon mit meinen Erwartungen überfrachtet? Darf man sich den Erwartungen verweigern, oder sind sie als Verpflichtungen zu betrachten, die dazugehören, wenn man Teil einer Familie ist?

Während eiliger, seltener Besuche bei Freundinnen hatte ich sie immer wieder davon erzählen hören, wie schwierig es sei, Beruf, eigenen Gefühlen, Kindern, Enkeln und alt gewordenen Eltern gleichzeitig gerecht zu werden. Alle sind unheimlich gern mit ihren Enkeln zusammen, aber mit den Eltern ist das eine andere Geschichte. Enkel sind lieb und süß und tun im Allgemeinen, was ihnen gesagt wird. Alt gewordene Eltern sind oft schlecht gelaunt und fordernd. Aber kann man ihnen ihre Verdrießlichkeit verübeln? Sie erleben doch Tag für Tag Verlust, so wie auch wir Jüngere, die als Nächste an der Reihe sind, ihn erleben werden. Alles lässt nach: die körperliche Kraft, die Geschicklichkeit, das Gedächtnis, die Augen, das Gehör, die Unabhängigkeit, die Beweglichkeit, die Körperbeherrschung. Hinzu kommt, dass jeder versucht, sie auszubeuten. Und das Schlimmste ist, dass ihnen Partner und liebe Freunde wegsterben.

Das alles war mir vom Kopf her völlig bewusst, trotzdem kam ich gegen die Gereiztheit, die ich meiner Mutter gegenüber empfand, nicht an.

»Okay, ich mach dir einen Vorschlag.« Ich wollte ihr meinen guten Willen zeigen. »Lass uns heute Abend essen gehen. Auch wenn ich aussehe wie ein Zyklop. Und versuchen wir's mal auf die italienische Art ein bisschen später als halb sechs.«

Gegen sechs fuhren wir nach Alberobello. Um Zeit tot-zuschlagen, klapperten wir die kitschigen Souvenirläden ab, wobei wir immer wieder Gruppen alter Männer um-runden mussten, die vor den Bars bei einer Tasse Espresso ihren Schwatz hielten.

Die italienischen Männer scheinen mehr Zeit für Ge-selligkeit zu haben als ihre Geschlechtsgenossen sonst auf der Welt. Immer standen sie irgendwo in kleinen Grup-pen herum, nachdenklich schweigend oder in lebhafter Diskussion. Wenn sie sich nicht gerade in der Debattier-kunst üben, starren sie gnadenlos jeden an, der vorbei-kommt. Mamas Rollator erregte Aufsehen. Als spürte sie die Neugier der Männer, schob sie die Gehhilfe vom Fuß-weg auf die Straße hinunter und ging hinter den par-kenden Autos weiter, um sich näherer Inspektion zu ent-ziehen.

Der Umweg hatte aber auch einen praktischen Grund. Italienische Männer weichen aus Prinzip nicht aus. Wir erlebten das mehrmals auf unserer Reise – nicht einmal machte ein Mann meiner Mutter Platz. Immer musste ich erst den Weg bahnen, und dabei ging es nicht immer freundlich zu.

»Los, ihr faulen Hunde, aus dem Weg mit euch!« Einige schlurften widerwillig ein paar Zentimeter zur Seite; die anderen blieben stur stehen und gafften mit offenem Mund den metallic-roten Rollator an.

Etwas weiter die Promenade hinunter wandte sich ein ganzer Haufen Japaner ruckartig von einem Ständer mit Ansichtskarten ab, um dieses phantastische Gerät vorü-berrollen zu sehen. Wir lernten, dass auch Japaner über Zeigefinger verfügen und sie einzusetzen wissen.

Ihr aufgeregtes Geschnatter folgte uns, und Mama sagte: »Wart's ab, nächstes Jahr gibt's die Dinger in ganz Japan.«

In einer Seitenstraße winkte ein freundlich aussehendes Restaurant. Ich lief voraus, um es mir näher anzusehen. Aber zum Eingang führten Stufen hinauf, die Mama Schwierigkeiten bereiten würden. Außerdem öffnete es erst um zwanzig Uhr.

»Dass die Leute bei diesen Geschäftszeiten nicht längst pleite sind«, bemerkte Mama, als ich Bericht erstattete. »Verrückt.«

Ein wenig spazierten wir noch herum, dann begann Mama zu ermüden. Ich holte den Wagen. Die Heizung auf Hochtouren, kurvten wir durch die schmalen, winkeligen Straßen von Alberobello und fanden schließlich doch noch ein Restaurant in einem umfunktionierten *trullo*. In einem hübschen, aber ganz leeren Speiseraum suchten wir uns einen Tisch und bestellten eine Flasche Wein.

Dieser Tag hatte für uns beide eine besondere Bedeutung. Vor genau einem Jahr war Mama mit Herzproblemen ins Krankenhaus gebracht worden. Ich hob mein Glas, um mit ihr auf ihre Genesung und ihre Gesundheit zu trinken.

»Eigentlich war es gar kein Herzanfall«, bemerkte sie. »Es war ein Anginaanfall.«

»Was?! Ein Vaginaanfall?«, fragte ich mit gespieltem Entsetzen.

Sie musste husten vor Lachen. »Also, du bist mir eine«, schalt sie mich scherzend. »Nein, es war kongestive Herzinsuffizienz.«

»Und schau dich heute an«, sagte ich. »Hättest du damals gedacht, dass wir ein Jahr später in einem italienischen Restaurant sitzen –«

»– und uns erbärmliches Essen reinwürgen werden?«, vollendete sie mit Verschwörermiene.

Inzwischen hatten sich weitere Gäste eingefunden, die dem Lokal etwas mehr Atmosphäre gaben. Wir aßen hausgemachte (wie der Wirt beteuert hatte) Orecchiette mit Tomatensoße, Parmesan, einem Hauch Basilikum und so viel Olivenöl, dass man damit ein Auto hätte schmieren können. Es war bestimmt das zweitschlechteste Essen, das mir je auf den Teller gekommen war. Den ersten Platz nahm die Suppe in Racalmuto ein.

Im Fernseher, der heutzutage kaum aus einem Restaurant wegzudenken ist, lief ein Programm, das die anderen Gäste wie gebannt verfolgten.

»Was schauen die alle?« Mama drehte sich auf ihrem Stuhl ungelenk nach dem Fernseher um, der in einer Ecke unter der Zimmerdecke hing. Es war ein Fußballspiel. »Ach, diese überbezahlten Idioten.«

Der Wirt brachte unseren Espresso.

»*Il conto, per favore*«, bat ich mit einem freundlichen Lächeln um die Rechnung.

»Also, der Kaffee schmeckt furchtbar«, bemerkte meine Mutter nach dem ersten vorsichtigen Schluck und verzog angewidert den Mund. »Wieso kriegen die das hier nie richtig hin?«

Wir nahmen unsere Sachen und wollten gerade gehen, als sie mit bekümmerter Miene sagte: »Ich muss noch mal zur Toilette.«

Während sie sich auf den Weg machte, zahlte ich schnell die Rechnung und lief los, um den Wagen zu holen. Mama trat gerade aus der Toilette, als ich zurückkam. Sie sah ein bisschen blass aus.

»Ist dir da drin ein Missgeschick passiert?«, fragte ich.

»Nein.«

»Ich hab auf jeden Fall schon mal das Auto geholt – ich dachte, falls wir türmen müssten.«

»Also wirklich, Jane, so schlimm bin ich auch wieder nicht«, protestierte sie kichernd.

»Ich glaube, die haben hier gesetzliche Vorschriften

zum Gebrauch der Toiletten.« Ich freute mich, als sie erneut zu lachen begann.

Am nächsten Morgen war es kalt. Mama blieb im Bett. Und verharrte dort drei Tage. Am rhythmischen *Tack-tack* ihres Stocks auf den Fliesen hörte ich immer, wann sie aufstand.

Ihr Atem klang wie Darth Vaders gespenstisches Röcheln, und rein zu meinem eigenen Vergnügen – ich weiß, das hört sich herzlos an – summte ich die Melodie, die in *Krieg der Sterne* Vaders Kommen ankündigt.

Aber wenn ich hörte, dass Mama in die Küche ging, um sich Tee zu machen, wurde mir angst und bange. Sie war Gasherde nicht gewöhnt, und ich hielt jedes Mal den Atem an, wenn sie das Gas aufdrehte. Ich hörte das wiederholte Klicken des Anzünders, wenn sie versuchte, eine Flamme zu entfachen, dann ein plötzliches explosionsartiges Geräusch, das den Erfolg anzeigte, und danach angespannte Stille.

Ich schöpfte erst wieder Luft, wenn sie herumzupusseln begann; wenn ich hörte, wie sie sich durch unsere Vorräte an Chips, Brot, Nudeln wühlte – alles in Zellophan, das unangenehm laut knisterte –, an den Packungen und Tüten herumfummelte und bei ihren Bemühungen, eine zu öffnen, gelegentlich ein ungeduldiges »Ach, verdammt!« ausstieß. Nach einer Weile hörte das Knistern und Rascheln auf, Mama tappte in ihr Zimmer zurück, schloss die Tür, und alles war wieder totenstill.

Wegen ihres Hustens schlief ich weiterhin schlecht, Regen und Kälte hielten an, und so verkroch auch ich mich schließlich in mein Bett, wo ich mich fragte, ob es nicht reiner Wahnsinn gewesen war, meine Mutter für sechs Wochen nach Italien zu schleppen. Ich hatte keine Ahnung, ob sie auch nur die Hälfte der Zeit körperlich durchstehen würde. Ich hatte ebenfalls keine Ahnung, ob meine Geduld so lange reichen würde.

Unablässig trommelte der Regen auf unseren *trullo*, und ich überlegte hin und her, ob ich Runde eins der großen Aussprache eröffnen sollte, die ich so dringend mit Mama führen wollte. Aber irgendwie schien mir jetzt, wo sie so krank und müde war, nicht der rechte Moment dafür zu sein.

Je länger wir so isoliert in unserem *trullo* hausten, desto stärker begannen Langeweile und Frust mich zu quälen. Vielleicht war es töricht gewesen zu glauben, wir könnten uns miteinander aussöhnen, ob nun hier oder anderswo. In mir stürmte es genauso wie draußen vor den Fenstern, und am liebsten hätte ich den verdammten roten Rollator in die Luft gejagt.

Wenn ich nicht in meinem Bett herumlag, pikante Redewendungen aus meinem italienischen Sprachführer memorierte, mir an einem Sudoku die Zähne ausbiss oder mir über die misslungene Beziehung zu meiner Mutter den Kopf zerbrach, saß ich über der Karte von Süditalien.

Einmal breitete ich sie morgens auf dem Esszimmertisch aus und berauschte mich am Klang der verschiedenen Ortsnamen – Ostuni, Galatina, Copertino, Squinzano, Grotta San Biagio –, spürte den Bewegungen meines Mundes bei der Aussprache der Vokale nach, rollte in Grotta das »R« und artikulierte deutlich die harten »Ts«, dehnte das »U« in Ostuni, bis meine Lippen ganz gespitzt waren.

Unser Aufenthalt in Alberobello näherte sich seinem Ende, doch es gab noch so vieles, was ich sehen wollte. Die Geschichte des heiligen Josef von Copertino, des fliegenden Fraters, wie der Franziskanermönch aus dem 17. Jahrhundert auch genannt wird, war so faszinierend, dass ich unbedingt mit eigenen Augen den Ort und die Kirche sehen wollte, wo er zehn Jahre lang gewirkt und mit unzähligen Levitationen Aufsehen erregt hatte. Ebenso sehr interessierte mich Padre Pio, der Priester und Kapuziner, bei dem sich die Wundmale Christi gezeigt hatten. Im folgenden Jahr war sein vierzigster Todestag (zur Feier sollte sein Leichnam exhumiert werden), und ich hätte so gern einen Tag in San Giovanni Rotondo in der Provinz Foggia verbracht, wo Pio gelebt hatte, um das Fluidum des Ortes zu spüren. Aber die enttäuschende Realität war, dass ich es in den zwei Tagen, die uns hier noch blieben, zu keiner dieser Stätten schaffen würde.

Ich schaute zur offenen Haustür auf die Terrasse hinaus. Sonnenschein spielte auf den Steinen. In der Ferne bellte ein Hund, die Vögel zwitscherten und ein leichter Wind raschelte im Laub des Olivenbaums.

Ich ließ die Karte liegen und ging hinaus, um mir ein genaueres Bild von den Wetterverhältnissen zu verschaffen. Blinzelnd sah ich zum Himmel hinauf: Im Moment war es sonnig, aber dem launischen italienischen Klima war nicht zu trauen.

Als ich um den *trullo* herum nach hinten ging, bemerkte ich Chris, den Verwalter, der Blätter aus dem Pool fischte. Ich gesellte mich zu ihm und hörte von ihm zum ersten Mal von der »Dummensteuer«.

»Oh ja, da müssen Sie aufpassen«, warnte er mich, während er das Netz wendete, um einen Käfer aus dem Wasser zu holen. »Das ist die Rache der Italiener an den Touristen, die herkommen, ohne es für nötig zu halten, sich mit der Sprache und dem Währungssystem vertraut zu machen. Wie oft kommt man in einen Laden und erlebt, wie Amerikaner dem Verkäufer eine Hand voller Münzen hinhalten und ihn bitten, den geschuldeten Betrag für den Kaffee oder das Mittagessen einfach zu nehmen. Die Italiener nehmen immer mehr, als auf der Rechnung steht. Sie sind der Meinung, das sei der gerechte Preis dafür, dass sie diese Ignoranz ertragen müssen.«

Ich hielt es für besser, ihm nicht zu erzählen, dass meine Mutter sich im Ausland immer genau nach diesem Muster verhält.

Sie saß am anderen Ende der Terrasse und las, die Haare in Lockenwicklern und eine Riesenbrille auf der Nase, die sie wie eine Eule aussehen ließ.

»Lass uns doch heute irgendwohin fahren«, schlug ich vor.

Meinen Augen ging es wieder besser, und obwohl mein Husten sich verschlimmert hatte und Mamas noch immer quälend war, hielt ich es in unserem italienischen Alcatraz kaum noch aus.

»Ich kann nicht«, erwiderte sie. »Ich habe ein Abführmittel genommen.«

»Wieso nimmt jemand, der an Inkontinenz leidet, ein Abführmittel?«

»Weil mein Verdauungssystem manchmal nicht in Gang kommt und ich nachhelfen muss«, antwortete sie eine Spur schnippisch.

»Und was meinst du, wie lange das dauernd wird?«

»Gib mir zwei Stunden.«

Warten bis das Abführmittel wirkt, hatte nicht zu den Dingen gehört, die ich mir für Italien vorgenommen hatte.

Einen Moment lang stand ich da und überlegte, wie ich die nächsten Stunden herumbringen sollte.

Es war warm geworden, aber zum Schwimmen immer noch viel zu kühl. Zweimal hatte ich es mir an diesem Vormittag mit einem Buch auf der Gartenliege bequem gemacht, beide Male war die Sonne hinter den Wolken verschwunden, sobald ich mich lang ausgestreckt hatte.

Ich beschloss, einen Spaziergang durch die Hügel rund um den *trullo* zu machen, hauptsächlich um einer zänkischen Elster zu entkommen, die mich mit ihrem Gekrächze tyrannisierte. Sie war der Meinung, die Terrasse sei ihr Territorium. Ich kletterte zum höchsten Punkt des Anwesens hinauf und ließ meinen Blick über die wellige apulische Landschaft schweifen. Alles war still und befand sich in einem Zustand andächtiger Ruhe.

Nach einer Weile ging ich langsam und mit kleinen Pausen, um die Vielfalt der Bäume – Oliven, Feigen, Walnuss, Apfel – unterwegs zu bewundern, wieder zurück. Vor einer verwitterten Mauer grünten an einem hohen Bambus die ersten Triebe. Mit diesem kleinen Ausflug hatte ich zwanzig Minuten herumgebracht.

Da Mama noch immer nicht so weit war, gab ich ihr kurzerhand einen Kuss auf die Wange und stieg in den Wagen.

Die Beklommenheit, mit der ich vor zwei Wochen meine ersten Fahrten angetreten hatte, war lang vergangen. Ich fühlte mich jetzt mit der Umgebung vertraut und begann sogar, mir vorzustellen, ich würde auf Dauer hier leben. Das tue ich immer – es ist meine Art, ein Gefühl für einen Ort oder eine Gegend zu bekommen, wo ich zu Besuch weile. Ich bin im Herzen eine Nomadin, die immer nach neuen Orten sucht, an denen sie sich niederlassen könnte.

Kurz vor Alberobello entdeckte ich einen DOK-Supermarkt. In der Informationsmappe in unserem *trullo* waren wir auf diesen Laden hingewiesen worden, hatten ihn aber nie gefunden, so gewissenhaft wir der Wegbeschreibung auch gefolgt waren. Nun hatte ich ihn aus irgendeinem Grund groß und breit vor mir.

Drinnen schnappte ich mir einen metallenen Einkaufswagen und rollte ihn scheppernd die Gänge hinauf und hinunter, den Blick fest auf die ausgestellten Waren gerichtet.

Je länger ich so zwischen den Regalen herumsauste, desto sicherer und selbstbewusster begann ich, mich zu fühlen. Als ich schließlich zur Kasse ging, kam ich mir schon vor wie eine Italienerin. Ich stapelte meine Einkäufe auf das Band, machte beiläufig eine Bemerkung über den sonnigen Tag, zahlte und verabschiedete mich mit einem »*Ciao*«. Hm, dachte ich bei mir, vielleicht könnte ich wirklich hier leben.

Während ich auf dem Parkplatz die Einkaufstüten in den Wagen verfrachtete, fiel mir ein imposanter Bau weiter oben an der Straße auf: eine von zwei Reihen zu je sechs massigen Säulen gebildete Eingangshalle, die von zwei niedrigen, trutzigen Türmen flankiert war. Auf einer Anhöhe hinter dem Eingang stand ein weißes Gebäude griechischen Stils mit vier ionischen Säulen. Neugierig fuhr ich hin, fand am Straßenrand einen Parkplatz und stieg aus, um mich genauer umzusehen. Zielstrebig marschierte ich durch die Eingangshalle und entkam zwei Wächtern, die gerade ein älteres Paar am Wickel hatten, Touristen, vermutete ich.

So landete ich auf dem *cimitero monumentale,* dem Friedhof von Alberobello.

Die Säulenhalle, die als eine der schönsten ihrer Art in Europa gilt, wurde 1890 nach altägyptischem Vorbild von Antonio Curri erbaut, einem Architekten aus Alberobello. Über eine Steintreppe stieg ich aufwärts und gelangte in eine Kolonie mittelgroßer Mausoleen, die so angeordnet waren, dass sie eine kleine Straße bildeten. Noch einmal musste ich eine Treppe hinauf, dann erreichte ich den auf der Höhe des Hügels gelegenen Friedhof, eine große, wohlgeordnete Anlage. Ein breiter, zu beiden Seiten von hohen Zypressen gesäumter Kiesweg dehnte sich Ruhe atmend zum Horizont. Links und rechts dieser Allee lag jeweils ein grüner Park mit Statuen und steinernen Gräbern. Curri hatte dies alles nach seiner Vorstellung vom Himmel entworfen, eine wahrhaft paradiesische Vision.

Überall waren Menschen. Noch nie hatte ich so viel rege Tätigkeit auf einem Friedhof erlebt. Neunundneunzig Prozent der Besucher waren Frauen, die hingebungsvoll den Schmutz entfernten, der sich auf den Grabsteinen ihrer Familiengräber gesammelt hatte. Andere standen auf hohen Leitern vor einer Wand mit Nischengräbern, um den Staub von den Namensschildern zu wischen oder frische Blumen in die Vasen zu stellen. Und viele andere noch fegten Schmutz und Staub aus den Mausoleen und von den Platten rund um die Grabmäler oder reinigten die Grabhügel, die wie kleine Gärtchen angelegt waren. Alle waren zum großen Frühjahrsputz angetreten.

Von Friedhofsstimmung konnte hier keine Rede sein. Es war ein heiterer Ort, Welten entfernt vom Lärmen des Verkehrs und des Kommerzes auf den Straßen zu seinen Füßen. Die Frauen, viele jung und attraktiv, redeten lebhaft miteinander, während ihre kleinen Kinder auf den Wegen herumflitzten und zwischen den Grabsteinen Verstecken spielten. Für einen Mann, der weibliche Gesellschaft suchte, wäre der Friedhof an einem Samstagmorgen der ideale Tummelplatz gewesen. Es herrschte eine ganz andere Atmosphäre als auf nordamerikanischen Friedhöfen. Vermutlich hatte es mit der Haltung der Italiener zum Tod zu tun.

Ich befand mich auf der Rückfahrt, als mir noch ein Bauwerk ins Auge fiel: ein baufälliger *trullo*, an dem ich schon mehrmals vorbeigekommen war, ohne aber je den Mut aufzubringen, anzuhalten und ihn mir näher anzusehen. Doch mein neu gewonnenes Selbstvertrauen – ich hatte mich schließlich in einem fremden Land ganz allein in einen Supermarkt und auf einen Friedhof gewagt – war grenzenlos.

Durch hohes Gras stapfte ich zum Eingang der Ruine. Die Wände innen waren fleckig und verschmutzt, es sah aus wie auf einem Schuttabladeplatz, leere Ölkanister lagen herum, sogar ein altes verrostetes Verkaufsregal, das wahrscheinlich vom Lebensmittelhändler stammte.

Aber das steinerne Skelett des Gebäudes war gesund. Prüfend ging ich mehrmals vor dem verlassenen *trullo* auf und ab. Was hätte man da an Geld und Arbeit hineinzustecken? Strom und Wasser müssten verlegt werden. Und wie schwierig und aufwändig würde es sein, in einem fremden Land ein Haus zu renovieren? Ich sah schon meine Kinder und meine Freunde hier um mich versammelt – zu faulen, müßigen Mittagessen im Freien, die sich bei Wein und heiteren Gesprächen bis in den Abend dehnten.

Auf einem entfernten Feld bemerkte ich einen Bauern bei der Arbeit und vermutete, dass das Anwesen ihm gehörte. Sollte ich es wagen, ihn anzusprechen?

Ich kam zur Besinnung und setzte mich wieder in meinen Wagen.

»Ich habe unten an der Straße einen tollen *trullo* entdeckt, den man renovieren könnte«, erzählte ich Mama, als ich nach Hause kam und meine Einkäufe auspackte.

»Oh, das ist ja spannend. Vielleicht sollten wir ihn uns mal näher ansehen«, meinte sie und rieb sich vergnügt die Hände. Das sind die Momente, in denen ich weiß, dass sie meine Mutter ist und ich meinen Renovierungsfimmel auf ehrlichem Weg erworben habe.

Sie bemerkte die vielen Lebensmittel auf der Arbeitsplatte. »Wozu hast du das ganze Zeug eingekauft? Wir reisen doch in ein oder zwei Tagen ab.«

»Ich habe endlich den Supermarkt gefunden, den wir immer gesucht haben«, erklärte ich. »Den DOK, du weißt schon. Vor lauter Aufregung habe ich wohl mehr gekauft, als wir brauchen. Tut mir leid.«

»Du hast nicht zufällig auch ein paar Kleidergeschäfte gesehen? Ich brauche dringend was zum Anziehen. Ich habe meine ganzen guten Sachen zu Hause gelassen.«

»Warum hast du sie nicht mitgenommen?«

»Ich wollte sie für besondere Anlässe schonen.« Sie versuchte so zu tun, als wäre es reine Umsicht gewesen. So ein Unsinn. Als wäre eine Italienreise kein besonderer Anlass.

»Mal ehrlich«, sagte ich, während ich einen Karton Milch in den Kühlschrank stellte, »wie kommt jemand, der an Inkontinenz leidet, auf die Idee, weiße Hosen wären praktisch. Und weil wir gerade beim Thema sind, bist du jetzt so weit, dass du das Haus verlassen kannst?«

»Noch nicht ganz, aber bald.«

Also verzog ich mich mit meinem Sudokubuch wieder auf die Liege auf der Terrasse.

Keine zehn Minuten später hörte ich meine Mutter nach mir rufen. Als ich mich umdrehte, sah ich sie an der Hintertür des *trullo* aufgeregt nach mir Ausschau halten.

»Jane? Wo bist du?«

Zittrig trippelte sie von einer Ecke der Terrasse zur anderen und rief immer wieder meinen Namen.

»Hier!«, rief ich. »Hier! Hier!« Ich wedelte mit den Armen, aber sie sah und hörte mich nicht. Lieber Gott, wenn sie sich doch nur ein Hörgerät zulegen würde!

Sie verschwand um eine Ecke des *trullo*, um laut rufend weiter nach mir zu suchen.

Ich stand von der Liege auf und lief ihr nach. Aber selbst als ich ihr dicht auf den Fersen war, hörte sie mein »Hier bin ich« nicht.

Als ich sie endlich einholte, wollte ich ihr eigentlich einen Klaps auf die Schulter geben, tat es dann aber doch nicht. Ich rannte zurück und auf der anderen Seite ums Haus herum, sodass sie mich kommen sehen konnte. Ich wollte sie nicht von hinten zu Tode erschrecken.

»Wo warst du denn?«, fragte sie beunruhigt. »Ich dachte schon, du wärst verschwunden oder irgendwo in ein Loch gefallen, und ich säße für immer hier fest.«

»Ich hab nur da drüben hinter dem Busch gesessen«, erklärte ich ruhig und deutete auf mein Fleckchen in der Sonne.

»Ah, du bist mit dem Busch verschmolzen.« Sie lächelte, langsam beruhigte sie sich wieder. »Und wann tust du endlich mal was gegen deine buschigen Haare?«

»Komm, machen wir einen Ausflug«, schlug ich in munterem Ton vor. »Hat dein Abführmittel gewirkt?«

»Ja, ich glaube, es ist alles in Ordnung.«


Unser Ziel war das ungefähr eine Stunde Autofahrt südwestlich von Alberobello gelegene Matera.

Es ist eine der ältesten Städte der Welt, man hat in der Umgebung Spuren von menschlichen Siedlungen aus der Steinzeit gefunden – einer Zeit, die mehr als zehntausend Jahre zurückliegt –, als Jäger in den Höhlen, die die zurückweichenden Gletscher der Eiszeit hinterlassen hatten, Schutz und Obdach fanden. Aber auch Höhlenbewohner möchten es irgendwann gern ein bisschen kultivierter haben, und so begannen sie, mit Flintsteinäxten Wohnräume und Kultstätten aus den natürlichen Höhlen und Spalten des gewaltigen Tuffsteinhangs herauszuhauen, der Matera und seine Umgebung beherrscht.

Als wir aus dem Auto stiegen, um uns über die gähnende Gravinaschlucht hinweg Matera anzusehen, vergaßen wir einen Moment, dass wir uns in Italien befanden. Der Anblick hätte eher in den Nahen Osten gepasst: endlose, einander überlagernde Terrassen in weißen Stein gehauener Behausungen und Höhlen. Auch Mel Gibson hat das so gesehen und wählte deshalb für seinen Film *Die Passion Christi* diesen Ort als Kulissendouble für Jerusalem.

»Das ist unglaublich«, hauchte Mama hingerissen. »Ich habe so etwas noch nie gesehen.« Sie wandte sich mir zu. »Du musst dich hier ganz zu Hause fühlen.«

Sie spielte darauf an, dass ich als junges Mädchen eine Zeit lang unbedingt als Höhlenbewohnerin mein Leben hatte fristen wollen. Ich legte ihr den Arm um die Schultern und drückte sie zum Dank dafür, dass sie sich erinnert hatte. Es war ja so lange her.

Eines Abends – ich war damals ungefähr achtzehn und hatte gerade die Highschool abgeschlossen – kam das Gespräch beim Essen ganz zufällig (in der Rückschau frage ich mich allerdings, ob wirklich so zufällig) auf die Frage, was ich mit meinem Leben anfangen wollte. Ich teilte meinen Eltern sachlich mit, dass ich mich entschlossen hatte, in Zukunft in der Schweiz in einer Felsenhöhle zu leben, mein eigenes Gemüse zu ziehen und Gitarre zu spielen. Dass ich noch nie in der Schweiz gewesen war, spielte für mich ebenso wenig eine Rolle wie die Tatsache, dass ich weder jemals auch nur einen einzige Strunk Gemüse selbst gezogen hatte noch überhaupt eine Gitarre besaß. Es war Anfang der Siebzigerjahre, und in mir wohnte die Seele eines Hippies.

Den erschütterten Blicken, die meine Eltern über den Esstisch hinweg tauschten, entnahm ich, dass sie die Idee nicht gerade grandios fanden, aber sie lehnten sie auch nicht rundweg ab, was ich ziemlich anständig von ihnen fand. Sie wechselten nur vorsichtig das Thema.

Zwei Wochen später fand ich auf dem Frühstückstisch einen Flugschein und ein Briefchen meiner Eltern, in dem sie mir eröffneten, dass sie auf eigene Faust die Initiative ergriffen und bei der Carleton Universität in Ottawa eine Bewerbung unter meinem Namen eingereicht hatten. Ich sollte noch am selben Tag nach Ottawa fliegen, mich ordnungsgemäß anmelden, mir eine Unterkunft suchen und zum Abendessen mit einem ausführlichen Bericht meiner Expedition zurück sein.

Ich gehorchte. Man könnte meinen, ich wäre wütend gewesen, aber das war ich nicht. Manchmal brauche ich einen Tritt in den Allerwertesten. Meine Eltern hätten mir einen Tritt in Richtung Universität oder in Richtung Europa geben können. Der springende Punkt ist, dass ich einen Anstoß brauchte, um in die Gänge zu kommen. Ich hatte damals nicht die blasseste Ahnung, was ich eigentlich wollte.

»Ich glaube, dein Vater und ich haben die richtige Entscheidung für dich getroffen«, meinte Mama. »Du warst – na ja – was hältst du denn heute von der Idee? Meinst du, es hätte dich glücklich gemacht, in einer Höhle zu hausen?«

»Nur wenn es eine mit Küche und Bad gewesen wäre«, scherzte ich.

Den Blick auf diese großartige Höhlensiedlung gerichtet, die meine kühnsten Träume übertraf, erging es mir, wie es mir oft ergeht, wenn plötzlich eine Erinnerung an alte Entscheidungen auftaucht: Ich versuchte, mir vorzustellen, welchen Verlauf mein Leben genommen hätte, wenn ich meinem Herzen statt den Vorgaben meiner Eltern gefolgt wäre. Mir hätten vielleicht die Stabilität und die Möglichkeiten gefehlt, Mutter zu werden, und das wäre traurig gewesen. Ich bin so gern Mutter. Andererseits bin ich eine ziemlich patente Person und hätte mein Leben sicher gemeistert. Früher oder später hätte ich mir eine Arbeit gesucht. Ich kann nicht behaupten, dass die Schweiz als Wohnort meine erste Wahl gewesen wäre, aber vielleicht hätte mir jemand von den italienischen Höhlen erzählt und ich wäre hierher übergesiedelt. Ich hätte Italienisch gelernt, vielleicht einen reichen, attraktiven Italiener getroffen. So viele Vielleicht.

Wir fuhren nach Matera hinein, um die Stadt selbst zu besichtigen.

Wenn ein Ort verdient, dass man ihn zu Fuß erkundet, ist es Matera. Die italienischen Behörden sind offenbar der gleichen Ansicht. Wie in manchen anderen Städten Italiens ist das *centro storico* für den Autoverkehr rigoros gesperrt, und jeder, der gegen das Verbot verstößt, muss damit rechnen, dass die überall platzierten Sicherheitskameras ein Bild von ihm und seinem Fahrzeug schießen. (Sechs Monate nach unserer Reise lag ein Bußgeldbescheid aus Matera in meinem Briefkasten. Ich dachte daran, ihn anzufechten, nur um nach Matera zurückkehren zu können, aber die Mietwagengesellschaft hatte den Betrag vorsorglich gleich über meine Kreditkarte kassiert.)

»Steig du ruhig aus und sieh dich um. Mach dir um mich keine Sorgen«, sagte Mama, nachdem wir an der Schlucht entlang die Via Madonna delle Virtù hinuntergefahren waren.

»Nein, ist schon gut«, log ich. »Ich will dich nicht allein im Auto sitzen lassen.«

Aber sie ließ nicht locker, und schließlich hielt ich am Straßenrand an, sprang hinaus und rannte eine schmale Treppe mit ausgetretenen Steinstufen hinauf. Mit knapper Not entging ich dem Zusammenprall mit einem Wasserspeier, dann erreichte ich die Terrasse eines reizenden Hotels. Ein paar weiße Eisentische und Stühle standen draußen, grüne Pflanzen in Terracottatöpfen hoben sich lebhaft von den sonnengebleichten Steinmauern ab.

Von der Terrasse sah ich hinunter auf ein Gewirr mit Kopfstein gepflasterter Gassen und Straßen. Manche davon führten über die Dächer einiger der Höhlenhäuser hinweg, die eng miteinander verschachtelt in der weißen Tuffsteinwand zu hängen schienen, das eine oder andere mit kunstvoll gemeißelten Türumrandungen. Die kleinen Fenster und Türnischen hoben sich als schwarze Rechtecke vom gleißenden Nachmittagslicht ab. Ich nahm mir fest vor, bald wieder hierherzukommen.

Dann rannte ich die Treppe wieder hinunter zum Wagen. Überraschung! Mama war nicht eingeschlafen.

An Höhlen vorbei, die in erstaunlich moderne Geschäfte, Restaurants und Vinotheken verwandelt worden waren, machten wir eine Rundfahrt durch die Stadt. Ein Call Center hatte einen ganzen Höhlenkomplex übernommen, sein Computersystem im einen Teil untergebracht, das Call Center mit fünfhundert Leuten im anderen. Von der Steinzeit zu Hightech – das ist eine Mischung von historischer Architektur und modernem Leben, die ich ungeheuer spannend finde.

Es ist noch nicht so lange her, da wurden die Höhlensiedlungen von Matera als »nationale Schande« bezeichnet. Noch in den Siebzigerjahren des letzten Jahrhunderts lebten Mensch und Tier unter unzumutbaren hygienischen Bedingungen in den primitiven alten Höhlen zusammen. Die Kindersterblichkeit betrug um die fünfzig Prozent. Als die Malaria dort immer mehr Menschenleben forderte, sah die italienische Regierung sich endlich genötigt, etwas zu unternehmen. Die Höhlenmenschen moderner Zeit wurden in Vorstadtwohnungen umgesiedelt.

Es begann, langsam dunkel zu werden, als wir die Rückfahrt nach Alberobello antraten. Diesmal fuhren wir über Land, anstatt die Schnellstraße zu nehmen. Wir kamen an mächtigen Steintoren vorüber, hinter denen einst ein hochherrschaftliches Landhaus oder ein Kloster gestanden hatten, und fuhren durch Dörfer mit filigranen eisernen Balkonen und von Kirchen beherrschten Piazze, wo Kinder Fußball spielten und auf Fahrrädern herumsausten.

»Zu schade, dass wir nur ein Leben haben«, seufzte Mama bekümmert, den Blick zum Fenster hinaus gerichtet.

»Warum sagst du das?«

»Jetzt weiß ich, was möglich ist, und es ist zu spät«, antwortete sie.

»Was hättest du denn anders gemacht?«

»Meinen Mann und meine Kinder hätte ich niemals getauscht, aber ich hätte vielleicht ein großartiges altes Tor in Italien gekauft und dahinter etwas Schönes erbaut. Ich hätte mich vielleicht entschieden, an einem anderen Ort zu leben.«

Wir bogen von der SS172 auf die Straße zu unserem *trullo* ab, und ich zeigte ihr dessen verlassenen Kollegen, um den ich früher am Tag herumgeschnuppert hatte.

»Hinreißend«, begeisterte sich Mama. »Du musst unbedingt einen Makler auftreiben.«

# Castel del Monte, Potenza

Wären wir noch einige Tage länger in Alberobello geblieben, hätte ich vielleicht wirklich einen Immobilienmakler aufgesucht.

Ich hatte die Gegend richtig lieb gewonnen – die putzigen *trulli*, die weiten, von niedrigen Steinmauern umschlossenen Felder, das ruhige, ländliche Leben, die uralten Olivenbäume mit den knorrigen Stämmen und dem weit ausladenden Geäst. Es schien mir ein einfaches, ursprüngliches Land, ein Land, das einen Neuankömmling vielleicht mit Geduld aufnehmen würde.

Am folgenden Morgen sagten wir unserem *trullo* bei strömendem Regen Lebwohl und nahmen Kurs nach Norden, in Richtung Castel del Monte, das zwischen Bari und Melfi liegt. Ich hatte mir noch nicht genau überlegt, wo wir übernachten würden, aber nach dem Studium der Karte schien mir Melfi ganz geeignet.

Als Erstes jedoch hielten wir an einer Tankstelle. Nachdem ich wieder brav mein *il pieno*-Sprüchlein aufgesagt hatte, nahmen wir mit dem Tiger im Tank die Fahrt nach Bari in Angriff. Ich hatte eigentlich einen kurzen Abstecher in die Stadt vorgehabt, aber bei dem dichten Verkehr verging mir die Lust, und ich beschloss, ohne Aufenthalt weiterzufahren.

»Schau mal! IKEA«, rief Mama so aufgeregt, wie Columbus wahrscheinlich bei seinem ersten Blick auf Nordamerika war.

»Du willst doch nicht im Ernst zu IKEA gehen.«

»Warum nicht?«, fragte sie beleidigt. »Die Tochter meiner Freundin Kitty ist Einkäuferin bei IKEA. Ich könnte ein Foto von dem Laden hier machen und es ihr mitbringen. Außerdem mag ich IKEA.«

Ich hielt es für das Beste, sie zu ignorieren.

Der Regen hatte endlich aufgehört, und die Sonne hauchte der Luft ein wenig heiß ersehnte Wärme ein. Wir fuhren von der E55 ab und folgten den Schildern nach Bitonto, das auf dem Weg nach Castel del Monte liegt, einem der Schlösser Friedrichs II. Überall in Süditalien war ich den Hinterlassenschaften des großen Staufers begegnet, nun wollte ich seinem Geist einen Besuch abstatten.

»Durch Bitonto«, erzählte ich meiner Mutter in bedeutungsschwangerem Ton, als wir in die Stadt einfuhren, »kam im Dezember 1250 der Leichenzug Friedrichs II. – genau hier, über die Piazza – auf dem Weg nach Tarent, wo das Schiff wartete, das den toten Kaiser zu seinem Begräbnis nach Palermo bringen sollte. Stell dir das nur mal vor. Und wir werden jetzt gleich eines der Schlösser dieses Kaisers besichtigen.«

»Warte!«, rief Mama völlig unbeeindruckt. »Halt an. Da ist ein Kleidergeschäft.«

Ich lenkte den Wagen in die nächste freie Parklücke. Mama hatte ihre Tür offen, bevor ich noch richtig angehalten hatte. Friedrich interessierte sie einen Dreck; sie wollte shoppen. Ich konnte sie verstehen; wir brauchten beide dringend etwas Warmes zum Anziehen. Ich hatte versucht, mit den Sachen zurechtzukommen, die ich dabeihatte – Garderobe für eine Hitzewelle –, aber ganz gleich, wie viele Schichten ich übereinander anzog, ich fror immer.

Wir stürmten in den Laden wie ein Sonderkommando der Polizei, und als wir wieder herauskamen, hatten wir zwei Pullis sichergestellt.

Die legendäre Via Appia brachte uns aus Bitonto hinaus in eine flache Landschaft unter einem weiten Himmel. In der Ferne, hinter den Feldern, glänzten schneebedeckte Berggipfel, sanfte grüne Täler zu ihren Füßen.

Es gab so viel zu staunen, und manches Auge staunte selbst über das Alltägliche.

»Schau mal, die vielen Kreuze«, seufzte meine Mutter beeindruckt. »Ist das nicht ein wunderbarer Anblick?«

»Das sind Elektrizitätsmasten, Mama.«

Gegen Mittag fuhren wir die Anhöhe zum Castel del Monte hinauf, dieser rätselhaften oktogonalen Burganlage, zu deren Errichtung Friedrich II., der angeblich selbst an der Planung beteiligt war, im Jahr 1240 den Befehl gab, um seine Herrschaft über Apulien zu festigen. Die Burg ist eines von mehr als zweihundert Bauwerken, die Friedrich im Lauf seiner achtunddreißig Jahre währenden Regierungszeit schuf. Die damalige Bauzunft muss ihm die Füße geküsst haben vor Dankbarkeit. Die Fassade aus leicht rosa schimmerndem weißem Stein und die Gestalt des Gebäudes, die an eine Krone erinnert, haben auf den ersten fernen Blick beinahe etwas kindlich Verspieltes, aber wenn man näher kommt, beschleicht einen leichter Grusel.

Die Burg gibt Historikern und Archäologen noch heute Rätsel auf. Für ein Lustschloss ist sie nicht prunkvoll, für eine Festung nicht bedrohlich genug, zu freundlich für ein Gefängnis und zu streng für ein Jagdschloss. Uns zeigte sich Castel del Monte eher von seiner abweisenden als von seiner rätselhaften Seite. Friedrich hatte beim Bau offensichtlich nicht an Mama gedacht. Nirgends war ein Hinweis auf einen Zugang für Behinderte zu entdecken.

Wir stellten den Wagen auf dem weit entfernten Parkplatz ab, klappten Mamas treuen metallic-roten Freund auseinander und marschierten langsam und mühselig zuerst eine Schotterstraße entlang und dann eine holprige Treppe zur Burg hinauf.

Es brachte Mama beinahe um. Minutenlang tappte sie schwer keuchend und mit qualvoll verkrampftem Gesicht Schritt für Schritt voran. Sie war so sehr außer Atem und hatte so starke Schmerzen, dass ich fürchtete, sie würde zusammenbrechen.

»Warte hier. Ich frage mal nach, ob das nicht auch anders geht«, sagte ich schließlich. Ich sprintete los und rannte ein Dutzend steiler Stufen zum Burgtor hinauf.

»*Mia madre è disabile*«, erklärte ich dem jungen Mann am Kartenverkaufsschalter ungeduldig. Wer Behinderten Gehör verschaffen will, muss laut und penetrant sein. Ich hoffte, er würde die Befugnis haben, mir zu erlauben, meine Mutter direkt zur Burg hinaufzufahren, wo vielleicht eine Rampe oder Ähnliches ihr den Zugang erleichtern würde. Er besprach sich mit einem Kollegen, dann meinte er, ich solle unten im Restaurant gegenüber vom Parkplatz nachfragen. Um in die Burg zu gelangen, müsse meine Mutter aber auf jeden Fall die Treppe zum Eingangstor hinaufsteigen.

Ich rannte zu Mama zurück, um ihr Bescheid zu sagen. Ihr Gesicht war schweißnass.

»Wir müssen leider den ganzen Weg zum Auto zurückgehen«, erklärte ich kopfschüttelnd und wünschte von Herzen, ich hätte ihr etwas Erfreulicheres mitteilen können.

Der Ausdruck ihres Gesichts passte nicht zu ihren Worten. »Das geht schon.«

Wir gingen wieder los, schwer und schleppend kehrten wir zum Auto zurück. Nachdem ich Mama hineingeholfen und den Rollator wieder im Kofferraum verstaut hatte, lief ich zum Restaurant hinüber und bat darum, die Sperrkette zu lösen, damit wir zur Burg hinauffahren konnten.

»*Momento.*«

Warum nur trifft mein »*Andiamo!*« so oft auf ein »*Momento*«?

Nach einer Wartepause, während der ich die ganze *Wilhelm Tell*-Ouvertüre auf dem Lenkrad herunterklopfen konnte, rollten wir über knirschenden Schotter zur Burg. Ich parkte den Wagen so dicht wie nur möglich vor der Treppe zum Eingang.

»Wie fühlst du dich?«, fragte ich Mama. »Die Treppe sieht steil aus.«

»Das werde ich schon schaffen«, erwiderte sie entschlossen und kämpfte sich aus dem Auto. »Sie hat ja ein Geländer, das hilft.«

Im Schneckentempo arbeitete sie sich die Treppe hinauf, indem sie sich am Geländer von Stufe zu Stufe aufwärtszog. Ich musste an eine Zeit vor gut zwanzig Jahren denken, als ich mit meinen kleinen Kindern das Treppensteigen geübt und ihnen gezeigt hatte, wie man zuerst den einen Fuß auf die Stufe stellt, dann den anderen nachholt und immer so weiter. Wo waren die Jahre geblieben? Niemand hatte mir damals gesagt, dass ich später das Gleiche noch einmal mit meiner Mutter durchexerzieren würde.

Als Mama oben angelangt war, streckte ich triumphierend einen Daumen in die Höhe und applaudierte dann leise, wie ich es ganz ähnlich bei meinem Nachwuchs immer getan hatte. Der Ausdruck »zweite Kindheit« begann mir langsam einzuleuchten.

Die nächste Hürde, die Mama mit ihren unwilligen arthrosekranken Kniegelenken nehmen musste, war die ungefähr dreißig Zentimeter hohe Türschwelle. Mama hielt sich an einem Türpfosten fest, der schon beinahe ein Jahrtausend stand, holte einmal tief Atem und bezwang auch dieses Hindernis.

Am Kartenverkaufsschalter schnappte ich mir den jungen Mann von vorhin. Diesmal fragte ich nach einem Rollstuhl. Er machte das gleiche entgeisterte Gesicht wie bei meiner ersten Anfrage. Wieder musste er sich mit seinem Kollegen besprechen.

»Kein Rollstuhl«, teilte er mir förmlich mit.

»Was seid ihr eigentlich für ein beschissenes Pack hier, dass ihr überhaupt nicht an die Behinderten denkt?!«

Nein, das habe ich nicht gesagt, es lag mir aber auf der Zunge. Stattdessen wandte ich mich Mama zu und verdrehte die Augen.

»Ich schaff das schon«, wiederholte sie mit einem mühsamen Lächeln. »Komm, schauen wir uns den Laden mal an.«

Also, ich verstehe ja, dass der alte Friedrich in seinem Baurausch anderes im Kopf hatte als Asthma, Arthrose und Töchter, die ihre Mutter samt deren infernalischen roten Rollator durch sein Reich lotsen müssen, aber auch achthundert Jahre später bleiben die Probleme weithin unbeachtet. Gerade von Orten, die vom Tourismus leben und wo sonst alles getan wird, um Besucher anzulocken, hätte ich anderes erwartet. Und es geht ja nicht nur um die Behinderten, es geht auch um Menschen wie – na ja, wie mich, die eine behinderte Person begleiten. Ich wusste nicht mehr, wie oft ich hin und zurück und von hier nach dort gerannt war, um dafür zu sorgen, dass meine Mutter die Sehenswürdigkeiten, die mich interessierten, mit mir zusammen genießen konnte. Meine Knie werden auch nicht jünger, und wenn sie den Geist aufgeben, muss meine Mutter sehen, wo sie bleibt. Wäre es nicht vernünftig, so zu planen, dass alle teilhaben können? Wäre leichte Zugänglichkeit nicht für alle von Nutzen – von den Alten im Rollstuhl bis hinunter zu den Krabbelzwergen im Kinderwagen?

Ich packte meine schwungvollen Reden weg, während ich durch die Räume von Friedrichs düsterer Burg streifte. Es gab nur wenige Fenster und selbst die waren bemerkenswert klein im Verhältnis; ins Innere der acht Türme fiel nur durch Schießscharten Licht.

Die Türme hatten Wendeltreppen, Ausgucke und sogar Toiletten. Trotzdem hoffte ich, Mama würde Friedrichs sanitäre Anlagen nicht prüfen müssen.

Die Innenräume standen in starkem Gegensatz zum gefälligen äußeren Eindruck. Drinnen ist Castel del Monte düster und bedrückend. Wenn man durch die Räume geht, wird der Blick auf eines der drei Portale gelenkt, die in den achteckigen Innenhof führen, in dem einst ein ebenfalls achteckiger Brunnen stand. Der gute Fritz scheint besessen gewesen zu sein von der Zahl acht.

Die acht Räume in jedem der zwei Stockwerke waren alle miteinander verbunden; man konnte das Schloss nicht verlassen, ohne alle Räume zu durchschreiten. Ich konnte mir nicht vorstellen, dass ich wahnsinnig begeistert gewesen wäre, wenn Friedrich mich zu einem Wochenende auf Castel del Monte eingeladen hätte. Der Aufenthalt hier schien mir eher eine Strafe zu sein.

Nach Friedrichs Tod diente die Burg vor allem als Verbindungsglied in einem Netzwerk von Festungen und Burgen, und viel später, im siebzehnten Jahrhundert, flüchteten die adligen Familien der Umgebung vor der Pest hierher. Danach wurde die Burg nicht mehr bewohnt und dem Verfall überlassen, bis sie im neunzehnten Jahrhundert ganz offen von Hirten, flüchtigen Verbrechern, politischen Flüchtlingen, ach, eigentlich jedem, der vorbeikam, als Unterkunft genutzt wurde. Plünderer raubten den Marmor, die Mosaiken, die Einrichtungsgegenstände und zerstörten die architektonische Einheit der Burg. Von Kaminen fehlen die Simse und die Hauben, und wenn man die imposante Größe der Kaminöffnungen bedenkt, kann es nicht ganz einfach gewesen sein, sie mitzunehmen. Man fragt sich, wie viel Gier und Ignoranz es braucht, damit Menschen sich das Recht herausnehmen, so ein Bauwerk – auch wenn es verlassen scheint – bis aufs Letzte auszurauben. Wahrscheinlich hat diese Frage kaum Belang in einem Land, das wie Italien über ein so reiches Erbe an historischen Bauten und großartiger Architektur verfügt.

Im Jahr 1876 schließlich griff reichlich verspätet der italienische Staat ein und kaufte Castel del Monte. Man brauchte weitere fünfzig Jahre, um sich über einen Restaurierungsplan zu einigen, und das Projekt ist bis heute nicht abgeschlossen.

Wir Nordamerikaner glauben, dass das Bestreben, historische Zeugnisse zu erhalten und zu restaurieren, der europäischen Seele quasi eingebrannt ist, aber das trifft nicht immer zu. Bauten wie Castel del Monte wurden – und werden auch heute noch – oft Plünderern und unberechtigten Eindringlingen preisgegeben. Heute scheint kein Bauwerk oder bauliches Ensemble mehr vor der Abrissbirne sicher zu sein, wenn nicht die UNESCO in die Bresche springt und es zum Weltkulturerbe erklärt, wie sie das 1996 mit Castel del Monte tat. Ihr sei Dank dafür. Die Architektur ist ein sichtbares Zeugnis der Geschichte eines Volkes, und das Bestreben, diese Zeugnisse zu erhalten, ist ein sichtbares Zeichen des Bekenntnisses eines Staates zur eigenen Geschichte.

Aber die Erhaltung eines Bauwerks ist ziemlich sinnlos, wenn man nicht ein Schild aufhängt, das dem Besucher über seine Bedeutung Auskunft gibt. In dieser Hinsicht ist man in Italien mehr als nachlässig. Selten sind Werke von historischem Interesse gekennzeichnet oder mit einem erklärenden Text versehen. Man sieht die Touristen meist verwirrt und ratlos auf der Suche nach einem Hinweis auf Sinn und Zweck des Objekts herumirren, zu dem man sie geführt hat.

Ja, sicher, man kann sich für fünf Euro einen Führer kaufen, aber es ist lästig, die Dinger mit sich herumzuschleppen, und am Ende der Reise sind die Koffer zehn Kilo schwerer von einer Pseudobibliothek aus Führern, die man wahrscheinlich kaum je wieder aufschlägt.

In einem kleinen Begleitheft, das ich im Souvenirladen von Castel del Monte bekam – ja, ich bin eingeknickt und habe eines gekauft –, wird dem Leser vom apulischen Amt für Denkmal- und Umweltschutz versichert, dass das zuständige Ministerium »eine Politik verfolgt, deren Ziel es ist, den Erwartungen der Touristen sowohl in qualitativer als auch in quantitativer Hinsicht besser zu entsprechen«.

Wissen Sie, was meiner Meinung nach die beste Hilfe wäre? Eine Karteikarte mit ein paar Fakten, die neben dem betreffenden Objekt angebracht wird. Das würde wesentlich dazu beitragen, »die Erwartungen der Touristen« zu erfüllen.

Ich kam zu einer – natürlich nicht gekennzeichneten – Treppe und folgte ihr auf meiner Jagd nach Informationen.

Ich wanderte von Raum zu Raum und gelangte schließlich in die *sala del trono*, den Thronsaal (Hurra, diese Erkenntnis entnahm ich dem Begleitheft!). Vier ausgetretene Stufen führten hinauf zu einer gemütlichen Fensterbank. Auf ihr ließ ich mich niederplumpsen und genoss den Blick auf das weite Land, das sich bis zur Adria ausdehnte. Ein dichter grüner Gürtel aus Tannen und Föhren umgab die Burg, eine natürliche Mauer und ideales Jagdrevier für Friedrich.

Unter den historischen Gestalten Italiens gehört der Staufer zu meinen Favoriten. Ich staunte über seine Leistungen auf den unterschiedlichsten Gebieten, von denen die ungewöhnlichste sein Buch über die Falknerei ist: *De Arte Venandi cum Avibus* (*Von der Kunst mit Vögeln zu jagen*), die erste wissenschaftliche ornithologische Untersuchung zu diesem Thema.

Ich fand es bemerkenswert, dass ein Mann, der über ein riesiges Reich herrschte – er war deutscher König, römischer Kaiser, König von Italien, von Jerusalem, von Sizilien und von Burgund –, der in ständigem Kampf mit der Kirche lag und es schaffte, sein ausgedehntes Reich erfolgreich gegen alle Angriffe zu verteidigen, der unablässig Schlösser und Festungen baute, noch Zeit hatte, sich mit seinen Vögeln zu beschäftigen und dazu eine naturwissenschaftlich ausgerichtete Abhandlung über sie zu schreiben. Friedrich war bestimmt kein Langschläfer.

Eine Turmtreppe neben dem Saal, in dem ich mich befand, ging zu der Dachterrasse hinauf, wo Friedrich mit seinen Falken gearbeitet hatte. Von einem der Wächter wurde ich nachdrücklich darauf hingewiesen, dass der Zutritt zum Dach streng verboten war, aber das hinderte mich nicht daran, versuchsweise am Türriegel zu rütteln. Vielleicht hatte ja jemand vergessen abzusperren.

Leider war dem nicht so, und ich wandte meine Aufmerksamkeit dem Inneren des Raums zu, den schlanken aufsteigenden Kreuzrippen seines Gewölbes, dem Muster des Mauerwerks, den hohen Bündelsäulen, von denen manche sich nach oben verjüngten, andere reich mit Akanthuslaub verziert waren. Man sah noch die leeren Stellen, wo Plünderer den rosafarbenen Marmor herausgerissen hatten, der einst einen Torbogen oder eine Tür umrahmt hatte. Selbst an heutigen Maßstäben gemessen, beeindruckte die Präzision der Arbeit, die an den restlichen dekorativen Details noch zu erkennen war.

Ich stellte mir den Raum mit Möbeln und Zierrat eingerichtet vor. Hatte das Bett dort drüben gestanden? Hatte ein Bediensteter in dieser Wandnische Kleider aufgehängt oder säuberlich gestapelt? Hatte auf dem Boden ein großer, üppiger rubinroter Teppich gelegen, ein Geschenk eines persischen Sultans vielleicht?

Ich liebe dieses Spiel und spiele es oft. Zuerst stelle ich mir ein Zimmer im Glanz seiner alten Pracht vor. Dann räume ich es leer und richte es mit meinem eigenen Kram (oder Dingen, die einmal mein Eigen waren) neu ein. Wenn ich dann gehe, habe ich fast das Gefühl, den Raum in Besitz genommen zu haben. Man könnte vielleicht sagen, ich markiere ihn wie ein Hund sein Revier.

Ein Windstoß rüttelte kurz an den Fenstern. Mich schauderte unwillkürlich, und es drängte mich plötzlich zu gehen.

Im Erdgeschoss fand ich Mama in erregter Diskussion mit zwei Leuten hinter dem Schalterfenster, die kein Wort Englisch sprachen.

»Ich habe meine Tochter verloren«, hörte ich Mama sagen. »Sie müssen sie suchen, bitte!«

»Ist alles in Ordnung?«, fragte ich und ging schnell auf sie zu.

»Oh, da bist du ja!«, rief sie immer noch aufgeregt. »Wo warst du denn? Ich wollte schon einen Suchtrupp nach dir ausschicken lassen. Ich dachte, dir wäre was passiert.«

»Ich war nur oben«, antwortete ich und stellte mit einem Blick auf meine Uhr fest, dass ich kaum eine Viertelstunde weg gewesen war. »Alles in Ordnung mit dir?«

»Bestens. Ich habe mir nur Sorgen gemacht.«

Warum glaubte diese Frau immer, sie würde mich verlieren? Ich nahm sie bei der Hand und half ihr über die Türschwelle und dann die Treppe hinunter, um zum Auto zurückzukehren. Sie war immer eine selbstständige Frau gewesen, die gut für sich selbst sorgen konnte, aber jetzt erkannte ich an ihr allmählich die Bedürftigkeit und die Ängstlichkeit, die sich mit dem Alter einstellen.

Als wir abfuhren, blickte ich noch einmal zur Burg zurück. Der rosige Ton ihres Steins leuchtete lebhaft vor den bleigrauen Wolken, die sich unheildrohend hinter ihr zusammenballten.

Wir machten in dem Restaurant gleich am Anfang der Auffahrt halt und wurden drinnen von angenehmer Wärme und dem Geruch eines offenen Feuers empfangen. Ich bestellte für jede von uns ein Glas roten Castel del Monte und sah mir die Speisekarte an.

Der Kellner versuchte, uns die Orechiette aufzudrängen, die uns bisher in jedem Restaurant mit der Beteuerung empfohlen worden waren, es seien die besten weit und breit.

Ich hatte keine Lust zu einem neuen Versuch. Ich nahm lieber die Antipasti – Schinken, Mozzarellahäppchen, Provolone, Artischocken, gegrillte Auberginen und Zucchini. Es schmeckte richtig gut.

»Gott sei Dank, dass du uns das bestellt hast.« Mama griff mit Appetit zu. »Noch eine Ladung Pasta hätte ich nicht ertragen.«

Als wir wieder im Auto saßen, drehten wir erst einmal die Heizung auf, dann zog ich meine treue alte Karte heraus und zeichnete mit dem Finger eine Route in westlicher Richtung nach, die uns hoffentlich zu einem angenehmen Nachtlager führen würde.

»Wohin geht's jetzt?«, fragte Mama lebhaft. Nach dem Essen ist sie immer munter.

»Nach Melfi. Das ist nicht allzu weit. Dort übernachten wir.«

»Haben wir was reserviert?«

»Nein. Darüber haben wir doch heute Morgen gesprochen, Mama. Heute improvisieren wir mal. Weißt du noch?«

»Was gibt es in Melfi?«

»Keine Ahnung, aber ich hoffe, Hotels«, antwortete ich und ließ den Motor an.

Ich brauchte eine Ruhepause. Die ewige Fahrerei machte mich fertig. Ich wünschte mir nur noch ein bequemes Sofa und stündliche Infusionen von Gin and Tonic. Ich wollte zur Abwechslung einmal nicht denken oder planen, keine Entscheidungen treffen oder Fragen beantworten müssen.

»Schau dir mal die Schneewolke da oben an.« Durch die Windschutzscheibe zeigte Mama zum Himmel.

»Quatsch«, meinte ich. »Heute ist der erste Frühlingstag. Außerdem fällt in diesem Teil Italiens kein Schnee.«

Keine Stunde später säumten knöcheltiefe Schneewehen die Straße. Ich blickte zu den offenen Sandalen an unseren Füßen hinunter und stöhnte laut. Was war aus der globalen Erwärmung geworden?

Irgendwie verpassten wir die Ausfahrt nach Melfi. Die Schilder zeigten als Nächstes Potenza an. Heftiger Wind begann den Wagen zu schütteln. Um uns wirbelten die Schneeflocken, setzten sich auf die Motorhaube und stoben gleich wieder wie wild in die Höhe. Ich fuhr schneller, um Potenza noch vor Einbruch der Dunkelheit zu erreichen.

Es war sechs Uhr, als wir uns im *Grande Albergo Potenza* eintrugen. Wir sahen ziemlich albern aus, als wir da in unserer leichten Kleidung und den Sandalen vor dem Empfang standen, wie Flüchtlinge neben den leicht irritierten Geschäftsleuten in ihren vernünftigen dunklen Wollmänteln.

In unserem Hotelzimmer blickte der Abendhimmel durchs Fenster, als wir die Jalousien hochzogen, und in der Ferne waren die Berge und flimmernde Lichter zu erkennen. Unter uns zischten Autos mit Schnee auf dem Verdeck durch matschige Straßen. Wir schienen in einen Schweizer Wintersportort versetzt worden zu sein. Ich sah mir sicherheitshalber noch einmal die Karte an, um mich zu vergewissern, dass wir nicht irgendwo falsch gefahren und nun mitten in den Alpen gelandet waren.

Am nächsten Morgen waren die Schneereste vom Vortag leicht bestäubt. Ich schleppte unser Gepäck durch den Matsch zum Auto, inzwischen schon gegen die Blicke der Leute gefeit, wenn sie die Sandalen an meinen Füßen sahen. Ich tat einfach so, als gehörte ich einer religiösen Sekte an, die Widerstand gegen die Einflüsse von Mode und Wetter gelobt hatte.

Im Gedränge des morgendlichen Berufsverkehrs verließen wir Potenza und nahmen auf der E847 westlichen Kurs auf die Amalfiküste und Sorrent.

Dort würde es bestimmt warm und sonnig sein.

## · 10 ·

# Amalfiküste, Sorrent, Capri

Schnee war das Letzte, was ich an der Amalfiküste erwartete, aber genau den bekamen wir.

Wir hatten gerade ein dichtes Nebelgebiet – *nebbia*, wie die Italiener sagen – durchfahren, in dem man sich vorkam wie in Watte gehüllt und weder Straßenschilder noch Fahrbahnmarkierungen noch andere Fahrzeuge erkennen konnte. Nur daran, dass es uns leicht in die Sitze drückte, merkte ich, dass die Straße anstieg. Es war geradezu unheimlich. Dann brach plötzlich die Sonne durch die Wolken, und wir sahen vor uns die Schilder, die Salerno und die Amalfiküste ankündigten.

»*Andiamo!*«, brüllte ich den unendlich lahmen Mülltransporter an, der vor uns auf der rechten Spur dahinrumpelte. Es ist doch immer das Gleiche – wenn man schnell irgendwohin will, setzt sich unweigerlich ein Müllauto vor einen.

Kühn zog ich den Wagen auf die mittlere Spur, um zu überholen. Im selben Moment tauchte das Hinweisschild für die Ausfahrt zur Amalfiküste auf. Ich schaffte es nicht mehr rechtzeitig wieder nach rechts hinüber, und wir rauschten daran vorbei.

In Italien wird Ungeduld damit bestraft, dass die nächste Ausfahrt endlos lange auf sich warten lässt. Außerdem sind Ab- und Auffahrten nicht immer parallel gesetzt wie in Nordamerika, wo sich so ein Versehen wie das unsere relativ leicht korrigieren lässt. In Italien kann eine Ortsausfahrt hier sein und die entsprechende Auffahrt, wenn überhaupt eine existiert, ganz woanders, womöglich erst in Afrika.

Zwanzig Minuten und eine Schimpftirade später winkte endlich eine Ausfahrt, wir bogen ab und krochen durch einen Irrgarten enger, verstopfter Straßen in Salerno wieder zurück in Richtung Amalfiküste.

Zu Neujahr hatte ich mir vorgenommen, das Fluchen aufzugeben. Meinen Ausbruch am ersten Abend in Italien hatte ich als einmaligen Ausrutscher betrachtet – im Ernst, ich möchte den sehen, der nicht zum HB-Männchen wird, wenn er nach einem Zwölfstundenflug nachts in einem fremden Land mit dem Auto noch in die Pampa kutschieren muss. Ich dachte, irgendwie würde ich schon lernen, mich zu mäßigen, aber ich war ein hoffnungsloser Fall. Zu irgendetwas muss es ja gut sein, dass meine Mutter so schlecht hört.

Trotzdem, ich mag die Flucherei gar nicht. Ich versuche wirklich ernsthaft, sie mir abzugewöhnen; das ist ein verdammter Vorsatz, verflucht noch mal!

Meinen nächsten Urlaub werde ich in einem Aschram oder einem Kloster verbringen, schwor ich Gott. Ich versprach, Buße zu tun.

Ich schaffte es tatsächlich, mitten im wüstesten Verkehrschaos von Salerno das winzige Schild zu bemerken, auf dem neben einem nach rechts weisenden Pfeil *Amalfitana* stand. Ich lenkte den Wagen in die rechte Spur und bog ab. Schon kurze Zeit später hatte das Chaos sich aufgelöst, keine Menschenmengen mehr und kaum noch Autos, und wir brausten auf einer spektakulären Straße dahin. Das ist das Faszinierende an Italien: Die

Szenerie kann sich, wie die eigene Stimmung, schlagartig ändern.

Die Fahrt an der Amalfiküste ist ein unglaubliches Erlebnis. Ja, die Autostrada in Sizilien war begeisternd gewesen, aber das hier war etwas ganz Anderes. Das hier war überwältigend: Hoch aufragende steile Felswände auf der einen Seite, ein jäher Absturz zum Mittelmeer auf der anderen. Weder Regen noch Schnee, die aufeinanderfolgten, konnten mich aus dem Taumel des Überschwangs reißen. Die Straße ist atemberaubend schmal, das wird einem erschreckend bewusst, wenn man plötzlich einen riesigen Reisebus vor sich sieht, der aus entgegengesetzter Richtung mit quietschenden Reifen um eine scharfe Kurve kommt wie ein Tyrannosaurus Rex auf der Jagd nach einem Elf-Uhr-Snack für den kleinen Hunger zwischendurch.

Doch uns war es nicht vergönnt, in einem Café am Meer die Sonne zu genießen oder die schicken kleinen Läden in den Einkaufsstraßen hübscher Städtchen wie Praiano und Positano abzuklappern, wo man eigentlich in eleganten Sandalen und lässigen weißen Hosen, mit Riesensonnenbrille, das Haar mit einem Hermèstuch zurückgebunden, seinen Nachmittagsbummel machen sollte. Nein, uns war das nicht vergönnt. Diesmal nicht. Nicht bei diesem ... ach, zur Hölle mit den Vorsätzen! ... diesem beschissenen Schnee.

»Lass uns irgendwo zum Mittagessen anhalten«, schlug Mama vor. Aber leider gilt: *mia madre è allergica a pesce ed a tutti i frutti di mare*, und so waren unsere Optionen recht beschränkt. Denn wer allergisch gegen das ganze Meeresgekröse ist, hat hier nun mal schlechte Karten bei den Speisekarten. Als hätte es nicht schon gereicht, dass die Fahrt bei diesem elenden Schneeregen zum nervenaufreibenden Kampf mit entgegenkommenden Reisebussen,

Pkws, die urplötzlich aus in den Fels gehauenen Garagen herausschossen, und Lieferwagen, die einem mit gellendem Hupen im Nacken saßen, verkommen war.

Die Sonne strahlte und brannte die letzten vormittäglichen Pfützen von den Straßen, als wir in unserer Unterkunft in Sorrent ankamen, dem freundlichen kleinen Familienhotel *Villa Margherita*.

Als ich mich am Empfang nach den Mahlzeiten erkundigte, erfuhr ich, dass das hauseigene Restaurant, dem Internetfoto nach in einem Garten unter Zitronenbäumen und Laternen, bis April geschlossen war. Das Gleiche galt für die Dachterrasse mit Blick auf den Vesuv. Ich hatte aufgehört, die Enttäuschungen der Vorsaison zu zählen.

Aber eben weil der große Rummel noch nicht eingesetzt und das Hotel außer uns nur noch ein oder zwei andere Gäste hatte, bot uns die Eigentümerin getrennte Zimmer zu einem reduzierten Preis an.

Ohne ein Wort oder auch nur einen Blick gewechselt zu haben, stürzten Mama und ich uns auf das Angebot.

»Das klingt ...«

»Wunderbar, ja.«

»Das nehmen wir.«

Diskret zog die Eigentümerin – Maria – eine Augenbraue hoch und änderte mit einem kleinen Lächeln unser Anmeldeformular.

»Ich glaube wirklich, dass uns das guttun wird«, sagte Mama hastig zu mir.

»Absolut.« Ich nickte nachdrücklich. »Wir brauchen nicht ...»

»Wir haben beide gern unsere Ruhe ...«

»Und du warst die ganze Zeit so krank, du hast es bequemer ...«

»Außerdem bleiben wir vier Tage ...«

»Du hast vollkommen recht.«

Die dreißig Euro extra, die das jede von uns kostete, würden uns vor dem Wahnsinn und unsere Beziehung vor der völligen Zerrüttung bewahren. Der Preis schloss sogar das Frühstück ein.

Die Zimmer waren komfortabel und sauber; meines hatte obendrein einen kleinen Balkon, wenn es auch zu kalt war (und später zu regnerisch wurde), um ihn zu benützen. Die Badezimmer waren klein und eng; die Duschkabinen entdeckten wir erst, nachdem ich ein Vergrößerungsglas aus dem Gepäck gezogen hatte.

»Wenn sie sich dieses nutzlose Bidet sparen würden, wäre genug Platz für eine anständige Dusche«, meckerte Mama. »Was sollen die Dinger überhaupt? Ich nehme sie immer als Ablage für meine Lockenwickler und mein Make-up.«

Später gingen wir ins Foyer hinunter, um nach Restaurants zu fragen. Maria schlug uns zum Abendessen das nahe gelegene *La Campana* vor, das zu Fuß mühelos zu erreichen war, wenn auch nicht ganz so problemlos für Mama.

Punkt sechs betraten wir das Restaurant. Wir waren die ersten Gäste. Ein pomadiger Kellner begrüßte uns und führte uns zu einem Tisch.

Ich überlegte, an welches Thema sich die Einrichtung anlehnte – ein bisschen kam ich mir vor wie eine Südsee-Insulanerin in einer Strohhütte, aber vielleicht sollte das Ganze mit seinen Fischernetzen und Paddeln als Dekor eher maritim wirken.

Das Essen war mittelmäßig und deftig und entschieden auf das Touristengeschäft abgestellt. Als die Rechnung kam, stellte ich fest, dass man uns für einige Posten viel zu viel berechnet hatte und zwei Speisen aufgeführt waren, die wir nie bestellt, geschweige denn bekommen hatten.

Als ich den Kellner rief und ihn darauf aufmerksam machte, tat er höchst überrascht, verbeugte sich und zog ab, um mit jemandem in der Küche eine Krisensitzung abzuhalten. Nach seiner Rückkehr räumte er unter neuerlichen Verbeugungen entschuldigend ein, dass die Rechnung in der Tat »einige Fehler« enthielt.

Es war nicht das erste Mal, dass uns so etwas auf unserer Reise passierte, und ich gab mir kaum Mühe, meinen Ärger zu verhehlen. Ich wusste natürlich von der »Dummensteuer«, von der Chris, der Verwalter in Alberobello, mir erzählt hatte, aber ich hatte die Erfahrung gemacht, dass man vielerorts, selbst wenn man ein wenig Italienisch sprach und sich mit der Euro-Währung auskannte, geneppt wurde, nur weil man Ausländer war.

Wir beglichen die Rechnung, und ich rauschte hoheitsvoll, wenn auch etwas wacklig auf den Beinen hinaus, in der Handtasche die nur zur Hälfte geleerte Flasche Wein, die wir zum Essen bestellt hatten.

»Wie hat's geschmeckt?«, erkundigte sich Maria strahlend, als wir ins Hotel zurückkamen.

Ich erzählte von der überhöhten Rechnung.

Ihr Gesicht lief rot an vor Zorn. Sofort griff sie zum Telefon, rief im Restaurant an und machte jemanden am anderen Ende der Leitung zur Schnecke. Wenn ich es richtig verstanden habe, lautete ihre Tirade so: »Wenn ihr wollt, dass ich meinen Gästen weiterhin euren Saftladen empfehle, dann lasst gefälligst diesen Mist! Genau das ist es, was Italien in Verruf bringt!«

»*Allora*, das tut mir wirklich leid«, wandte sie sich an uns, nachdem sie aufgelegt und sich beruhigt hatte. Sie wischte sich die Hose, als hätte sie gerade eine Prügelei hinter sich. »Das Restaurant bedauert die Sache ebenfalls. Sie sind zu einer kostenlosen Mahlzeit eingeladen.«

Dankend lehnten wir ab.

Da sich in der *Villa Margherita* kaum Gäste aufhielten, hatten wir Gelegenheit, Maria und ihre Familie ein wenig näher kennenzulernen. Ihre Eltern waren nach Montreal ausgewandert, und sie und ihr Bruder waren dort aufgewachsen. Aus Gründen, die wir nicht erfuhren, war die Familie minus Vater nach Sorrent zurückgekehrt und hatte das Hotel gekauft. Mit ihren gerade vierundzwanzig Jahren war Maria eine gestandene Geschäftsfrau, die sich kein X für ein U vormachen ließ.

Wenn meine Mutter und ich nach einem Ausflug ins Hotel zurückkamen, trafen wir im Foyer oft Marias Großfamilie an. Einige der Verwandten saßen gemeinsam vor dem Fernseher; die Großmutter spielte mit einem lebhaften Kleinkind, das in seinem Buggy angeschnallt war; eine Schwägerin hatte es sich mit einer Zeitschrift auf dem Korbsofa bequem gemacht; Marias Bruder war in der Küche, um irgendetwas zu reparieren; und Maria selbst schmuste in einer Ecke mit ihrem Freund. In diesem kleinen Sorrentiner Hotel entfaltete sich das Leben in seinem ganzen herrlichen Reichtum der Gefühle. Das liebe ich an Italien – das laut ausgelebte Leben.

»Was hältst du von Maria und diesem Burschen, mit dem sie herumzieht?«, fragte Mama eines Abends, als wir auf dem Weg in unsere Zimmer waren. Die Abfälligkeit, mit der sie sprach, verriet ihre Meinung klar und deutlich.

»Ich finde es wunderbar, dass sie keine Hemmungen zu haben brauchen, vor aller Welt ihre Verliebtheit zu zeigen.« Ich musste Mama nicht extra daran erinnern, dass es in unserer Familie verpönt gewesen war, seine Gefühle öffentlich zur Schau zu tragen. »Das zeigt, dass es keine Geheimnisse gibt. Der Familiendynamik tut das nur gut – du siehst deine Tochter einen jungen Mann küssen und weißt, dass dieser Junge eines Tages vielleicht dein

Schwiegersohn wird. Also versuchst du, ihm näherzukommen und ihn in den Kreis der Familie einzubeziehen. Es entwickelt sich eine Beziehung. Nach einer Weile ist er für dich fast wie ein eigener Sohn, und er weiß, dass er es sich nicht erlauben kann, deine Tochter schlecht zu behandeln. Wenn er sich nicht an die Familie gebunden fühlt, wird er sich auch nicht an deine Tochter gebunden fühlen. In meinen Augen hat es sehr viel Gutes, sowohl in psychologischer als auch in soziologischer Hinsicht, den erwachsenen Kindern zu erlauben, ihre Gefühle und sexuellen Bedürfnisse auszuleben. In vernünftigen Grenzen natürlich.«

»So ein Quark!«, schnaubte Mama. »Küssen in der Öffentlichkeit gehört sich nicht.«

Am nächsten Morgen schien die Sonne.

»Schnell!«, drängte ich Mama. »Lass uns einen Ausflug machen.«

Wir beschlossen, uns Capri anzusehen. Durch Sorrents geschäftige Straßen und dann eine beeindruckend tiefe Schlucht hinunter fuhren wir zum Hafen. Nachdem wir den Wagen geparkt hatten, bestiegen Mama, ihr Rollator und ich ein wartendes Tragflügelboot.

Mama hielt das für den richtigen Moment, *The Isle of Capri* anzustimmen, und sah sich in der Hoffnung, die Passagiere in Hörweite würden mitsingen, ermunternd um.

»Sei doch nicht so verkrampft, Jane«, hielt sie mir vor, als sie bemerkte, wie ich die Augen verdrehte, und sang unbekümmert weiter, falsch, wie immer. Verlegen lächelte ich in die Runde unserer Mitreisenden, die größtenteils jung, arrogant und todschick waren.

Das Boot war ein schwimmendes Panoptikum an dunklen Sonnenbrillen und blasiertem Gehabe. Hier war man nicht nur cool, hier war man supercool. Sonnenbrillen sind in Italien so populär wie Handys – man sieht kaum jemanden ohne. Aber wenn auch meine Einstellung zu diesen mobilen Nervensägen unverändert geblieben ist, muss ich doch zugestehen, dass die Italiener mit ihren *telefonini* kürzere und weniger lautstarke Gespräche führen als die Nordamerikaner. Ich musste mir nicht irgendjemandes laute, ins peinliche Detail gehende Schilderung der letzten Darmspiegelung oder den emphatischen Kauftipp anhören, dass die Nudeln beim Supermarkt um die Ecke doch viel preiswerter seien als bei der Konkurrenz.

Nichts aber ist so »uncool« wie eine Gehhilfe. Während meine Mutter hingebungsvoll ihren Schlager aus Vorkriegszeiten trällerte, glotzten die Leute sie entweder an, als wäre sie nicht ganz richtig im Kopf, oder warfen verstohlen angewiderte Blicke auf den Rollator. Man hätte meinen können, eine bluttriefende Krankenbahre wäre an Bord gerollt worden.

Eine junge Frau mir schräg gegenüber fand es offensichtlich grauenvoll, dass sie gezwungen war, mit zwei Fossilien und einem Rollator zusammenzusitzen. Sie starrte mich so verachtungsvoll an, als wäre ich allein schuld am Alterungsprozess. Herausfordernd blickte ich ihr ins Gesicht und merkte, wie sich meine Lippen zu einem höhnischen Lächeln verzogen. »*Eines Tages, junge Dame, wird dein langes, glänzendes kastanienbraunes Haar von grauen Strähnen durchzogen sein, deine knackigen Titten werden es sich irgendwo in der Gegend deines Nabels bequem machen, beim Aufwachen wirst du Falten in deinem Gesicht entdecken (du und deine wohlwollenderen Freundinnen, ihr werdet dann von »Lachfältchen« sprechen, aber das wird nichts helfen), und wabbeliges Gekräusel wird sich ausbreiten, wo einst dein so flacher, glatter Bauch war. Und vielleicht, nur viel-leicht, wird deine Blase dir nicht mehr gehorchen. Ich hoffe es – es würde deiner Persönlichkeit etwas Substanz verleihen.«*

Der rote Rollator machte seinem Namen alle Ehre und rollte mit den Schiffsbewegungen hin und her, obwohl ich versuchte, ihn zu halten. Er hatte keine ordentliche Fest-stellvorrichtung, ein ärgerlicher Konstruktionsfehler. Wie ein widerspenstiges, wildes Kind riss er sich von mir los und rumste gegen die Wand, wo drei italienische Besat-zungsmitglieder lebhaft miteinander diskutierten und ihr Bestes taten, die Störung zu ignorieren. Sie kamen gar nicht auf den Gedanken, mir anzubieten, den Rollator an einem Geländer festzubinden; sie nahmen ihn ganz ein-fach nicht zur Kenntnis, nicht einmal als er schließlich einem süß schlummernden Passagier gegen die Knie don-nerte. Wäre ja auch absolut uncool gewesen.

Das Tragflügelboot schwebte derweilen unter einer Kuppel bauschiger weißer Wolken ruhig über türkisblaues Wasser.

Es war, als glitte man durch eine Art Meereskathedrale. Und im Hintergrund erhob sich der Vesuv.

Als das Boot in Capri anlegte, ließen wir all die coolen Leute, die es so eilig hatten, an uns vorbeidrängen und begaben uns in unserem eigenen Tempo von Bord.

»Ich würde mir gern die Blaue Grotte ansehen, Mama. Ist es dir recht, wenn ich dich so lang allein lasse?«

Sie nickte lächelnd und zog mit ihrem Rollator vergnügt von dannen, um die Souvenirläden und Schnellimbiss-lokale zu begutachten, die Capri in ungesunder Menge zu bieten hat. Ich lief zu einem Verkaufskiosk in der Nähe, besorgte mir ein Ticket für die nächste Fahrt zur Blauen Grotte und erwischte den letzten Platz auf einem Boot, das sich eben zum Ablegen bereit machte.

Wer Capri nicht besucht, um in den überteuerten Geschäften einzukaufen, ist wahrscheinlich um der Blauen Grotte willen gekommen, eines der Wunder der Natur. Bilder zeigen stets eine dunkle Höhle mit magisch blauem Wasser, das aussieht, als würde es vom Meeresboden her erleuchtet, was in gewisser Weise auch stimmt. Durch eine tiefer unter Wasser gelegene Öffnung fällt Tageslicht ein, das einen unheimlichen, aber intensiven, unirdischen Schein erzeugt.

Die Sonne kam heraus, während unser kleines Motorboot mit rund zehn Passagieren an Felsenklippen vorbei, auf deren Höhen sich die pastellfarbenen Villen der Superreichen protzend zur Schau stellten, über die unruhigen Wellen des Tyrrhenischen Meeres sprang.

Die kurze Fahrt dauerte vielleicht fünfzehn Minuten. An der Öffnung zur Grotte stießen wir zu einer kleinen Flotte ähnlicher Ausflugsboote, die sich hier in (typisch italienischer) lockerer Reihe gesammelt hatten. Nun mussten wir warten, bis wir in kleinere Boote umsteigen konnten, die jeweils zwei von uns in die geheimnisvolle berühmt-berüchtigte Höhle bringen sollten. Es sah aus, als stünde eine längere Wartezeit bevor.

Während wir in unserem Boot hin und her schaukelten, konnte ich beobachten, dass die Einfahrt in die Grotte eine ziemlich heikle Angelegenheit war. Die Decke des Höhleneingangs hängt tief über dem Wasser, und die Besucher werden in flachen Holzkähnen, in denen sie absolut regungslos liegen müssen, durch die schmale Öffnung manövriert. Schiffer lenken die kleinen Boote mit Hilfe von Spannseilen oder Ketten, die fest am Höhleneingang verankert sind. Aber all diese Liebesmüh ist vergebens, wenn bei der Einfahrt plötzlicher starker Wellengang einsetzt. Dann besteht die Gefahr, dass das Boot mitsamt seinen Insassen an den Felsen zerschellt.

Nervös sah ich aufs Meer hinaus und wurde augenblicklich zur Expertin in Sachen Wasserbewegung. Hm, das könnte brenzlig werden. Die See war rauer geworden. Ich fragte mich, wie Mama, die jetzt frischfröhlich die Souvenirläden abgraste, damit fertig werden würde, wenn das Meer mich plötzlich verschlänge.

In diesem Moment drang das kollektive Stöhnen der wartenden Besucher an mein Ohr. Der Wächter an der Einfahrt zur Grotte hatte ein Signal gegeben, indem er kurz die kräftigen, behaarten Arme kreuzte und sie dann schnell auseinanderriss – *finito*. Die Grotte wurde wegen des allzu hohen Seegangs gesperrt.

Verdrossen schipperten wir in den Hafen von Capri zurück. Keine Rückerstattung. Keine Gutscheine. Nur ein trockenes »Versuchen Sie's morgen wieder«. Ich war tief enttäuscht

Mama hatte sich in einem Café am hinteren Ende der Souvenirpromenade niedergelassen und gerade einen Tee bestellt, als ich angetrottet kam.

»Zu schade, dass es nicht geklappt hat«, meinte sie, nachdem ich ihr berichtet und ebenfalls bestellt hatte. »Was willst du jetzt tun?«

Ich zuckte mit den Schultern. »Ich muss eben ein andermal wiederkommen.«

Nach dem Tee beschloss ich, noch einen Gang durch den Ort zu unternehmen. »Da drüben ist ein Wegweiser zum *centro storico*. Das würde ich mir gern ansehen.«

»Okay, ich stromere inzwischen hier noch ein bisschen herum und geh dann langsam wieder zur Fähre«, erwiderte Mama. »Wir treffen uns dort.«

Unternehmenslustig und froh, etwas Zeit für mich zu haben, machte ich mich auf den Weg, folgte dem Pfeil und nahm die Treppe in Angriff, zu der er mich führte. Höher und höher ging es hinauf. Die Sonne brannte auf mich herab, während ich zwischen blendend weißen Mauern Stufe um Stufe emporstieg. Hinter den Mauern befanden sich Gärten und kleine Häuser mit Blick auf das türkisfarbene Meer. Hier und dort unterbrach das satte Rot einer üppig über die Mauer fallenden Bougainvillea die ausgebleichte Monotonie. Es war alles sehr hübsch, aber der Reiz verbrauchte sich schnell. Der Spaziergang entartete zu einem anstrengenden Anstieg, der kein Ende nehmen wollte. Dreißig beschwerliche Minuten später kam ich schweißtriefend und knallrot von der Sonne und der Strapaze endlich oben an. Gleich um die Ecke lag die sogenannte Piazzetta, der zentrale Platz des Ortes. In den Cafés mit den edlen Korbsesseln tummelten sich scharenweise die Schickimickis mit ihren schwarzen Brillen. Die glatten, gebräunten Gesichter mit den wunderschönen Profilen der Sonne zugewandt, schlürften sie ihren Nachmittagscampari.

An einer Mauer fiel mir ein Schild mit dem Wort *funicolare* auf. Es gab eine Seilbahn, die die Leute vom Hafen zur Stadt hinaufbeförderte, aber ich hatte den Hinweis unten komplett übersehen! Und jetzt stand ich da, rot und verschwitzt und völlig aufgelöst, in dieser noblen Umgebung.

Im Gegensatz zu mir kam Capri sehr gepflegt daher. Die Gemeinde ist offensichtlich gut betucht, es sieht nicht so aus, als hätte man hier jemals mit Obdachlosigkeit, Umweltverschmutzung, Verkehrsüberlastung und Fixerstuben zu kämpfen gehabt. Die Müßiggänger, die sich in den Cafésesseln räkelten oder durch die Gassen voller Läden bummelten, schien nichts zu kümmern als die Erfüllung der eigenen Bedürfnisse. Voll des Gefühls moralischer Überlegenheit ließ ich den Blick über dieses Sündenbabel dekadenten Schlendrians schweifen.

Die sollten zur Abwechslung mal was Nützliches tun, sagte ich mir. Oder sprach da meine Mutter? Oder vielleicht jemand, der selber gern faul in einem dieser Sessel gehangen hätte?

Der Zauber von Edelboutiquen, eleganten Hotels und Eiscafés verflog schnell (was relativ häufig vorkommt, wenn ich kein Geld habe), und ich sah mich nach weniger exklusiven Sehenswürdigkeiten um.

Ein Krankenwagen fiel mir auf, unglaublich schmal, beinahe wie ein Spielzeugauto. Ich folgte ihm durch die engen, gewundenen Straßen, bis er vor einem Hotel in der Nähe anhielt.

Als die hinteren Türen geöffnet wurden, sah ich, dass im Inneren mit Müh und Not eine Trage Platz hatte. Andere Transportfahrzeuge in Capri waren ähnlich putzig – wie sonst wären sie auch durch die schmalen Straßen gekommen? Auf Nordamerikaner wirkt manches in Italien so winzig wie die Landschaft und die Städte von Miniatureisenbahnen.

Stur wie ich sein kann, besonders wenn mir Unwissenheit und Dummheit nachgewiesen werden, nahm ich zum Hafen hinunter trotzig wieder die Treppe, statt mich von der Seilbahn tragen zu lassen. Unterwegs begegnete ich einer Gruppe amerikanischer Jungen, die auf Klassenfahrt waren. (Hier habe ich zwei Fragen: Seit wann veranstalten nordamerikanische Schulen Klassenausflüge nach Capri? Und kann ich vielleicht die Highschool wiederholen?) Sie waren hörbar in Sorge, die Fähre aufs Festland zu verpassen, und nachdem sie sich eilig beraten hatten, wurde einer von ihnen abkommandiert, mich nach der Uhrzeit zu fragen.

Mit einem englisch-italienischen Wörterbuch in der Hand stotterte er: »Pardon, *signor*, ich meine, *signorina* – äh ...« Seine Freunde kicherten.

»*Sì?*« Ich lächelte und beließ es bei der Signorina.

»*Che*Ω...« Verlegen wandte er sich den anderen zu und flüsterte: »Wie spricht man das aus? *Tsche* oder *ke*?«

»*Ke*, glaube ich«, antwortete einer von ihnen.

»Okay, *che ora* –«

»Nein, nein!«, rief ein anderer. »Frag sie einfach, wo die Fähre ist.«

»Ähm, *dove* ...«

»Das spricht man *dowe* und nicht *doofe*, du Doofkopf!«

»Dann frag *du* sie doch!«

»Wär's vielleicht einfacher, wenn ihr mich auf Englisch fragt?«, warf ich lachend ein.

Ihre Gesichter waren Gold wert.

»Denkt euch nichts«, tröstete ich sie. »Ich schau nur aus wie eine Italienerin.«

»Wir müssen um halb vier an der Fähre sein«, erklärte mir einer der Jungen.

»Jetzt ist es Viertel vor drei«, sagte ich mit einem Blick auf meine Uhr. »Ich muss auch da hin. Wenn ihr nicht bummelt, müsstet ihr es leicht schaffen. Wo kommt ihr her?«

»Aus den Staaten. Vermont.«

»Macht man in den Staaten jetzt Schulausflüge nach Capri?«, fragte ich.

Total hinterm Mond, die Alte, besagten ihre Blicke.

Und so, meine Herrschaften, wird man innerhalb von Sekunden von der Signorina zur alten Schachtel.


Am nächsten Morgen fuhren Mama und ich fröhlich entschlossen, unser Geld unter die Leute zu bringen, zur Piazza Tasso im Zentrum von Sorrent. Seit unserer Ankunft in Italien hatten wir noch keinen einzigen richtigen Einkaufsbummel gemacht.

Mama suchte eine Regenjacke. Sie hat zu Hause mindestens zehn Stück, aber es war ihr nicht in den Sinn gekommen, eine einzupacken.

Ich nahm eine modische kupferfarbene Jacke von der Stange und hielt sie ihr zum Anprobieren hin. Sie saß tadellos und sah an ihr sehr elegant aus.

»Also, ich weiß nicht«, meinte Mama, während sie sich langsam vor dem Spiegel drehte.

»Was denn? Die ist doch perfekt. Du siehst richtig schick aus.«

»Ich glaube, das ist nicht mein Stil.«

»Aber du redest doch dauernd davon, dass du deine Garderobe aufpeppen willst. Wieso fliegst du immer auf das gleiche biedere Zeug?«

»Wie bitte? Ich trage klassische Sachen. Manche besitze ich seit mehr als vierzig Jahren.«

»Eben«, konterte ich. »Warum sperrst du dich so gegen Veränderungen? Du willst meine Meinung und Hilfe, und dann hörst du gar nicht hin. Aber egal. Mach, was du willst.«

Am Ende kaufte sie die Jacke, aber ich muss zu Hause mal in ihrem Kleiderschrank schauen, ob sie sie auch behalten hat.

Wir gingen noch in ein paar andere Läden, aber schon die geringste Anstrengung war jetzt zu viel für Mamas Beine. Sie wollte ins Hotel zurück und sich ausruhen. Dabei war ich doch gerade erst in Fahrt gekommen. Auf dem Weg zum Auto hatte ich Mühe, nicht auszuflippen vor Ärger und Enttäuschung. Ich hatte es satt, wegen Mamas Gebrechen ständig unsere Pläne umstoßen und mich beschränken zu müssen! Bei dem Gedanken bekam ich sofort ein schlechtes Gewissen – wie gemein von mir, es war ja nicht allein ihre Schuld. Trotzdem wollte ich ihr jetzt nur Vorhaltungen machen.

»Wenn du dich ein bisschen mehr um dich selbst gekümmert hättest, statt deine ganze Energie in alte Ruinen zu stecken, wärst du jetzt vielleicht besser auf den Beinen!«

Alles, was ich tat oder tun wollte, war von *ihren* Möglichkeiten und Wünschen bestimmt. Und was war mit *meinen* Möglichkeiten und *meinen* Wünschen? Es war auch meine Reise. Am liebsten hätte ich sie ein paar Tage lang im Hotel geparkt, um meine Freiheit zu haben und die Seite Italiens zu erleben, die zu erleben ich hergekommen war – die Strandcafés; die versteckten kleinen Restaurants, wo die Gerichte serviert wurden, von denen alle immer schwärmten; die echten Italiener, deren Alltag sich abseits der Touristenzentren abspielte; vielleicht eine Brennerei, wo der berühmte Sorrentiner Limoncello hergestellt wurde. Das hier war kein Urlaub; das war wie ein Italienbesuch unter Bewährungsauflage.

Hin und wieder ließ Mama mich zwar von der Leine, aber ich sah ihr an, dass sie es nur ungern tat. Sie wusste, dass ich irgendetwas Interessantes entdecken würde, und es grämte sie, dass sie nicht teilhaben konnte. Um mich möglichst immer »bei Fuß« zu haben, versuchte sie jedes Mal, wenn sie ein Nickerchen machen wollte, mir einzureden, ich bräuchte auch eins. Nickerchen? Hey, ich bin in Italien! Ich bin nicht zum Pennen hierhergekommen. »Und nimm's mir nicht übel«, hätte ich gern hinzugefügt, »aber ich bin keine hundert, falls du es noch nicht bemerkt haben solltest. Ich komme gut ohne Nickerchen aus.«

Doch Mama war hartnäckig, und wenn ich ungeduldig wurde, benutzte sie das als Beweis dafür, dass sie recht hatte.

»Du weißt genau, Jane, dass du immer biestig wirst, wenn du nicht genug schläfst.«

»Nein, ich werde biestig, wenn ich einen beschissenen Rollator und ein blasenschwaches Hinkebein kreuz und quer durch Italien schleifen muss!«, hätte ich ihr am liebsten an den Kopf geworfen.

Natürlich sagte ich es nicht. Das hätte ich nicht gewagt. So vieles, was zwischen Müttern und Töchtern vorgeht, bleibt unausgesprochen. Dieses angespannte, maskenhafte Lächeln, das Frauen sich zuwerfen, hat nicht das Geringste mit Botox zu tun.

Pflichtschuldig brachte ich Mama also ins Hotel zurück.

Sobald sie sich in ihrem Zimmer eingenistet hatte, machte ich leise die Tür zu und gab Fersengeld, zurück zur Piazza Tasso.

Sorrent ist so etwas wie eine historische Kuriosität. Irgendwie hat die Stadt es geschafft, sich während ihrer ganzen langen, bis in vorrömische Zeit zurückreichenden Geschichte bedeckt zu halten. Das dürfte einiges Geschick verlangt haben, denn sie liegt dem ungestümen Muskelprotz Neapel am Golf genau gegenüber.

Sorrent ist eine kultivierte und malerische Küstenstadt, elegant, doch ohne die Großspurigkeit vieler Städte, die um ihre eigene Schönheit wissen. Es ist relativ klein, ungefähr zwanzigtausend Menschen leben hier, und gehört zu den beliebtesten Urlaubszielen in Italien. Der Grund ist leicht zu erkennen: Es ist übersichtlich, es ist sauber und die Atmosphäre ist entspannt und freundlich. Im Gegensatz zu den meisten anderen italienischen Städten und Ortschaften ist Sorrent auf ebenem Grund erbaut, ein Segen für alle, die sich mit Gehhilfen und motorisierten Rollstühlen fortbewegen müssen. Die Kehrseite der Medaille ist natürlich, dass Sorrent ein Segen für alle die ist, die sich mit Gehhilfen und motorisierten Rollstühlen fortbewegen müssen.

Ich folgte einer Wolke von Zitronenduft durch eine regennasse Gasse und stieß auf zwei junge Männer, die eben ihren kleinen Transporter mit der Ernte eines hinter den Häusern gelegenen Zitronenhains beluden. Frisch und knackig – nein, nicht die beiden Kerle, die Zitronen –, verströmten sie einen berauschenden Duft, den ich sofort in dem Teil meines Gehirns abspeicherte, der den Geruchserinnerungen vorbehalten ist. Ich wünschte, meine Sprachkenntnisse hätten ausgereicht, diesen Männern zu sagen, dass der Duft einfach himmlisch war.

Auf der Piazza Tasso lag Aufregung in der Luft, als ich hinkam. Vorbereitungen für einen Festakt waren im Gang, der am Nachmittag vor der *Fauno Bar* steigen sollte: die Vorstellung des neuen Maserati. An hohen Fahnenstangen flatterten die tintenblauen Firmenflaggen mit dem stilisierten Dreizack; große, üppig bepflanzte Terrakottatöpfe wurden in verschnörkelte schmiedeeiserne Ständer mit Laufrollen gehoben und verteilt.

Dann folgte der Auftritt der Hauptattraktion – eines schnittigen, tintenblauen Rennwagens. Mit Ehrfurcht wurde er von einem Tieflader gehievt, begleitet vom Aufseufzen der Männer in der Menge, denen der Mund wässerte beim Anblick der gerundeten Linien, des geschwungenen, leicht angehobenen Hecks und des voluminösen Vorbaus, der butterweichen Polsterung und der Ausstrahlung erhabener Unnahbarkeit. Verpass dem Baby noch eine große Sonnenbrille, und du hast die perfekte Italienerin.

»*Che bella macchina!*«, stöhnte es allenthalben, und ich fragte mich, ob die an das Auto gerichteten lüsternen Blicke und Seufzer nicht insgeheim den kühlen Schönheiten in den knallengen tintenblauen Kostümchen galten, die Informationsblätter an die Leute verteilten.

»*Quanto costa questa?*«, fragte ich einen jungen Maserativertreter.

»Oh, das ist ein Rennwagen, der ist nicht zu verkaufen«, antwortete er. »Er würde ungefähr zweihundertfünfzigtausend Euro kosten. Die normalen Autos« – etwas weniger auffallende Modelle trafen während unseres Gesprächs auf der Piazza ein – »sind nicht so teuer.«

»Verstehe.« Ich nickte, als hätte ich täglich mit solchen Luxuskarossen zu tun.

In Wahrheit habe ich von Autos keinen blassen Schimmer. Ich kann mir nicht vorstellen, mich länger als zehn Sekunden über so eine Blechkiste zu unterhalten. Aber ich hatte irgendwo gelesen und mir komischerweise gemerkt, dass man für den 2008 Maserati GranTurismo – nach Ansicht von Leuten, die einen Autoausstellungsraum einer Kunstgalerie gleichsetzen, ein Meisterwerk – um die hunderttausend Euro hinblättern muss. Und man produzierte nur viertausend Stück.

Ich blieb länger, als ich es normalerweise bei so einer Auto- und Motorveranstaltung ausgehalten hätte. Vielleicht hatte sich in den letzten Wochen endlosen Herumkurvens auf Italiens Straßen ein ganz neues Interesse bei mir herausgebildet. Als ich hörte, dass im Kofferraum des GranTurismo nicht genug Platz für einen Rollator sei, verlor ich jedoch das Interesse und trollte mich.

Mein Blick fiel auf eine riesige Glyzinie, die sich drüben auf der anderen Straßenseite in verschwenderischer Fülle um ein hohes schmiedeeisernes Tor rankte. Es war der Eingang zum Park des *Albergo Vittoria*, eines Hotels, das sich nicht entblödet, auf einer Gedenktafel neben dem Tor zu behaupten, in seinen Mauern sei 1921 Enrico Caruso gestorben, wo doch jeder Musikfreund weiß, dass es den Armen viel zu früh im Hotel *Vesuvio* in Neapel dahinraffte.

Ich fand, ein Spaziergang durch den Park wäre eine angenehme Abwechslung, aber als ich durch das Tor treten wollte, hielt mich ein Wächter auf. Drinnen finde eine

Hochzeitsfeier statt, erklärte er, zu der nur geladene Gäste Zutritt hätten. So wie ich aussah, konnte ich beim besten Willen nicht als Hochzeitsgast durchgehen, also trat ich den Rückzug an.

Einen Moment blieb ich unschlüssig stehen. Ich hatte überhaupt keine Lust, schon ins Hotel zurückzukehren.

Arm in Arm kamen zwei gut gekleidete Männer vorbei. Der eine von ihnen – dunkles Haar, schwarze Brille, rotes Halstuch – redete heftig gestikulierend auf seinen Begleiter ein.

Ich folgte ihnen den Corso Italia hinunter. Vor einem Barockgebäude hielten sie kurz an, dann gingen sie auf den Eingang zu. Ich blieb ihnen auf den Fersen und landete in einem großen, hellen Empfangssaal, der in eine Galerie für lokale Kunst umfunktioniert worden war.

Ich wanderte umher, als wäre ich eine betuchte Mäzenin, und suchte mir ganz im Stillen ein paar Gemälde aus. Plötzlich trat einer der beiden Männer, die mich hierher geführt hatten, zu mir.

»*Parla italiano?*«, fragte er.

»*No*«, antwortete ich. »*Inglese*. Ich bin Kanadierin.«

»Ach, das ist ja nett.« Er wechselte sofort zu Englisch. »Die Bilder hier scheinen Sie zu interessieren. Verraten Sie mir, welche Sie besonders spannend finden? Ich möchte etwas kaufen, aber ich brauche immer Hilfe bei meinen Entscheidungen.«

Er war ein exzentrischer Bursche; er komme aus Dubai, erklärte er und fügte hinzu, dass er Gemälde der Gegenden sammle, die er bereise.

»Ich komme wieder, wenn Sie etwas mehr Zeit gehabt haben, sich alles anzusehen, aber ich würde wirklich gern Ihre Meinung hören«, versicherte er mir liebenswürdig, vielleicht weil er die Beunruhigung in meinem Blick bemerkte.

Als ich meinen Rundgang fortsetzte, hatte ich keine Mühe, mit einigen anderen Leuten ins Gespräch zu kommen und mich mit ihnen über dies und jenes auszutauschen, etwa das Sujet eines Gemäldes oder die Frage, was den Künstler zu dem besonderen Werk inspiriert haben mochte.

Es überraschte mich, mit welcher Leichtigkeit ich die eine Minute über Autos und die nächste über Kunst plaudern konnte. Im Ausland fühle ich mich freier im Denken und kann mich besser artikulieren als zu Hause; ich kann relativ geistreich sein, wenn ich nicht von Erwartungen eingeengt werde. Ich glaube, das ist einer der Gründe, warum ich gern reise. Wenn ich in einem fremden Land bin, kann ich mich selbst besser erkennen und würdigen, nur dort wagt sich mein wahres Selbst hervor.

Nach ungefähr zwanzig Minuten pirschte sich der Mann aus Dubai wieder an mich heran. »Und?«, fragte er begierig.

Ich wies ihn auf einige Gemälde hin, aber nicht einmal das, von dem ich am meisten angetan war – eine Wiese mit prallen roten Mohnblumen und zarten Lavendelstängeln –, konnte ihn beeindrucken.

»Nein, kommen Sie, ich zeige Ihnen etwas«, sagte er drängend, nahm mich beim Arm und zog mich mit sich zu einer Gruppe kleiner Porträts.

»Man muss Bilder kaufen, die Menschen zeigen«, belehrte er mich behutsam. »Diese Mohnwiese ist hübsch, aber sie könnte überall sein. Gesichter hingegen haben etwas Charakteristisches, sie rufen Assoziationen an bestimmte Gegenden hervor. Verstehen Sie, was ich meine? Welches von diesen hier gefällt Ihnen am besten?«

Ich entschied mich für das Bild eines jungen Mädchens mit schmelzendem dunklem Blick und das einer Frau mittleren Alters, deren Haltung Selbstbewusstsein vorgab, während ihre Augen ihre Verletzlichkeit verrieten.

»Ja, ausgezeichnet«, lobte der Mann aus Dubai. Auf ein anderes Porträt zeigend, meinte er: »Diese Frau hier ist einfach zu vollkommen, finden Sie nicht auch? Allzu schönen Frauen fehlt es an Geheimnis und an Tiefe.«

Er dankte mir, verabschiedete sich mit einer herzlichen Umarmung und ging davon, um seinen Einkauf zu tätigen. Na, das war doch mal eine produktive halbe Stunde, sagte ich mir befriedigt, als ich auf die Straße hinaustrat.

Es hatte wieder zu regnen angefangen. Ich spannte meinen Schirm auf und ging selbstbewusst zur Piazza Tasso zurück, die den Mittelpunkt eines ganzen Labyrinths kleiner Straßen und Gassen bildet. Ich suchte mir eine aus, die verheißungsvoll schien, und zog neuen Abenteuern entgegen.

Als ich auf ein Internetcafé stieß, lief ich hinein und tippte Zoë schnell eine Mail, um sie aufs Laufende zu bringen und ihr von meinem gescheiterten Besuch der Blauen Grotte zu berichten.

Sie war zufällig online – schon wieder. Sie sei in der Schulbibliothek, wo sie an einem Aufsatz arbeite, erklärte sie hastig, und habe nur zufällig nach ihren Mails gesehen.

Mir war egal, was sie mir als Erklärung auftischte. Ich war glücklich über den Kontakt mit meiner Tochter, mochte er noch so flüchtig sein.

*Das war ja Pech mit der Grotte*, schrieb sie, *aber denk dir nichts, eines Tages fahren wir beide zusammen nach Italien, und dann lassen wir uns die Grotte nicht entgehen.*

Ich fand ihren Optimismus herzerwärmend.

Als ich das Internetcafé verließ, begleitete mich das Rasseln der eisernen Rolläden, die rundherum vor den

Läden zur Siesta heruntergelassen wurden. Ich hasste dieses Geräusch. Immer wurden überall die Bürgersteige hochgeklappt, wenn bei mir gerade der Forscherdrang erwacht war.

Ich fand eine *gelateria*, die noch geöffnet war, und ging hinein, obwohl entschieden kein *gelato*-Wetter war. Das Lokal schien einen gewissen Ruf zu genießen; seine Wände waren mit gerahmten Zeitungsausschnitten und Autogrammen berühmter Italiener volltapeziert. In der Mitte des Raums prangte ein Frauenakt aus Schokolade.

An der Theke, hinter der an die zwanzig verschiedene Sorten Eis angeboten wurden, wählte ich einen kleinen Becher Pistazie. Schon beim ersten Löffelchen wusste ich, dass ich die falsche Wahl getroffen hatte. Das passiert mir fast nie.

Verdrossen stellte ich mich an die Wand und stocherte trotzdem in meinem Eis herum. Was war los mit meinen Geschmacksknospen? Ich esse für mein Leben gern Eis, und Pistazie, wie konnte etwas, das so lecker aussah, nur so nach gar nichts schmecken?

»Wie ist Ihres?«, erkundigte sich ein freundlicher Mann neben mir, der ein Eis in der Waffel aß, Schokolade, wie es aussah. Er komme aus Brisbane, erzählte er.

»Sie haben wahrscheinlich besser gewählt«, entgegnete ich. »Meins schmeckt nicht berauschend.«

»Meins auch nicht«, bekannte der Australier. »Ich frag mich sowieso, was an *gelato* so toll sein soll. Richtige Eiscreme ist mir tausendmal lieber. Aber meine Frau und ich haben heute das Mittagessen verpasst, und ich bin inzwischen so weit, dass ich so ziemlich alles essen würde. Haben Sie übrigens hier irgendwo ein gutes Restaurant entdeckt?«, fragte er dann interessiert.

»Leider nicht. Was halten Sie denn von der italienischen Küche?«

»Zum Kotzen«, antwortete er drastisch. »Dabei haben wir vorher immer nur gehört, wie phantastisch das Essen hier sei. Wahrscheinlich muss man mit einem Restaurantführer reisen, um diese Seite kennenzulernen.«

Wir unterhielten uns über die Erfahrungen, die jeder von uns auf seiner Reise durch Italien gemacht hatte.

»Ich war gestern in einem Bordell«, berichtete er in vertraulichem Ton.

»Tatsächlich?« Ich wusste nicht recht, wie ich reagieren sollte, und warf einen kurzen Blick auf seine Frau, die sich mit jemand anderem unterhielt.

»Oh, alles moralisch ganz einwandfrei«, erklärte er lachend. »Wir waren in Pompeji. Wussten Sie, dass man dort mehr als fünfundzwanzig Freudenhäuser entdeckt hat?«

Ich verneinte und erzählte, dass wir uns bereits vorgenommen hatten, morgen nach Pompeji zu fahren.

## Pompeji und der Vesuv

Ein ohrenbetäubender Donnerschlag riss mich am folgenden Morgen aus dem Schlaf. Apokalyptische Blitze erleuchteten den Himmel, es goss in Strömen, der Wind tobte. Ein idealer Tag für einen Ausflug nach Pompeji und zum Vesuv.

Mama hatte uns für eine organisierte Bustour angemeldet. Sie findet Busausflüge wunderbar; alles läuft genau nach Plan, und sie braucht keine Entscheidungen zu treffen. Ihrer Meinung nach würde so ein Ausflug ein Genuss für mich sein, weil ich nicht fahren musste. Aber Bustouren haben ihre eigenen Tücken.

Nach dem Frühstück fuhren wir mit dem Auto zum zwei Straßen entfernten Treffpunkt. Ich zerrte den roten Rollator aus dem Kofferraum, spannte den Schirm auf und geleitete mit der freien Hand Mama über die Straße.

Und dort warteten wir. Und warteten. Fast eine Stunde lang fegten Regenböen über uns hinweg. Schwül war es auch noch, sodass ich nach einer Weile nicht mehr unterscheiden konnte, ob ich vom Regen oder von Schweiß durchnässt war. Allerdings war ich mir ziemlich sicher, dass mir die Wimperntusche in schwarzen Sturzbächen übers Gesicht rann.

»Da stimmt was nicht«, stellte Mama schließlich messerscharf fest.

»Ach nee, Holmes, wirklich?«, spottete ich mitten in Donnergetöse hinein. Mittlerweile hatte sich auf der Straße eine Wasserlandschaft gebildet, und die Äste der Bäume, die uns ein klein wenig Schutz boten, schwankten unheildrohend.

»Vielleicht sollten wir ins Hotel zurückfahren und Maria bitten, sich zu erkundigen, was los ist«, meinte Mama. »Aber zu Fuß schaffe ich den Weg nicht.«

Ich klappte ihren Stock auf, damit sie sich irgendwo festhalten konnte, während ich den Rollator durch den Regen zum Auto schob, ihn im Kofferraum verstaute und dann über die Straße fuhr, ausstieg und ihr in den Wagen half.

Wir hatten gerade vor dem Hotel angehalten und versuchten, um riesige Pfützen herum zum Eingang zu gelangen, als Maria herausstürzte.

»Wo sind Sie denn gewesen? Der Bus wartet auf Sie!«, rief sie.

»Wir haben die ganze Zeit gewartet. Da war kein Bus«, antwortete ich.

»Aber jetzt ist er da, und alle wundern sich, wo Sie geblieben sind.«

Also rechtsum, kehrt, im Laufschritt, marsch, marsch! Zurück zum Auto, Auto auf, Mama verstaut, Rollator verstaut, mich selbst verstaut, Auto zu und zurück zum verabredeten Treffpunkt, wo mit laufendem Motor in Abgaswolken gehüllt der Bus stand. Abermals half ich Mama aus dem Auto, stützte sie, während sie mühsam in den Bus kletterte, setzte mich wieder ans Steuer und manövrierte den Wagen in die nächste Parklücke am Straßenrand.

Ich nahm meine Tasche, stieg aus, sperrte ab und spannte eilig meinen Schirm auf, den prompt ein Windstoß umstülpte. Gegen den Wind gestemmt, holte ich zum x-ten Mal den roten Rollator aus dem Kofferraum, klappte ihn auseinander und schob ihn, gleichzeitig mit dem böigen Wind und meinem Schirm kämpfend, zum wartenden Bus.

Und dann flippte ich plötzlich aus. Mitten auf der Kreuzung. Direkt vor einer Kirche.

»Dieser gottverdammte Regen! Diese ganze gottverdammte Reise!«, kreischte ich am heiligen Sonntagmorgen wie eine Irre durch die Gegend.

Ich wollte mich nur noch auf den Boden schmeißen und von Wind und Regen in den nächsten Gully fegen lassen.

Das scheußliche Wetter und die ständige Sorge um meine Mutter hatten mich restlos fertiggemacht. Pausenlos für jede Kleinigkeit verantwortlich zu sein und Tag und Nacht jeder Bitte, jedem Auftrag, jeder Pflicht nachzukommen, hatte mich mein letztes bisschen Kraft gekostet. Wenn ich einmal Zeit für mich hatte, reichte sie gerade, um meine Batterien neu aufzuladen. Mir war nicht einmal der Luxus gegönnt, mich selbst zu überfordern; jemand anders erledigte das für mich. Wie schaffen es manche nur, rund um die Uhr ein Familienmitglied zu betreuen, ohne dabei durchzudrehen?

Als ich zum Bus kam, war ich so wütend, wie ich nass war. Das Haar klebte mir am Kopf, und mit der zerlaufenen Augenschminke im Gesicht sah ich wahrscheinlich aus wie Frankensteins Tochter. So fühlte ich mich auch.

Der Busfahrer wartete neben dem Gepäckraum, aber statt ihm den Rollator zu übergeben, schleuderte ich das Ding mit aller Gewalt durch die offene Klappe. Sollte es meinetwegen in tausend Stücke zerspringen! Ich war wütend auf den Rollator, wütend, dass meine Mutter auf ihn angewiesen war, wütend, dass ich nach seiner Pfeife tanzen musste.

»Wir haben extra auf Sie gewartet«, flötete die junge Reiseführerin zuckersüß, als ich mich in triefenden Schuhen die Treppe des Busses hinaufhievte.

»Stimmt doch gar nicht!«, schnauzte ich sie an. »*Wir* haben fast eine Stunde auf *Sie* gewartet. Sie hätten weiß Gott den Anstand haben können, im Hotel anzurufen und Bescheid zu sagen, dass Sie mit Verspätung kommen.«

Ich schaute den Gang hinunter und sah nichts als eine Busladung giftiger Blicke. Keiner hier hatte nur das Geringste für eine schlecht gelaunte Mitreisende übrig, die die ganze Tour aufgehalten hatte.

»Lass doch, jetzt sind wir ja hier«, flüsterte Mama beschwichtigend und tätschelte mir nervös den Arm, als ich mich neben ihr auf den Sitz fallen ließ. »Jetzt kannst du dich zur Abwechslung mal zurücklehnen und alle viere von dir strecken.«

Tja, was soll man da noch sagen? Wenn du mit einem Behinderten unterwegs bist, muss einer von euch beiden das Ekel sein, und der Mensch mit der Behinderung ist es bestimmt nicht.

Was ich auf dieser gemeinsamen Reise unter anderem entdeckte, war die positive Einstellung meiner Mutter. Die meiste Zeit war sie vergnügt und locker, nahm fast alles lächelnd hin – selbst ihre Schmerzen. Abgesehen von den ersten zwei Tagen und gelegentlich versuchten Verstößen gegen die Anschnallpflicht, die ich ihrer Vergesslichkeit zuschrieb, war sie sanft wie ein Lamm.

Das war nicht die Mutter, die ich aus meiner Kindheit in Erinnerung hatte. Ich erinnerte mich einer angespannten, rastlos aktionistischen Frau, die mit ihren Gedanken immer woanders war, die weder die Zeit hatte, mit mir im Sandkasten zu buddeln, noch das Interesse, mit Barbiepuppen zu spielen. Wenn sie sich »Zeit für mich« nahm, dann indem sie mir erlaubte, sie beim Einkaufen zu begleiten oder zu einem Interview, das sie für einen Artikel führen musste, an dem sie gerade arbeitete. Untätigkeit war ihr ein Gräuel; Muße gab es in unserer Familie nicht. Hier, in Italien, war sie ganz anders. Sie *drängte* mich, abzuschalten und langsam zu treten. Wer war diese Frau und wo hatte sie während meiner Kindheit gesteckt?

Auf unserer Reise durch Italien waren alle begeistert von Mama. Sie fanden sie erfrischend – sogar anregend, wie einige sagten. Sie staunten darüber, welchen Durchhaltewillen sie trotz ihrer körperlichen Behinderungen aufbrachte und wie engagiert sie schien.

Ich hingegen war die ewig gehetzte, verärgerte Tochter, die Xanthippe mit dem verkniffenen Gesicht, der gereizten Stimme, dem rigiden Reiseprogramm, der Drache, der Feuer spuckend das Regiment führte. An welchem Punkt in unserem Leben hatten wir die Rollen getauscht?

Als ich vor mehreren Monaten mit einer Freundin ein Glas Wein trinken gewesen war, hatte ich entsetzt festgestellt, dass ich dasaß wie meine Mutter: mit aufgestützten Ellbogen über den Tisch gebeugt, wobei ich zunächst die Handflächen gegeneinanderrieb, bevor ich die Fingerspitzen wie zu einem kleinen Dach aneinanderlegte. Mein Nicken und einige meiner mündlichen Reaktionen zu den Ausführungen meiner Freundin glichen aufs Haar denen meiner Mutter. Ich starrte auf meine Hände – genau wie die meiner Mutter, bis hin zur Form der Fingernägel.

Sofort wechselte ich die Haltung – nur ja nicht aussehen wie Mama. Ich hängte einen Arm über die Rückenlehne des Stuhls und schlug die Beine übereinander; ich drehte mich seitlich und stützte, einen Arm abgewinkelt auf der Rückenlehne, den leicht geneigten Kopf in eine Hand. Keine Ahnung, was meine Freundin sich bei diesen krampfhaften Verrenkungen dachte.

Als ich jetzt neben Mama im Bus nach Pompeji saß, blickte ich zu meinen Handrücken hinunter und bemerkte mit Schrecken die bläulich aufgeschwollenen Adern unter der dünner werdenden kreppartigen Haut. O Gott! Ich drehte leicht den Kopf, um Mama zu betrachten, und dachte an ein Lied der White Stripes, *I'm Slowly Turning Into You*. Dieser Song der Garagenrockveteranen erinnert uns daran, dass die Charakterzüge, die wir bei anderen verachten oder verspotten, oft genau die sind, die uns selbst auszeichnen.

Je näher wir Neapel kamen, desto dichter und chaotischer wurde der Verkehr. Auf der Autostrada herrschte das Faustrecht; kleinere Lastwagen blockierten die Überholspur, Pkws wechselten, ohne Zeichen zu geben, von einer Spur zur anderen, wie es ihnen gerade einfiel (für immer aus dem Verkehr ziehen, diese Idioten!). Wie der Busfahrer in diesem Tumult die Nerven behielt, war mir ein Rätsel. Man hatte mich schon gewarnt, dass der Verkehr in und um Neapel schlimmer sei als sonst wo im Land (wenn nicht sogar weltweit!), und die allgemeine Empfehlung – von Freunden, Reiseführern, Fernsehsendungen und Zeitungsberichten – lautete, Neapel zu meiden wie die Pest.
Aber nicht nur vor dem Verkehr hatte man mich gewarnt.
»Fahr bloß nicht nach Neapel. Und wenn, sei vorsichtig«, hatte mich ein italienischer Freund ermahnt. »Die Neapolitaner versuchen immer, einen über den Tisch zu ziehen.«
Dieser quasi mit dem Megafon verkündete wohlmeinende Rat hatte mir gereicht, Neapel ohne Bedauern von unserem Reiseplan zu streichen.
»Zu schade, dass wir nicht nach Neapel kommen«, seufzte Mama mit leichtem Vorwurf in der Stimme, den

Blick über das Verkehrsgetümmel hinaus nach vorn gerichtet.

»Es ist eine gefährliche Stadt«, erklärte ich.

»Blödsinn«, versetzte sie wegwerfend.

Oh, oh! Ich wusste, was jetzt käme. Sie würde versuchen, mich zu einem Abstecher nach *bella Napoli* zu überreden.

Doch bevor sie den Mund aufmachen konnte, gelang es mir, sie mit einem lauten »Boah! Hast du das gesehen?« abzulenken, als der Busfahrer geschickt eine winzige Lücke im dichten Stau nutzte, um sich auf die Standspur hindurchzumogeln. Im Nu war er an dem ganzen chaotischen Haufen vorbeigezogen und gab Gas.

Solche Verkehrsverhältnisse sind vermutlich zu erwarten in einer Region, wo sechs Millionen Menschen im Bereich des unruhigsten Vulkans leben, den dieser Planet zu bieten hat (der zweite Platz geht an den Ätna in Sizilien). Und wo im Fall eines schweren Ausbruchs nur vielleicht sechshunderttausend gerettet werden können, wie aus den Evakuierungsplänen klar und deutlich hervorgeht. Mit anderen Worten, der Golf von Neapel ist nicht nur das Epizentrum vulkanischer Gefahr, es ist auch das Epizentrum der Verleugnung.

In römischer Zeit hatten die Menschen, die in der Nachbarschaft des Vesuv lebten, keine Ahnung, dass unter ihrem üppig bewaldeten Berg eine Zeitbombe tickte. Sie sahen in ihm nur das beeindruckende Wahrzeichen ihrer Heimat. Vor dem großen Ausbruch im Jahr 79 war der Vesuv knapp zweitausend Meter hoch; seither hat es ihm fünfzigmal buchstäblich den Kopf abgerissen, sodass er heute nur noch knapp dreizehnhundert Meter misst.

Im Jahr 62 hatte ein Erdbeben die Region erschüttert, ein warnender Vorbote kommender Ereignisse. Aber damals verstanden die Menschen Erdbeben nicht. Sie gingen ihren täglichen Geschäften nach, ohne etwas von den brodelnden Magmamassen unter ihren Füßen zu ahnen, bis mittags am 24. August des Jahres 79, als sie gerade den letzten Krümel ihres Weinbrötchens hinunterschluckten und sich anschickten, ein Verdauungsschläfchen zu machen, der Berg explodierte.

Zuerst stieg beinahe lautlos eine gigantische, zehntausend Meter hohe Aschesäule auf, die einer nuklearen Pilzwolke glich. Dann wurden mit einem gewaltigen donnernden Brausen von der Kraft dreier Atombomben ein anderthalb Kilometer langes Stück einer der Bergflanken weggerissen und ein tödlicher Strom aus Feuer, kochendem Schlamm, Giftgasen, Lava, weiß glühendem Gestein und Asche freigesetzt. Viele der Menschen in den Ortschaften flüchteten in die Höhlen an der Küste und die unteren Räume ihrer Häuser, um das Ende des Feuersturms abzuwarten.

In den folgenden zwölf Stunden regnete es Bimssteinbrocken und Asche auf Pompeji und den nahe gelegenen Küstenort Herculaneum. Danach waren beide Städte vom Angesicht der Erde verschwunden, und die Küste um Neapel hatte ihre Gestalt völlig verändert. Lavamassen bedeckten das Land und hatten fast die gesamte Einwohnerschaft der beiden Städte, 25 000 Menschen, unter sich begraben. Das Entsetzen über das Ereignis saß so tief, dass niemals ein Versuch unternommen wurde, die Städte wiederaufzubauen; sie wurden als Friedhöfe belassen.

Ende des achtzehnten Jahrhunderts entdeckten Archäologen durch Zufall unter einer etwa vierundzwanzig Meter dicken Schicht aus Asche und Gestein Herculaneum und Pompeji. Heute sind diese beiden Stätten die faszinierendsten Touristenattraktionen weit und breit, weniger wegen der Ruinen, die ziemlich beeindruckend sind, als

wegen der Art der Reiseführer, vom »Ausbruch von 79«
zu sprechen, als hätte er 1979 stattgefunden.

Unser Bus rollte auf den Parkplatz und setzte uns mitten in einer Massenansammlung von Souvenirläden ab,
die den Zugang zu den Ruinen von Pompeji versperrten.

»Glaubst du, du schaffst das?«, fragte ich Mama skep-
tisch, als wir den langen Weg erblickten, der vom Parkplatz zur Ruinenstadt führte.

»Mal sehen, wie weit ich mit meinem Rollator komme«,
antwortete sie gelassen. »Wenn es schwierig wird, kehre
ich einfach um. Geh du ruhig voraus.«

Jeder von uns erhielt ein kleines Audiogerät mit Kopf-
hörern, damit alle mitbekamen, was die Führerin uns erzählte, während wir durch die Antike stolperten.

»Ich will nichts hören.« Mama drückte mir das Gerät
in die Hand. »Ich will nur schauen.«

Sie schaffte es bis zur ersten Sehenswürdigkeit, dem
Odeon, dem kleinen Theater mit seinen tausend Plätzen.
Mit einem Blick überflog sie die Ruine, schaute mich an,
als wollte sie sagen, schon gesehen, danke, wendete ihren
Rollator in Richtung Parkplatz und Souvenirläden und
schlurfte davon. Als unsere Gruppe sich der von Säulen-
hallen umschlossenen Großen Palästra zuwandte, hob
unsere Führerin plötzlich den Arm, um Schweigen zu gebieten, und sah mich fragend an.

»Wo ist Ihre Mutter?«, donnerte ihre Stimme mir aus
dem Kopfhörer ins Ohr.

»Oh, machen Sie sich keine Sorgen um sie«, antwortete
ich übertrieben freundlich, um meine frühere Grobheit
wieder gutzumachen. »Sie sieht sich alles hier in ihrem
eigenen Tempo an.«

Alle Köpfe drehten sich nach mir, Blicke trafen mich,
wie sie den übelsten Verbrechern vorbehalten sind. In den
nächsten Minuten beschäftigte ich mich intensiv mit dem

Inhalt meiner Handtasche, bis die Gruppe sich entfernte, um über meine Strafe zu beraten.

Wir trotteten durch Thermen; wir sahen Backöfen und Fresken, von Wagenrädern durchfurchte Straßen, *tabernae* und *thermopolia* (das, was wir heute Fastfood-Tempel nennen). Wir bewunderten herrschaftliche Villen, ihre Atrien und Innenhöfe mit Brunnen und Hausaltären. Mosaiken und kunstvolle Keramikarbeiten umrahmten Gärten, Türen und Wasserbecken. Eine Fülle von Skulpturen, Bronzen und Friesen zeugte von der Bedeutung und der allgemeinen Würdigung, die Kunst und Architektur in Pompeji genossen hatten. Es war wirklich ein bemerkenswerter Ort.

Aber auch profaneren Dingen war die Stadt nicht abhold gewesen. Der Australier, dem ich am Vortag in der *gelateria* in Sorrent begegnet war, hatte recht: Die käufliche Liebe war in Pompeji ein florierendes Geschäft gewesen. Das Freudenhaus, das wir besuchten, das Lupanare (nach dem lateinischen *lupa*, das sowohl Wölfin als auch Hure bedeutete), hatte zehn Räume auf zwei Etagen, jeder mit einer steinernen Liege ausgestattet. Sehr bequem konnte das nicht gewesen sein. Die Eingangshalle war mit farbigen Fresken verziert, die bei näherem Hinschauen sehr eindeutig für die Dienste warben, die in diesem Etablissement angeboten wurden. Wie hätten Sie's denn gern? Doggie-Style? Im Stehen? In Kauer- oder Missionarsstellung? Vielleicht ein bisschen Blasen zum flotten Dreier?

Während die anderen gehorsam nach oben stiegen, um sich die übrigen Räume anzusehen, blieb ich zurück, studierte die Fresken, glich sie mit meinen eigenen Erfahrungen ab und fragte mich dabei, ob Prostitution die passende Karriere für mich gewesen wäre.

Nach zwei Stunden näherten wir uns wieder dem Parkplatz. Ich sah Mama bei den Souvenirläden die Runde machen. Glücklich wirkte sie nicht.

»Ein Schmutz ist das hier!«, verkündete sie entrüstet. »Überall haben sie Poster und kleine Statuetten von einem Mann mit einem Riesen- äh …«

»Penis?«, half ich ihr aus der Verlegenheit und nahm eine kleine Priapusfigur von einem der Tische vor den Souvenirbuden. Hier konnte man den Sohnemann von Dionysos und Aphrodite und sein beeindruckendes Glied auf Postern, Kugelschreibern und Kalendern, als Statuette und Schlüsselanhänger in jeglicher Größe genießen.

»Widerlich ist das«, empörte sich Mama kopfschüttelnd und mit gerümpfter Nase.

»So was könntest du doch deinen Bridge-Damen mitbringen«, neckte ich sie. »Denen würde so ein Souvenir gefallen, meinst du nicht?«

»Also, wirklich! Wie kannst du nur so etwas sagen?«, schimpfte sie. »Leg das Ding sofort wieder hin!«

Mein Blick fiel auf ein Sortiment Kühlschrankmagneten, auf denen die Bordellszenen aus dem Lupanare abgebildet waren. Ich nehme mir von meinen Reisen immer solche Magneten mit, und die hier wären ein echter Clou gewesen. Aber Mama wich mir nicht von der Seite. Wenn sie mitbekam, dass ich sie kaufte, würde sie mir ewig vorhalten, dass dies ein Zeichen meines moralischen Niedergangs sei.

»Weißt du«, begann ich in belehrendem Ton, immer noch die Priapusfigur in der Hand, »es gibt da eine interessante Geschichte. Der Bursche war ein griechischer Gott der Fruchtbarkeit und –»

»Jetzt reicht's aber wirklich, Jane!« Sie schleuderte ihren Rollator herum, warf den Kopf in den Nacken und rumpelte davon.

Nach dem Mittagessen – und die Pizza wäre gut gewesen, wäre der Kellner nicht auf dem Weg zu unserem Tisch im Freien vom Regen überrascht worden –, brach unsere

Gruppe zum Vesuv auf. Über den Himmel zogen heimtückische dunkle Wolken.

Nach der Fahrt durch ein gehobenes Wohnviertel folgte unser Bus einer gepflasterten Allee, die stetig aufwärtsführte. Mehrmals knackte es mir auf dem steilen Anstieg in den Ohren. Mit geschlossenen Augen saß Mama stocksteif neben mir, während das große, schwerfällige Fahrzeug eine Kehre nach der anderen nahm. Wie ich an früherer Stelle schon einmal sagte, hat meine Mutter nicht viel übrig für Höhenluft. Ich versuchte, sie abzulenken, indem ich sie auf die dichten Pinienwälder jenseits der Straße und den vielen Ginster aufmerksam machte, der nur noch Wochen davon entfernt schien, zu seiner ganzen gelben Pracht zu erblühen. Doch sie weigerte sich, die Augen zu öffnen.

Allmählich wich das bukolische Grün einer öden Mondlandschaft in Grau, Schwarz und Braun, wo dunkle Lavaströme vom letzten Ausbruch des Vesuv im Jahr 1944 zu Formen erkaltet waren, die den Windungen massiger Pythonschlangen glichen.

Kantige, ungestalte Felsbrocken lagen wie ausgelaugt in der durch die vielen Ausbrüche beinahe zu Tode geschundenen Landschaft.

»Wenn Sie den Krater sehen wollen, müssen Sie zu Fuß hinaufgehen – das dauert ungefähr eine halbe Stunde und kostet sechs Euro extra«, teilte uns die Führerin mit, als der Bus auf einem fast leeren Parkplatz anhielt.

Ich sprang von meinem Sitz auf. Ein langer Spaziergang war genau, was ich brauchte.

»Du willst da hoch?« Erschrocken packte Mama mich am Arm. »Fall mir nur nicht rein.«

Ich war als Erste aus dem Bus und marschierte sofort los. An der Parkplatzschranke schaute ich mich um; ich wollte sehen, wer noch alles die Herausforderung annahm.

Niemand. Ich konnte es nicht glauben. Ich wollte schon umkehren und die ganze Bande aufmischen, als zwei Gestalten niedergedrückt dem Bus entstiegen. Ich glaube, ihre Ehepartner hatten sie dazu verdonnert.

Ich zahlte für den Eintritt und nahm in dichtem Nebel einen kahlen Fußweg aus rotbrauner Erde in Angriff, der sich, soweit ich erkennen konnte, in spitzen Kehren zum Gipfel hinaufwand.

Es war eine gespenstische Wanderung in ahnungsvoller Stille, nur hin und wieder vom Geräusch eines kleinen Bimssteinbrockens unterbrochen, der den Hang hinuntersprang. Ich hob ein paar solcher Steine auf und steckte sie mir als Andenken ein.

Unterwegs begegnete ich Horden junger Leute auf Schulausflug, alle mit den gelangweilten, blasierten Gesichtern einer Generation, die ständig neue Reize braucht. Was sind das für Zeiten, in denen eine Tour auf einen lediglich schlummernden Vulkan nicht ausreicht, um Teenies »voll zu flashen«? Eine Gruppe lagerte auf einem Rastplatz am Wegesrand, und mit der Penetranz durstiger Esel jammerten die Kids nach Cola. Lieber Gott, lass den Berg jetzt rülpsen. Aber der Herr in seiner Weisheit ignorierte meine Bitte.

Ehe ich mich's versah, hatte ich den Gipfel und den gähnenden Krater erreicht, an dessen Rand sich knollige, zerklüftete Felsen aufgetürmt hatten. Zwischen feinen Nebelfäden hindurch entdeckte ich auf dem Grund des Kraters ein paar schneebedeckte Stellen – ein gutes Zeichen, sagte ich mir.

Ich stellte mir den Ort im Moment des Ausbruchs vor – Stöße kochender Lava, durch die Luft geschleuderte Felsbrocken, das Donnern der Eruption. Es erinnerte mich an vergangene Kämpfe mit meiner Mutter. Und hier war er nun, der Krater, ausgetrocknet, friedlich, erschöpft.

Es ist bei einem Besuch dort oben nicht leicht zu erkennen, vor allem nicht bei unfreundlichem Wetter, aber der Vesuv wird vom Osservatorio Vesuviano in Neapel genauestens überwacht. Seismische Messstationen, das GPS – das globale Navigationssatellitensystem zur Positionsbestimmung und Zeitmessung –, Satellitenaufnahmen, Bodenmessradar und chemische Analysen der aus Fumarolen und Ausbruchskanälen aufsteigenden Gase werden zur Beobachtung magmatischer Aktivität eingesetzt. Mit den gewonnenen Informationen könnten sich die Menschen wenigstens einen kleinen Vorsprung verschaffen, falls der Vesuv erwachen sollte. Und er wird es, keine Frage.

Der Wissenschaft zufolge befindet sich der Vesuv in einer fünfzigjährigen Ruhephase, was bedeutet, dass ein Ausbruch eigentlich überfällig ist. Zeit, die Evakuierungspläne aus der Versenkung zu holen, obwohl sie kaum Trost bieten. Denn darin heißt es, dass man eine Woche bis zehn Tage brauchen würde, um die gesamte Bevölkerung Neapels und seiner Umgebung zu evakuieren. Nun, damit war mein Beschluss jedenfalls besiegelt: Keinesfalls würden wir nach Neapel hineinfahren.

»Eine Woche ist eine lange Zeit, wenn man bedenkt, was der Vesuv damals im Jahr 79 an nicht mal einem Tag alles zerstört hat«, sagte ich zu unserer jungen Führerin, als wir alle wieder im Bus saßen.

»Sie versuchen, die Leute dazu zu bewegen, aus der *zona rossa*, dem Gebiet rund um den Berg, wegzuziehen«, antwortete sie. »Man bietet ihnen sogar Geld.«

»Und nehmen sie es?«, fragte ich, während unser Bus die öden Höhen hinter sich ließ und wieder in die fruchtbare, beschauliche Küstenlandschaft eintauchte.

»Nicht viele. Die Leute sind hier eigensinnig«, erklärte sie mit einem entschuldigenden Lächeln und einem Schulterzucken.

Die Teilnehmer der Zweiten Internationalen Konferenz zur Frühwarnung vor Naturkatastrophen beschloss 2003, eine Verbesserung des Evakuierungsplans sofort in Angriff zu nehmen. »Ziel ist, den Zeitbedarf in etwa zwanzig bis dreißig Jahren auf zwei oder drei Tage zu senken«, heißt es da.

An diesem Abend aßen Mama und ich, gesund und wohlbehalten zurück in Sorrent, im Dachrestaurant des Hotels *Mediterraneo*, mit direktem Blick auf den Vesuv jenseits des Golfs von Neapel. Die Bergspitze war jetzt in eine Wolke gehüllt, und wir sahen zu, wie sich die rosigen Töne des Sonnenuntergangs langsam mit dem blasser werdenden Blau des Himmels mischten. Ein Restaurantschiff glitt friedlich durch den Golf, während die ersten Lichter Neapels die Küste erleuchteten.

Ist es ein Wunder, dass die italienische Seele sich von so viel Schönheit einlullen lässt? Vulkane? Ach was!

## · 12 ·

## Viterbo

Ich hatte es ihr hundertmal gesagt. »Von Sorrent fahren wir weiter nach Viterbo. Dort bleiben wir drei Wochen, und Colin besucht uns für drei Tage.«

Unsere Reise war zur Hälfte um; seit drei Wochen waren wir Tag für Tag zusammen, und ich dachte mir, dass ein kurzes Intermezzo mit Colin glättend auf unsere rauer werdenden Umgangsformen wirken würde. Aber Mama tat weiterhin so, als hätte sie nie von Viterbo gehört. Wie oft musste ich sie noch daran erinnern?

Dabei war ich überzeugt, dass gerade Viterbo für sie zum absoluten Hit werden würde. Die kleine Stadtvilla aus dem 13. Jahrhundert, die ich für uns aufgetan hatte, stand mitten im San Pellegrino-Viertel – dem mittelalterlichen Teil der Stadt, wie ich der Beschreibung im Internet entnommen hatte. Die Eigentümerin, die in Großbritannien lebte, hatte mich mit reichlich Informationen über die Stadt und das Haus versorgt. Auch ihre Eltern seien nicht mehr jung, hatte sie geschrieben, sie könne also die Bedürfnisse meiner Mutter nachvollziehen.

Was die Stadt angeht, so nahm sie einst eine wichtige Stellung in der Kirchengeschichte ein. Viterbo liegt etwa hundertzehn Kilometer nordwestlich von Rom und machte zeitweise der Hauptstadt den Rang als päpstliche

Residenz streitig. Hierher zogen sich Päpste und Kardi-
näle zurück, wenn die politischen Intrigen in Rom zu gefährlich wurden. Der Begriff »Konklave« wurde in Viterbo
geprägt; Thomas von Aquin predigte von Viterbos Kan-
zeln; und Friedrich Barbarossa, von 1155 bis 1190 Kaiser
des Heiligen Römischen Reiches, ritt durch die Straßen
der Stadt. Als Franco Zeffirelli 1968 einen mittelalterlichen Schauplatz für seinen Film *Romeo und Julia* suchte,
zog er Viterbo dem schönen Verona vor.

Und wenn es stimmte, dass man aus unserer Haustür
praktisch ins nächste Antiquitätengeschäft fiel, würde
dies für Mama das Paradies sein und auch für mich eine
Wohltat. Endlich müsste ich eine Weile nicht Auto fahren
und könnte mich ins Leben einer italienischen Kleinstadt
hineinbegeben und vorübergehend – vielleicht eines Tages
sogar auf Dauer, wer konnte das sagen? – Wurzeln fassen.
Ich konnte es kaum erwarten, dort anzukommen, auch
wenn meine Reisegefährtin hinsichtlich dieser Stadt von
chronischer Amnesie befallen zu sein schien.

Die Sonne lachte, als wir die A1 hinauffuhren. Es war
kaum Verkehr, die Strecke war angenehm, und wir bogen
nirgends falsch ab. Mama war ungewöhnlich still, die Reaktion darauf, dass es nicht nach ihrem Kopf ging.

»Was wollen wir überhaupt in Viterbo?«, quengelte sie
zum x-ten Mal.

Herr im Himmel! »Warum fragst du mich das immer
wieder?«

»Weil du es nicht mit mir besprochen hast.«

»So ein Quatsch!«, gab ich zurück. »Du hast gesagt, du
willst die Planung mir überlassen. Ich habe dir von Viterbo
erzählt. Ich habe dir Fotos von dem Haus gezeigt, das wir
gemietet haben. Wieso bist du plötzlich so überrascht?
Und wieso fängst du erst jetzt an, unsere Pläne in Frage zu
stellen? Ich habe das alles vor Monaten festgemacht.«

Sie antwortete nicht, sondern kniff die Lippen zusammen und starrte zum Fenster hinaus.

In Viterbo angelangt, folgte ich den Schildern zum *centro storico* bis zur Via San Pellegrino. Die mit Kopfsteinen gepflasterte Straße wurde immer enger, bald sah es aus, als gäbe es mit dem Auto kein Durchkommen mehr. Ich hielt am Rand einer kleinen, verlassenen Piazza. Es war wohl gescheiter, sich zu Fuß auf die Suche nach unserem Quartier zu machen.

»Du bleibst hier«, sagte ich so freundlich wie möglich zu Mama, die bockig blieb wie ein Kind. »Von hier aus kann es nicht mehr weit sein.«

Im schmalen Stück einer teilweise überdachten Straße nur wenige Ecken von der Stelle entfernt, wo ich geparkt hatte, fand ich das Haus von Signora Marconi. Sie kümmerte sich um das Anwesen meiner Vermieterin, wenn diese nicht im Land war. Ich klopfte. Ein hochgewachsener Mann öffnete. Schnell stellte sich heraus, dass weder Signor noch Signora Marconi des Englischen mächtig waren.

Ich zog meinen Sprachführer heraus. Wie das in solchen Situationen immer ist, fiel mir nur völliger Blödsinn wie *voglio fare l'amore con te* ein, ich will mit dir schlafen, aber nicht, hallo, ich bin die Mieterin des Hauses drüben in der Soundsostraße. Können Sie mir bitte den Schlüssel geben?

Schließlich gelang es mir aber doch, dem Paar begreiflich zu machen, was die reisemüde Kanadierin vor ihrer Tür von ihnen wollte. Signora Marconi nahm ihre schwarze Wolljacke und den Hausschlüssel und führte mich zurück bis zur Via San Pellegrino, die wir überquerten, ehe wir in einen weiteren kopfsteingepflasterten Engpass einbogen.

Je tiefer wir in die Gasse, die etwas von einer Gruft hatte, hineingingen, desto mulmiger wurde mir. Die Kopfsteine waren holprig, wie Kopfsteine das so an sich haben, nur noch ein bisschen schlimmer. Ich fragte mich, ob Mamas Rollator mit Stoßdämpfern ausgestattet war. Für einen gesunden Menschen im Vollbesitz seiner Kräfte war das hier keine große Strecke, aber für eine in ihrer Bewegungsfähigkeit eingeschränkte alte Frau würde es der reinste Hinderniskurs sein. O Mist!

»*Essa.*« Signora Marconi zeigte mir das Haus. Sein ganzer nicht zu leugnender Charme schwand angesichts der steilen, etwa zwölf Stufen hohen Treppe zur Haustür hinauf. O Kacke!

Jetzt reg dich nicht gleich auf, dachte ich bei mir. Warte ab, wie es innen aussieht.

Aber gleich, als ich die Schwelle überschritt, wusste ich es. Das war nicht das Richtige für Mama. Ganz und gar nicht. O Scheiße!

Das Haus hatte zwei Schlafzimmer, eins im Unter-, eins im Obergeschoss. Mama würde auf dem Klappsofa in der Küche – im Hauptgeschoss – schlafen müssen, wenn sie drinnen keine Treppen steigen wollte. Ich hörte schon ihre lautstarken, empörten Proteste. Wenigstens gab es ein Badezimmer und einen Wäscheraum im Hauptgeschoss.

Ich tat ganz aufmerksam, während Signora Marconi mir auf Italienisch erklärte, wie die Heizung funktionierte. In Wahrheit überlegte ich krampfhaft, wie ich Mama das Arrangement hier verkaufen sollte. Es war ja nicht so, dass wir eine Alternative hatten.

Von der Küche führte eine Wendeltreppe aus schwarzem Schmiedeeisen zu einem Mansardenzimmer hinauf. Ach ja, das Mansardenzimmer. Vom ersten Moment an, als ich Bilder davon im Internet gesehen hatte, hatte ich von diesem Schlafzimmer mit den uralten nackten Steinmauern und dem schrägen Dach geträumt. Ich hatte es bereits für diese drei Wochen zu meinem ganz privaten kleinen Reich erkoren und mir zärtliche Stunden mit Colin vorgestellt.

Begierig, mein zukünftiges Liebesnest in natura zu besichtigen, stieg ich die Treppe hinauf, reckte den Hals und – *Peng!* Mein Kopf machte Bekanntschaft mit der scharfen Kante einer der eisernen Setzstufen.

Schneidender Schmerz durchfuhr mich und brachte wochenlang angestaute Spannung mit einem Schlag zur Entladung. Ich fing an, hemmungslos zu heulen. Signora Marconi stand verlegen da und wusste nicht, wo sie hinschauen sollte, ob sie versuchen sollte, mich zu trösten, oder besser abwartete, bis mein Ausbruch sich legte. Ich bemühte mich, die Fassung wiederzugewinnen, aber jedes Mal, wenn ich glaubte, ich hätte es geschafft, riss mich die nächste Welle krampfhaften Schluchzens fort.

Durch Tränenschleier bemerkte ich einen kleinen Willkommenskorb, den die Hauseigentümerin uns hingestellt hatte: Stadtplan, Kekse, ein Brief mit meinem Namen darauf und eine Flasche Wein. Ich kämpfte den Impuls nieder, der Flasche den Hals durchzuschlagen und den Inhalt in einem Zug hinunterzukippen. Stattdessen nahm ich den Plan von Viterbo und den Brief an mich und wandte mich zum Gehen.

Signora Marconi und ich eilten zurück zu ihrem Haus. Wir versuchten, uns miteinander zu unterhalten, aber keine von uns konnte sich der anderen verständlich machen. Außerdem hatte ich immer noch Mühe, meine Gefühle in den Griff zu bekommen, jedes Mal, wenn ich den Mund öffnete, drohte der nächste Heulanfall. Verzweifelt überlegte ich, was ich nun weiter tun sollte.

Bei Signora Marconi zu Hause erklärte mir die Tochter, die etwas Englisch sprach, dass im ganzen mittelalterlichen Teil Viterbos das Parken verboten war. Mama und ich würden den Wagen außerhalb stehen lassen und unser

Gepäck zu Fuß befördern müssen. Die Situation wurde von Minute zu Minute unhaltbarer. So klar und deutlich wie möglich teilte ich den beiden mit, dass wir das Haus nicht nehmen könnten.

»*Non solo una notte*«, fügte ich hinzu. Nicht einmal für eine Nacht. Ich versprach Signora Marconis Tochter, dass ich noch heute Abend mit der Hauseigentümerin telefonieren würde.

Dann kehrte ich zum Auto zurück. Mama saß da, wie ich sie zurückgelassen hatte – kerzengerade, die Handtasche fest auf dem Schoß, mit steinernem Blick. Ich stieg ein, vergewisserte mich, dass die Fenster geschlossen waren – und begann wieder zu heulen.

Ich heulte aus Enttäuschung, aber auch vor Erschöpfung und Müdigkeit, aus Frustration und Selbstmitleid. Es war ein ähnlicher, nur heftigerer Ausbruch wie in Sorrent. Ich war es leid. Ich war es leid, kreuz und quer durch dieses gottverdammte Land zu preschen und den Wagen durch immer kleinere Ortschaften mit immer engeren Straßen zu manövrieren, wo man zwischen Fußgängern Slalom fahren musste. Ich war es leid, für den Weg, die Unterkünfte, die Restaurants und die Kommunikation mit den Italienern zuständig zu sein, dafür zu sorgen, dass die Reise glattlief, und Fehler auszubügeln, wenn dem nicht so war. Ich hatte genug von dem miesen Wetter und dem miesen Essen – ich hätte weiß Gott was für einen großen Salat mit mehr als Eisbergsalat gegeben.

Mama hatte vorgeschlagen, mich ab und zu am Steuer abzulösen, um mir den ständigen Druck abzunehmen und mir die Gelegenheit zu erholsamen Nickerchen zu geben. Und das wäre sicher eine Möglichkeit gewesen, hätte ich in der Slowakei oder, schlimmer noch, im Straßengraben landen wollen. Im Augenblick konnte ich nichts anderes denken, als dass unsere Pläne einschließlich unserer Unterkunft im Eimer waren.

»Armes Kind.« Unbeholfen tätschelte meine Mutter mir den Arm. »Ich wusste, dass es nicht klappen würde.«

Herzlichen Dank. Das war doch schon mal ein Riesentrost.

»Was sollen wir denn jetzt tun?«, jammerte ich. »Wir wollten drei Wochen hierbleiben, und jetzt wissen wir nicht, wohin.«

»Wir nehmen ein Hotel«, entschied Mama. Sie war unerschütterlich. »Fahr einfach. Wir werden schon eins finden.«

Nach vielen Anfragen und vielen Absagen schlugen wir im Vier-Sterne-Hotel *Nibbio* unmittelbar außerhalb der Festungsmauern von Viterbo auf. Sie hatten ein Zimmer für uns, aber ich zog ihnen einen Stern ab, als keiner uns mit dem Gepäck half. Der Parkplatz war in einem Hinterhof, doch den dortigen Hoteleingang durften die Gäste nicht benutzen – nicht einmal wenn sie Gepäck zu tragen hatten. Es war völlig unsinnig. Das Hotel hatte außerdem keine Bar und kein Restaurant. Das kostete weitere zwei Sterne.

Als Erstes telefonierte ich mit der Eigentümerin des Hauses, das wir gemietet hatten, und erklärte ihr, warum es für uns nicht geeignet war. Sie war so nett, mir eine Rückerstattung zuzusagen.

Danach rief ich Colin an, der uns später in der Woche besuchen wollte. Unser ganzer schöner Plan sei ins Wasser gefallen, berichtete ich ihm weinerlich, und im Moment wisse ich nicht, wie es weitergehen solle.

Ich machte noch einen dritten Anruf bei einer Bekannten, Sofia, mit der ich ein paar Monate zuvor in Toronto das letzte Mal gesprochen hatte. Sie lebte jetzt überwiegend in Italien und hatte gesagt, ich solle sie und ihren

Mann unbedingt besuchen, ich könne bleiben, so lange ich wolle. Selten nehme ich solche großzügigen Einladungen an, vor allem nicht von Leuten, die ich kaum kenne, aber das sollte sich jetzt ändern.

»Ihr müsst kommen und bei uns wohnen«, entschied Sofia sofort, als ich ihr am Telefon von unserem Dilemma erzählte. »Wann könnt ihr hier sein?«

»Wie wär's morgen?«, fragte ich kühn.

»Oh, morgen geht's schlecht, tut mir leid«, erwiderte sie bedauernd. »Unser Auto ist gerade in der Werkstatt. Aber übermorgen?«

Abgemacht.

Ich gab am Empfang Bescheid, dass wir eine Nacht länger bleiben würden. Dann holte ich für Mama und mich Pizza und Wein in einem Restaurant in der Nähe, und wir aßen in unserem Zimmer.

Als wir begonnen hatten, Reisepläne zu schmieden, hatten Mama und ich unter anderem vereinbart, dass wir diese gemeinsame Zeit dazu nutzen wollten, offen über alte Ressentiments zu sprechen und zu versuchen, sie zu klären. Ich hatte sie gebeten, sich drei Dinge zu überlegen, die sie über die Jahre immer wieder an mir gekränkt oder geärgert hatten, und versprochen, das Gleiche in Bezug auf sie zu tun.

»Ha«, hatte Mama sogleich abwehrend geknurrt, »da wirst du nicht viel vorweisen können. Ich war immer eine vorbildliche Mutter.«

Als wir jetzt schweigend unsere Pizza kauten, dachte ich, wenn wir diese Diskussion jemals führen wollen, warum nicht gleich?

»Ich hab dich doch vor unserer Reise gebeten, dir drei Dinge zu überlegen, die du mir übel genommen hast, weißt du noch?«, begann ich. »Hast du Lust, jetzt mit mir darüber zu reden?«

Ohne mit der Wimper zu zucken, ohne eine Frage, wovon ich redete, klappte Mama ihre Handtasche auf, zog einen kleinen weißen Zettel heraus, der ziemlich abgegriffen aussah, und kam ohne Umschweife zur Sache.

»Erstens hast du dich deine ganze Jugend deinem Vater und mir gegenüber völlig gleichgültig verhalten. Du hast nie auf uns gehört. Du hast uns immer nur zu verstehen gegeben, dass wir gefälligst den Mund halten sollen. Du warst unglaublich eigensinnig.«

Ich setzte zu einer Erwiderung an, aber sie war schon bei Punkt zwei.

»Zweitens hast du dich völlig verändert, nachdem du dein Studium angefangen hattest. Du bist damals – es war dein erstes Jahr in Ottawa – zu Thanksgiving übers Wochenende nach Hause gekommen und warst nicht mehr wie früher.

Drittens, die Wahl deiner Ehemänner. Auch hier hast du nie auf uns gehört. Und das Resultat? Na, ich kann nur sagen, klug gewählt hast du kein einziges Mal.«

Ich starrte auf die Flasche Wein. Ich trank allein, aber es sah aus, als würde sie für diese Diskussion nicht reichen.

»Selbst als du noch klein warst, hast du dich nie an uns angeschlossen«, fuhr Mama fort. Sie war jetzt in Fahrt gekommen und brachte, ohne sich an die Spielregeln zu halten, gleich Punkt vier aufs Tapet. »Dein Streben nach Ungebundenheit war kränkend. Wenn wir irgendwo in einem Ferienhaus Urlaub gemacht haben, hast du dir am Strand jedes Mal eine andere Familie gesucht und dich ihr angeschlossen.«

War das wirklich wahr?

»Und was habt ihr dagegen getan?«, fragte ich. Selbstverständlich konnte ich mich an diese Geschichten nicht erinnern.

»Was hätten wir denn tun können?«, entgegnete Mama kopfschüttelnd. »Wir versuchten, es mit Humor zu nehmen, und sagten uns, so ist sie eben. Aber es hat wehgetan. Besonders deinem Vater.«

Ah ja. Jetzt zieht sie Trumpfass. Um mir den Todesstoß zu versetzen, wenn sie in einer Auseinandersetzung die Oberhand gewinnen will, braucht sie nur meinen Vater zu erwähnen.

Sofort sprangen mir die Tränen in die Augen, und der ganze Schmerz über den Verlust kehrte wieder. Wie meine Mutter war auch mein Vater streng und auf Formen bedacht gewesen, aber anders als meine Mutter merkte er, wenn ich in der Seele verletzt war, und setzte sich dann abends zu mir aufs Bett, um meinen wilden Jammer zu lindern. Er fing meine Ausbrüche auf, indem er die Stimme senkte und in ruhigem Ton sagte: »Ach, Jane ...« In solchen Situationen gab Mama mir unweigerlich mit der gleichen Lautstärke und den gleichen wütenden Anklagen heraus. Mein Vater war Argumenten offen, für meine Mutter waren sie nichts als kindliche Taktik, um die elterliche Autorität zu unterminieren.

Wie sehr wünschte ich mir, mein Vater wäre jetzt hier, nicht nur, um bei diesem Gespräch der Mediator zu sein, sondern einfach, damit ich ihn hier in Italien bei mir haben könnte.

Der Wein begann zu wirken. Es war kein guter, er war herb und bitter. Ich nahm mir vor, bei diesem Gespräch nicht herb und bitter zu sein.

»Dann lass uns doch mal über diesen vierten Punkt reden«, sagte ich in dem Bemühen, erwachsen und positiv zu reagieren. »Ich war damals drei Jahre alt, stimmt's? Ich kann nicht erklären, warum ich mich so verhalten habe.«

Es war die perfekte Gelegenheit, Mama zu sagen, dass mehr Zärtlichkeit und weniger Maßregelung von ihr vielleicht hilfreich gewesen wären, aber das wäre Kritik an ihrer elterlichen Kompetenz gewesen. Ich wollte aus dem Gespräch kein Tennismatch machen, bei dem eine die andere auf dem falschen Fuß zu erwischen versuchte. Ich war bereit, meinen Anteil an Schuld auf mich zu nehmen und meine Unzulänglichkeiten einzugestehen, und das Gleiche wünschte ich mir von ihr. Aber sie ist eine harte und gnadenlose Kämpferin, und wenn sie sich zur Schlacht rüstet, dann mit dem Ziel zu siegen.

Doch ich hielt es aus und marschierte tapfer weiter.

»Aber jetzt mal zu deinem zweiten Punkt. Deiner Meinung nach hatte ich mich vollkommen verändert, als ich damals zu Thanksgiving von der Uni nach Hause kam. Ich erinnere mich sehr gut an dieses Wochenende, aber ich frage mich, wie es möglich ist, dass wir es so unterschiedlich in Erinnerung haben.

Ich hatte damals zum ersten Mal das Gefühl, dass du und Dad mich wie eine Erwachsene behandelt. Ich fand das ganz toll. Ich habe an dem Wochenende großartige philosophische Gespräche mit Dad geführt. Ich weiß nicht mehr genau, worüber – vielleicht über Religion oder eine bevorstehende Bundeswahl –, aber ich entsinne mich deutlich, wie wir alle drei im Wohnzimmer saßen und so vernünftig und offen miteinander sprachen. Ich sah das als einen Wendepunkt in unserer Beziehung. Als ich nach Ottawa zurückkam, erzählte ich allen meinen Freunden, wie herrlich es zu Hause gewesen war.«

Ich holte tief Atem.

»Was deinen dritten Punkt angeht, dass ich meine Ehemänner schlecht gewählt habe, kann ich nicht viel zu meiner Verteidigung sagen«, fuhr ich fort. »Zum damaligen Zeitpunkt erschien meine Wahl mir richtig. Sie waren beide gute und anständige Menschen. So wie Beziehungen gedeihen können, können sie auch kaputtgehen. Ich war auch nicht vollkommen. Jeder von uns muss seinen eigenen Weg gehen.«

»Na, deiner ist jedenfalls ziemlich krumm«, bemerkte Mama knapp.

Ich hatte nicht mehr die Energie zu widersprechen. Der Weinkonsum und die Müdigkeit holten mich ein.

Und so kapitulierte ich. »Es tut mir leid.« Ich lallte schon beinahe. »Es tut mir alles sehr leid. Ich kann nichts davon erklären. Es tut mir nur leid. Und es ist wahr, dass ich eigensinnig war – bin. Ich weiß nicht genau, woher das kommt.«

»Dann ist es jetzt wohl Zeit, zu Bett zu gehen«, verkündete Mama förmlich.

Mit steifer Umarmung gaben wir uns einen Gutenachtkuss und machten die Lichter aus.

In der Dunkelheit ging mir das Gespräch in einer Endlosschleife durch den Kopf. Es war weniger der Inhalt, der mir zu schaffen machte, als die Tatsache, dass wir es hatten führen müssen. Wie bei so vielen solcher Gespräche in der Vergangenheit hatte ich mich am Ende dafür entschuldigt, dass ich ich war, was ziemlich paradox ist, wenn man bedenkt, dass meine Mutter die Hälfte des genetischen Materials beigesteuert hat, aus dem ich gezeugt wurde. Ich habe etwas von ihrem Kampfgeist mitbekommen, aber wie mein Vater weiß ich, wann es Zeit ist, das Handtuch zu werfen.

Warum konnte ich nicht einfach anerkennen, dass unsere Beziehung gestört war, und es dabei bewenden lassen? Wir waren schließlich kein Einzelfall. Wozu überhaupt diese Gespräche führen? Wozu in der Vergangenheit herumwühlen, wenn ich mich hinterher nur klein und hässlich fühlte? Immer endete es damit, dass ich mich entschuldigte, als wäre ich allein an der ganzen Misere schuld. Warum brachte ich nicht den Mut auf, zurückzuschießen und Mama zu sagen, was ich wirklich dachte: dass sie eine ständig fordernde Mutter gewesen war, die selten ein gutes Haar an mir gelassen hatte?

Ich hatte gelernt, auf Zehenspitzen um die Dinge herumzuschleichen und die Giftpfeile an mir abprallen zu lassen, nur um den Frieden zu bewahren. Und so waren wir jetzt nur noch fähig, uns auf Zehenspitzen zu bewegen, nicht aber, den Fuß mit dem Vertrauen aufzusetzen, das bedingungslose Liebe hervorbringt. Unsere Zurückhaltung hatte über die Jahre einzig Druck und Spannung erzeugt. Wie bei Ätna und Vesuv kochte und brodelte es bei uns unter der scheinbar ruhigen Oberfläche.

Bevor der Wein mir für die Nacht den Rest gab, fiel mir noch etwas ein. Mama hatte mich nicht nach meinen drei Klagen gefragt. Ob sie es wohl je tun würde?

Am nächsten Morgen beschloss ich, Viterbo eine zweite Chance zu geben. Mama wollte duschen und sich die Haare waschen, also ging ich allein los.

Draußen war es sonnig und kühl, als ich die Piazza della Rocca überquerte, den Hauptplatz der Altstadt. Viele italienische Städte wurden ursprünglich auf Hügelkuppen erbaut und dehnten sich dann die Hänge abwärts aus. Viterbo hingegen nistete zunächst in einer kleinen Ebene zwischen zwei Hügeln und dehnte sich dann die Hänge aufwärts aus.

Auf gut Glück wählte ich eine der schmalen Straßen, die strahlenförmig vom Hauptplatz ausgingen, und folgte einem Weg, der mich langsam durch die verschiedenen geschichtlichen Epochen der Stadt führte: achtzehntes Jahrhundert, Renaissance, Mittelalter. Ich stieß auf die Via San Pellegrino und ging noch einmal zu der kleinen Stadtvilla, die wir hatten mieten wollen. Am Fuß der steilen Vortreppe versuchte ich krampfhaft, doch noch eine Lösung zu finden, die es uns ermöglichen würde, hier zu wohnen, aber es sollte nicht sein. Mamas körperlicher Zustand – und vielleicht auch der seelische – verbot jeden Gedanken daran. So wie sie beisammen war, brauchte sie moderne Hotels mit Aufzügen und leicht erreichbaren Badezimmern. Versuchen Sie mal, das in Italien zu bekommen.

Wieder zurück auf der Via San Pellegrino ging ich weiter zur kleinen Piazza San Pellegrino und setzte mich dort auf die Treppe vor einer Kirche, um mich in Ruhe umzusehen. Alles hier war aus dem vulkanischen grauen Peperino gefertigt, Pfefferstein – die großen glatten Kopfsteine der Straße, die Mauern, die Brunnen, die Kirchen. Schwarzes Schmiedeeisen und hier und dort das Holz einer Haustür boten die einzige Abwechslung zu dieser eintönig graubraunen Tuffpalette.

Es gab eine Unmenge romanischer Torbögen, Loggien, Alkoven und Nischen und einfacher, aber eleganter architektonischer Details. Ich fand das alles wunderbar. Doch es lag auch eine verstörende Stille über der Altstadt. Jedes Geräusch erschütterte die Luft wie eine Schockwelle und brach sich an den hohen Mauern. Das Geflatter der Tauben hörte sich an wie der Flügelschlag eines Schwarms Flugsaurier, das kurze schrille Wimmern einer Kreissäge wie ein gellender Schrei. Ich hörte einen Mann seinem Hund pfeifen; in einem Park in England hätte das freundlich geklungen, aber hier war es scharf und durchdringend. Und beim Geräusch des Wassers, das aus einem Brunnen in der Nähe sickerte, war mir, als hörte ich Blut tropfen.

Ich beschloss, mir einige der umliegenden Läden anzusehen, von denen keiner ein Schild hatte, das angezeigt hätte, was für Geschäfte dort getätigt wurden. In einem Antiquitätenladen, den ich auf gut Glück betrat, befand sich der Eigentümer gerade in vertraulich leisem Gespräch mit einem Kunden oder Freund. Jedermann schien hier mit gedämpfter Stimme zu sprechen. Ich wurde mit einem zurückhaltenden »'*giorno*« und einem etwas zu scharfen Blick zur Kenntnis genommen, dann ging das Gemurmel weiter.

In einem anderen Laden entdeckte ich eine Kollektion sehr schöner kleiner Majolikateller in Blau und Grün für fünf Euro das Stück. Mama sammelt Majolika, und flüchtig dachte ich daran, die Teller zu kaufen – als Friedensgabe oder zur Ablenkung, ich weiß nicht genau. Dann überlegte ich es mir anders, vor allem weil der Ladeninhaber sich durch meine Anwesenheit nur gestört zu fühlen schien, als sei er gar nicht an Kundschaft gewöhnt.

Im dritten Antiquitätengeschäft, in das ich mich hineinwagte, gefiel mir ein Himmelbett aus kunstvoll geschnitztem vergoldetem Holz, von dessen First etwa dreißig Zentimeter wunderschön verblichenen Stoffs herabhingen. Aber auch hier beäugte mich der Inhaber so geringschätzig, dass ich mit leeren Händen und dem starken Eindruck wieder ging, Viterbos Geschäftsleute könnten vielleicht eine Lektion in Sachen Dienst am Kunden gebrauchen.

In der Hoffnung, irgendwo warte vielleicht ein freundlicheres Willkommen, ging ich weiter die Via San Pellegrino hinunter. An der nächsten Piazza musterte mich eine Gruppe zwielichtiger Typen, die wie Verschwörer mit so finsteren Mienen miteinander tuschelten, dass mir unheimlich wurde. Als sie ihr Gespräch sogar unterbrachen und mich unverhohlen anstarrten, wagte ich mich nicht weiter. Was für eine misslaunige Stadt. Es war mehr als schade, dass ich den Spaziergang abbrach, denn so verpasste ich zwei Bauten, die ich gern gesehen hätte – die

Kathedrale San Lorenzo und den Päpstlichen Palast, über den ich so viel gelesen hatte. Aber ich kehrte um und ließ das finstere Mittelalter eilig hinter mir.

Ich gelangte zur Piazza Dante Alighieri. Nichts außer dem Namen des Platzes erinnerte dort an den Dichter. Auf dem einzigen Schild, das ich entdeckte, wurde lediglich erklärt, dass die Kirche hier das letzte wertvolle Beispiel romanischer Baukunst sei. Etwas später jedoch stieß ich auf ein anderes, sehr kleines Gotteshaus, die Chiesa di San Marco, die der Gedenktafel zufolge im Jahr 1180 von Papst Innozenz III. geweiht worden war.

Ich wollte mich so gern für Viterbo begeistern, weil ich die mittelalterliche Kunst und Architektur so hoch schätze, aber diese Stadt reichte mir nicht einmal den kleinen Finger. Ich wanderte noch eine Weile umher und sagte mir schließlich, dass Viterbo für ein paar Tage ganz in Ordnung sei, aber nicht für drei Wochen. Eine einzige Woche hier, und ich würde die Wände hochgehen.

Oberhalb der Piazza Cavour fiel mir ein sehr hübsches Gebäude aus Peperino ins Auge. Sein Hauptportal im oberen Stockwerk war über eine Seitentreppe zu erreichen, die auf der einen Seite von einem breiten Steinbogen getragen wurde, während auf der anderen kein Unterbau sichtbar war. Ein bauliches Rätsel. Dem Schild am Gebäude entnahm ich, dass dies die im 14. Jahrhundert erbaute Casa Poscia war und hier das in Viterbo besterhaltene Exemplar eines *profferlo*, einer Außentreppe mit einer kleinen Arkade darunter, zu besichtigen war. Er war ein bauliches Ornament, das dem nur über die Außentreppe zugänglichen Wohnbereich Schutz und Ungestörtheit garantierte, während es dem Hausbesitzer unten Raum für seine Geschäfte bot.

Von der Casa Poscia gab es eine rührende Geschichte. Das Gebäude war auch als *la casa della Bella Galiana* bekannt, weil hier einst das schönste Mädchen von Viterbo gewohnt hatte. Vor Hunderten von Jahren belagerten junge Verehrer das Haus, die hofften, einen Blick auf die holde Maid zu erhaschen.

Und wie passend: In der Arkade der Casa Poscia, wo ehemals der Vater des schönsten Mädchens der Stadt seine Geschäfte tätigte, befindet sich heute ein Dessousladen. Diese Verzahnung von Moderne und Mittelalter war abwechselnd faszinierend und auf eine amüsante Weise irritierend. Läden mit Namen wie *Pink, Lunatic, Barghini* und *Bum Bum* waren in Gebäuden untergebracht, in denen vor sechs- oder siebenhundert Jahren vielleicht Federkiele, Gewürze aus dem Orient oder ein Becher Met an den müden Reisenden verkauft wurden.

Mein gemächlicher Weg zurück zum Hotel führte mich an Geschäften mit Waren in den Fenstern vorbei, die moderner Medici würdig gewesen wären – Brokatbettwäsche mit kostbarer Verzierung, maßgeschneiderte dunkelblaue Hosenanzüge und bedeutend aussehende lederne Handtaschen und Aktenkoffer.

Als ich ins Hotel kam, saß Mama sehr elegant und wohlfrisiert im Foyer und las ein Taschenbuch.

»Ich habe mir die Haare gewaschen und gefärbt«, verkündete sie stolz. »Wie sehe ich aus?«

»Großartig. Wollen wir nicht losfahren und uns etwas ansehen?«

Mir schwebte Terme dei Papi außerhalb von Viterbo vor. Einstmals hatten hier Päpste und andere Kirchenfürsten gekurt, wenn es ihnen in Rom zu anstrengend geworden war.

Auf einem riesigen Schild an der Einfahrt von Terme dei Papis großflächigem Parkplatz protzte eine Liste mit den Namen prominenter Besucher, zu denen offenbar auch Dante und Michelangelo gehört hatten.

»Also, der Parkplatz gefällt mir«, sagte Mama begeistert. »Da fühlt man sich richtig zu Hause.«

Das Wasser in Terme dei Papi wird, wie schon im dritten Jahrhundert vor Christus von den Etruskern, aus den heißen Quellen des Bullicame hergeleitet, und sein mineralhaltiger, mit Schwefel, Magnesium und Natron angereicherter Schlamm wird für Anwendungen bei den Kurgästen genutzt. Heute treffen täglich Pendelbusse aus Rom mit Ladungen gestresster Großstädter ein, die in dem neuntausend Quadratmeter großen Thermalbecken Verjüngung suchen. Aber wen wundert es – am Tag unseres Besuchs war das Becken gesperrt.

Leider sind kaum noch Zeugnisse aus Terme dei Papis langer Vergangenheit vorhanden. Es ist ein großer, steril wirkender Komplex, dessen mittelalterliche Architektur ausgelöscht ist und durch das nichtssagende Design moderner Einkaufszentren ersetzt wurde. Nur eine Handvoll Relikte – marmorne Badewannen und Waschbecken, der gelegentliche Schwede oder Deutsche – erinnern noch an vergangene Herrlichkeit.

An der Anmeldung fielen mir erstaunlich viele *signori* auf, deren gebräunte Haut und gestählte Körper zeigten, dass das italienische Konzept der *bella figura* nicht nur Frauen-, sondern ebenso Männersache ist.

Im blitzenden, antiseptischen Foyer nahmen Mama und ich auf einem modernen weißen Kunstledersofa Platz. Ich schnappte mir eine Broschüre und sah das Verzeichnis der angebotenen Behandlungen und Anwendungen durch. Es hatte mit denen, die ich aus nordamerikanischen Kurbetrieben kannte, kaum etwas gemein. Neben den üblichen Schlammpackungen und Massagen konnte man sich einen Pap-Abstrich (sechsundzwanzig Euro), eine Darmspiegelung (zweiundfünfzig Euro), eine Vaginalspülung (dreizehn Euro) oder eine Ohrenspülung (zwanzig

Euro) machen lassen. Maniküre, Haarentfernung, Frisieren oder Schminken, genau das, wozu ich in Stimmung gewesen wäre, wurde nicht angeboten.

»Schauen wir doch mal, ob wir irgendetwas buchen können«, schlug ich Mama unvermittelt vor. »Wir sind seit drei Wochen unterwegs. Es ist an der Zeit, dass wir uns mal was gönnen. Wie wär's mit einer Schlammpackung? Ich lade dich ein.«

Ehe sie anfangen konnte herumzunörgeln, war ich schon auf dem Weg zur Anmeldung und ließ uns für eine Behandlung von achtzig Minuten eintragen.

Mit dem Aufzug fuhren wir in eine höhere Etage und wurden dort in einen Warteraum geführt, in dem Grabesstille herrschte.

»Ich hab so was noch nie gemacht«, flüsterte Mama nervös. »Muss man sich da ganz ausziehen?«

»Das will ich hoffen«, antwortete ich. »Eine Schlammpackung ist ziemlich nutzlos, wenn man seine Klamotten anhat.«

Eine attraktive junge Frau, die das Haar zu einem wippenden Pferdeschwanz gebunden hatte, kam auf mich zu. Sie strahlte so viel Wärme aus wie ein drei Tage alter Kadaver. Mit einem kurzen Nicken bedeutete sie mir, ihr zu folgen.

Ich lächelte Mama zum Abschied zu und folgte meiner Betreuerin den Korridor hinunter.

Sie öffnete die Tür zu einem großen, unpersönlichen Raum mit Neonbeleuchtung, der mit allen möglichen Leitungen und Schläuchen sowie einem Bodenablauf ausgestattet war. Wände und Boden waren in einem stumpfen Beige mit einem Stich ins Rosé gefliest, neben der Tür befand sich ein kleiner Bürobereich, hinten, am anderen Ende, ein Fenster. Waschbecken und Duschkabine nahmen einen Teil einer Seitenwand ein, und in der Mitte des

Raums stand alles beherrschend ein Tisch aus rostfreiem Stahl mit einem bescheidenen kleinen Holzkübel daneben. Er strahlte als einziges Utensil etwas Wärme aus. War ich zu einer Kurbehandlung hier oder zu einer Autopsie?

Die unnahbare Dame mit dem Pferdeschwanz gebot mir, mich zu entkleiden und hielt mir am ausgestreckten Arm ein Papierhöschen hin. Mit brüsken Gesten wies sie mich an, mich auf dem kalten, harten Tisch auszustrecken. Hastig sah ich mich nach scharfen Gegenständen im Raum um – Skalpell, Säge … Dann füllte Signora Eisklotz den kleinen Holzkübel an einer Pumpe mit klebrigem Matsch und begann, mich vom Hals bis zu den Zehen auf beiden Körperseiten damit einzukleistern.

Ich versuchte, meine innere Göttin herbeizurufen, aber das war schwierig beim ständigen Stöhnen meiner Schlammspezialistin. Es war nicht zu erkennen, ob die Pampe mit ihrem Geruch nach faulen Eiern sie so anwiderte oder die Tatsache, dass sie sich ihren Lebensunterhalt damit verdienen musste, wabbelige alternde Körper einzuschlämmen. Kein Teil meiner Anatomie war tabu, und ich fragte mich, wie Mama, die sich nicht mal beim Arzt gern auszieht, mit der Prozedur fertig wurde.

Ich war froh, dass ich die kleinen Teller in Viterbo nicht für sie gekauft hatte. Sie hat genug Kram. Diese Reise, beschloss ich, würde körperlichen Genüssen gewidmet sein, nicht dem Erwerb von allem möglichen Krempel, der dann doch nur auf irgendeinem Regal verstaubte.

Als Mama und ich anderthalb Stunden später im Foyer wieder zusammentrafen, war von ihrer morgendlichen Schönheit nichts mehr übrig. Mit zerrauftem Haar und hochrotem Gesicht sah sie aus, als hätte sie gerade ein ganzes Feld umgegraben.

»So eine Schur«, ächzte sie und ließ sich auf das Sofa fallen. »Erst ausziehen, dann dieses windige Papierhöschen an, dann sich im Schlamm wälzen, dann alles wieder abduschen und sich anziehen. Ich bin fix und fertig.«

An diesem Abend lagen wir in der dunklen Stille in unseren Betten und warteten darauf, dass der Schlaf unsere gereinigten Körper umfing. Ich dankte Gott, dass er uns auf unserer Reise bisher behütet hatte (für mich ist das eine Art spirituelle Gesundheitsversicherung) und mit einer freundlichen Erinnerung an Viterbo bedacht hatte.

Aus dem Nichts heraus sagte Mama: »Jane, manchmal bist du wirklich eine Nervensäge, aber langweilig ist das Leben mit dir nie.«

Ich nahm das als ihre Art, sich zu bedanken.

# · 13 ·

## Foligno, Montefalco,
## Santa Maria degli Angeli

Am nächsten Morgen fuhren wir in aller Frühe nach Foligno los, das nordöstlich von Viterbo in Umbrien liegt, um die gastfreundliche Einladung von Leuten anzunehmen, die ich kaum kannte.

Ich falle anderen nicht gern zur Last, vor allem widerstrebt es mir, sie aus ihrem gewohnten Rhythmus zu bringen und mich aus ihrem Kühlschrank zu verpflegen. Wenn man das bei Verwandten tut, die es manchmal verdienen, dass man sie ein bisschen aus dem Gleichgewicht bringt, ist das eine Sache; aber es ist eine ganz andere, wenn die Betroffenen Menschen sind, die man mag und von denen man auch gern gemocht werden will.

»Das sind also gute Freunde von dir?«, fragte Mama unterwegs.

»Ja«, log ich.

»Wie lange kennst du sie schon?«, bohrte sie. »Wo hast du sie kennengelernt? Wieso hast du mir nie von ihnen erzählt? Wieso kenne ich deine Freunde nicht?«

Ich wollte ihr antworten, aber sie schaute zum Fenster hinaus, und ich war nicht sicher, ob sie mir überhaupt zuhören würde. Manchmal fragt sie nur um des Fragens willen, ohne dass die Antwort sie wirklich interessiert.

Ich habe Sofia vor ungefähr zwanzig Jahren kennengelernt, als ich anfing, bei *Ms. Emma Designs* zu kaufen,
der kleinen Kette von Modeboutiquen, deren Inhaberin
sie ist. Sie entwirft die Modelle selbst, und wenn ich, was
selten vorkommt, einmal genug Geld hatte, um mir etwas
Richtiges zu kaufen, ging ich immer zu ihr.

Mir gefielen ihre temperamentvolle, direkte Art und
die Tatsache, dass sie in nichts den gängigen Vorstellun-
gen von einer Modedesignerin entsprach. Keine große
dunkle Brille, keine exzentrische Kleidung und kein ho-
heitsvolles Getue. Mir erschien sie eher wie der Typ, der
lieber in Gummistiefeln durch die Landschaft stapft, statt
um Modefans herumzuscharwenzeln. Ein paar Monate
vor unserer Reise hatte ich noch einmal in ihrem Laden in
Toronto vorbeigeschaut, weil ich wusste, dass sie nach Italien übergesiedelt war, und hoffte, sie könnte mir diesen
oder jenen Reisetipp geben. Damals hatte sie meine Mutter und mich zu sich nach Italien eingeladen, aber die Idee,
sie zu besuchen, war mir eher abwegig erschienen. Nie
hätte ich geglaubt, dass ich gezwungen sein würde, auf ihr
Angebot zurückzugreifen.

Darüber hinaus wusste ich im Grunde nichts über
Sofia. Ich konnte nur beten, dass der Besuch angenehm
verlaufen und Mama sich benehmen würde.

Etwas außerhalb von Foligno bogen wir zaghaft in eine
gekieste Einfahrt zu einem stattlichen Bauernhaus aus
Stein ein. Ich erkannte Sofia sofort. Sie hatte Gummistiefel an.

»Herzlich willkommen! *Buongiorno!*«, rief sie und
kam uns zusammen mit ihrem Mann Tony mit ausgebreiteten Armen entgegen. Sie umarmten uns, als wären wir
uralte Freunde.

»Sind Sie müde von der Reise?«, erkundigte sich Sofia.
»Wollen Sie sich erst mal ausruhen? Nein? Dann hoffe

ich, dass Sie hungrig sind. Das Mittagessen ist gerade fertig.« Sie nahm unser Gepäck. »Nichts Besonderes. Nur Spaghetti.«

Mama und ich sahen uns qequält an. Wir konnten beide keine Pasta mehr sehen.

Doch wie das häufig vorkommt, wenn man ein bestimmtes Gericht über hat, plötzlich wird es einem ein wenig anders zubereitet vorgesetzt, und der Appetit darauf kehrt zurück.

So war es mit Sofias Spaghetti, die sie mit Kräutern, schwarzen Oliven, gehackten Tomaten und Olivenöl angerichtet hatte. Wir langten mit Gusto zu, und nach der ersten Gabel schon tauschten Mama und ich einen weiteren, diesmal begeisterten Blick. Es war die beste Mahlzeit, die wir bisher in Italien vorgesetzt bekommen hatten. Nach meiner Rückkehr nach Kanada habe ich immer wieder versucht, meine Spaghetti auch so zuzubereiten, aber so gut wie bei Sofia schmeckten sie mir nie.

»Wie sind Sie beide eigentlich nach Foligno gekommen?«, fragte ich, während ein Korb mit warmem Brot die Runde machte.

»Tony hatte vor einigen Jahren einen Herzinfarkt«, erklärte Sofia. »Unser Arzt sagte uns, dass die kanadischen Winter Menschen, die bei Kälte Atembeschwerden bekommen, nicht gerade zuträglich sind. Tony ist von Geburt Italiener und wollte nach Italien zurück. Und für mich ist es auch ideal – wussten Sie, dass es in Italien die besten Stoffe überhaupt gibt? Und natürlich lieben wir beide das Leben hier. Es ist nicht alles so verkopft wie in Kanada.«

»Ich war noch ein Säugling, als meine Eltern nach British Columbia ausgewandert sind«, erzählte Tony, während er eine Flasche Rotwein öffnete. »Ins Okanagan Valley. Kennen Sie die Ecke? Mein Vater hat dort Wein angebaut. Kanada war immer mein Zuhause, aber als ich anfing, an Ruhestand zu denken, hat etwas an meiner Seele gezupft und mich nach Italien zurückgezogen.«

Er lächelte.

»Warten Sie, bis Sie den kosten«, sagte er verheißungsvoll und schenkte mir einen granatrot funkelnden Wein ein. »Das ist ein Tropfen hier aus der Gegend. Bei uns geht man nicht in den Laden, um Wein zu holen, man besorgt ihn sich direkt beim Winzer. Es sind kleine Winzereien mit entsprechend kleiner Produktion.«

Ich bemerkte entschuldigend, dass ich leider keine Weinkennerin sei. Ich weiß eigentlich gar nicht, wieso nicht; getrunken habe ich jedenfalls genug davon.

»Denken Sie sich nichts«, meinte er lächelnd. »Das ist wie bei allem anderen; man muss sich Zeit nehmen, etwas kennenzulernen, um es würdigen zu können. So ist es übrigens auch mit Foligno und Umbrien überhaupt. Es scheint nichts Besonderes zu sein, bis man richtig eintaucht und seine Geschichten hört. Sehen Sie sich zum Beispiel das Dorf da drüben an.« Er wies zu einem Hügel, dessen Hang bis auf halbe Höhe mit dicht gedrängt stehenden, völlig unspektakulären Häusern bebaut war. »Hätten Sie Anfang 1997 aus diesem Fenster geschaut, hätten Sie ein mittelalterliches Dorf gesehen. Aber später im Jahr hatten wir hier ein Erdbeben, und das Dorf wurde völlig zerstört. Es hieß Capranica. Es war nie mehr als eine bäuerliche Gemeinde – der Berg da ist der Monte Subasio. Das Gebiet ist bekannt für seinen fetten, fruchtbaren Boden. Dante erwähnt ihn in seiner *Göttlichen Komödie*. Die schmalen Gassen, die Häuser aus rotem Stein, die massigen Mauern – der Ort hatte einen gewissen mittelalterlichen Charme. Die Leute, die nach dem Erdbeben geblieben sind, haben leider umsonst dafür gekämpft, ihn zu erhalten.«

»Sie hatten ein Erdbeben hier?«, fragte ich und hielt mich unwillkürlich an meinem Stuhl fest. »Aber warum wurde denn nichts für den Ort getan?«

Tony ging um den Tisch herum, um unsere Gläser zu füllen. »Was mit Capranica passierte, ist bezeichnend für das, was vielen anderen kleinen Orten in Italien passiert. Wenn die nationalen Regierungen und das Europäische Parlament einmal zugestimmt haben, die Projekte zu finanzieren, die man ihnen unterbreitet, hat man kaum eine Chance, noch etwas selbst zu bestimmen. Aber die Leute aus Capranica wehrten sich energisch gegen die Vorstellung, ihr Dorf in einer geologisch weniger gefährlichen Zone wiederaufzubauen, und am Ende haben sie gesiegt. Das ist keine geringe Leistung, wenn man bedenkt, welch ungeheure Macht das Geld heutzutage besitzt.«

»Wir hatten das Haus hier gerade gekauft und steckten mitten in den Renovierungsarbeiten«, fügte Sofia hinzu. »Das Haus wurde auch beschädigt, aber Gott sei Dank nur leicht. Unser Bauunternehmer sagte, sein starkes Fundament hätte es gerettet. Das hier«, sie machte eine Handbewegung, die das Erdgeschoss umschloss, in dem wir uns befanden, »dieser Teil, den jeder sehen kann – der kann verändert und repariert werden, weil es im Grunde genommen nur kosmetische Maßnahmen sind. Das Entscheidende ist das Fundament, auf dem das Ganze steht.«

Ich genoss die lebhafte Unterhaltung beim Essen, sah aber dabei immer wieder zu Mama hinüber, um sie mit einzubeziehen. Ein- oder zweimal warf sie völlig zusammenhanglose Bemerkungen ein, ein deutlicher Hinweis darauf, dass sie nichts von dem mitbekam, was wir sprachen. Aber sie lehnt ja ein Hörgerät ab, weil man mit so einem Ding angeblich wie eine alte Frau wirkt.

Sofia und Tony wollten gern erfahren, wo überall in Italien wir schon gewesen waren. Ich gab ein paar unserer

Abenteuer auf dem Ausflug nach Sizilien zum Besten und erzählte von meinen Beobachtungen über das soziale Gefälle von Norden nach Süden.

»Ja, in Italien haben wir eindeutig ein Klassensystem, das auf Dialekten basiert«, bestätigte Tony. »Bis vor zwanzig Jahren noch bekam man keine Anstellung bei der RAI, wenn man nicht wie ein Florentiner oder Römer sprach. Heute begegnet man schon mal einem Neapolitaner, der sich bemüht, wie ein Florentiner zu sprechen, aber diese Unterschiede verschwinden schnell.«

»Der wahre Unterschied zwischen Norditalien und Süditalien«, erläuterte Sofia, »hat meiner Ansicht nach weniger mit Sprache und Wirtschaft zu tun als mit Psycho-Dynamik. Im Norden haben wir eine matriarchale Gesellschaft, im Süden eine patriarchale. Ist Ihnen das aufgefallen?«

»Na ja, ich habe einen Haufen Männer in Cafés zusammenhocken sehen«, antwortete ich. »Beteiligen sich italienische Männer gar nicht an der Hausarbeit?«

»Frauen haben hier psychologisch die Oberhand«, erklärte Tony. »Aber rechtlich nicht. Die Männer, die Sie in den Cafés gesehen haben, sitzen dort, weil sie ihren Frauen sonst im Weg sind. Sicher haben Sie aber auch häufig Frauen und Kinder zusammen gesehen. Die italienische Mutterliebe ist sehr innig, archaisch beinahe; sie ist allumfassend. Die Mutter wird verehrt wie die Madonna.«

»Aber bei allem Gerede über den Mutterkult in Italien«, warf Sofia ein, »ist das Bild der mächtigen Matriarchin, die sonntags am Kopf der Mittagstafel thront, heute nur noch Klischee. Die *mamma* verliert allmählich an Bedeutung in der italienischen Familie. In Italien gibt es jetzt das sogenannte *badanti*-System. Da engagiert die Familie eine Frau, meistens von den Philippinen, zur Betreuung der Mama.«

Mit anderen Worten, Liebe und Fürsorge werden jetzt, wie so vieles in dieser modernen Welt, fremdvergeben, wie das schöne Wort heißt. Ich warf einen Blick zu Mama, die schweigend mit einem Stück Brot ihre Spaghettisoße auftunkte. Würde ich irgendwann eine fremde Person einstellen, um sie versorgen zu lassen?

»Es tut mir leid«, entschuldigte sich Sofia, »aber ich muss heute Nachmittag arbeiten. Habe ich Ihnen erzählt, dass ich jetzt hier in Foligno einen Laden habe? Aber Tony kutschiert Sie gern ein bisschen herum, wenn Sie Lust dazu haben.«

Wir nahmen das Angebot mit Freuden an; Tony schien ja eine Menge über Italien zu wissen.

Ich half Mama vorn in seinen silbernen Nissan und stieg dann hinten ein.

»Was haben Sie in Kanada beruflich gemacht?«, fragte ich Tony, als wir losfuhren.

»Ich war Professor für italienische Studien an der Universität von Toronto«, antwortete er lächelnd.

Oha. Wenn ich da nicht das große Los gezogen hatte!

In den folgenden zwei Tagen erkundeten wir einen Teil Umbriens, der auf einer Straßenkarte von Italien nicht einmal fünf Zentimeter einnimmt, doch auf eine über zweitausendjährige Geschichte zurückblicken kann.

Tony erwies sich als kenntnisreicher und liebenswürdiger Führer und routinierter Fahrer, der ohne die geringste Sorge um sein Auto durch die engen, kopfsteingepflasterten Gassen in den Dörfern kurvte.

»Der Handel mit Seitenspiegeln muss hier doch florieren«, bemerkte ich, als wir eine alte Steinmauer streiften. »Wie viele verbrauchen Sie im Jahr?«

»Ungefähr ein halbes Dutzend«, antwortete er lachend.

Er gab etwas mehr Gas, als wir eine schmale, steile, in tiefem Schatten liegende Straße aufwärtsfuhren. Mama murmelte ein Gebet und drückte den Kopf an die Kopflehne, bis die Straße auf der Piazza della Repubblica in Montefalco wieder flach wurde.

Eine himmelblaue Markise über einem Schaufenster, ein glänzender Kupfertopf voll sonnengelber Blumen, ein knallroter Briefkasten an der Mauer eines Gebäudes – lauter kräftige Farbtupfer vor dem Hintergrund alten, ausgebleichten Steins.

»Montefalco ist ein durchaus lebendiges Dorf«, bemerkte Tony lächelnd, als wir auf der Ausfahrt durch eines der alten Stadttore an einer eisernen Pforte vorüberkamen, auf die jemand die Worte *Fuck Police* gesprüht hatte. »Cittàslow hat in ganz Italien eine bemerkenswerte Rückkehr zum beschaulichen alten Dorf- und Kleinstadtleben ausgelöst«, fuhr Tony fort.

Die Cittàslow-Bewegung – wörtlich »die langsame Stadt« –, die vor mehreren Jahren in Italien ins Leben gerufen wurde, um die gnadenlose Aushöhlung des *dolce vita* nicht nur in Italien, sondern in ganz Europa aufzuhalten, will die Zukunftsfähigkeit und die Lebensqualität der Bürger verbessern, indem sie der schleichenden Amerikanisierung der Kultur samt solchen Gräueln wie Fast Food, der Gewohnheit, sein Essen am Büroschreibtisch hinunterzuschlingen, bewegungsarmer Lebensweise und ungezügeltem Konsumdenken Einhalt gebietet. Es geht um eine einfühlsamere Würdigung des Lebens, eben jenes Lebens, das die Reiseveranstalter in ihren Broschüren darstellen und damit ein Idealbild europäischen Lebens vermitteln – ein Idealbild, das all die vergangenen Jahre auch in meiner Vorstellung fest verankert gewesen war.

Die Fahrt führte uns an stillen, stufenförmig angelegten Weinbergen vorbei, in denen die Rebstöcke in wohlgeordneten, gepflegten Reihen standen. Für einen Ordnungs-freak wie mich war der Anblick die reine Freude.

»Warum steht eigentlich am Anfang jeder Reihe ein Rosenbusch?«, fragte ich. Es schien mir ein seltsamer Brauch; vielleicht war er einfach dem Schönheitssinn der Italiener zu danken.

»Die Rosenbüsche warnen vor Blattlausbefall in den Weingärten«, klärte Tony mich auf. »Wenn ein Busch be-fallen ist, wissen die Winzer, dass es Zeit ist, ihre Kulturen zu sprühen.«

Gab es irgendetwas, was dieser Mann nicht wusste?

Im ungefähr fünfzehn Kilometer von Montefalco ent-fernten Foligno setzten Tony und ich Mama auf einer Parkbank ab, weil wir noch einen schnellen Rundgang durch das Städtchen machen wollten.

»Mit meiner Mutter ist es etwas schwierig«, sagte ich zu Tony, als wir losgingen. »Sie hört schwer, wie Sie viel-leicht bemerkt haben, und das Gehen macht ihr große Mühe. Wir haben festgestellt, dass Italien nicht besonders gut auf die Bedürfnisse von Behinderten eingestellt ist.«

»Ja, ich verstehe nicht, warum dieses Land so lang braucht, um auf diesem Gebiet etwas zu tun«, stimmte er zu. »Die Bevölkerung wird auch alt – wussten Sie, dass Italien die niedrigste Geburtenrate auf der Welt hat? Die meisten Italiener sind jetzt über die Fünfzig hinaus, aber hier fängt man gerade erst an, den Behinderten das Leben in der Öffentlichkeit ein bisschen zu erleichtern.«

»Wenn die Leute so alt sind, wieso haben wir dann bis jetzt keinen Menschen mit einer Gehhilfe gesehen? Wir kommen uns wie Außerirdische vor«, klagte ich, während wir flott diverse Hindernisse nahmen, die infolge von Bauarbeiten das Fortkommen auf dem Fußweg erschwer-ten. »Die Leute starren meine Mutter an, als hätten sie noch nie einen Menschen mit so einem Ding gesehen.«

»Ich habe keine Ahnung; es ist auf jeden Fall nicht so, dass körperliche Behinderungen in Italien ein unbekanntes Phänomen wären«, meinte Tony nachdenklich.

Aber selbst im untouristischen Foligno, einer geschäftigen kleinen Stadt mit fünfzigtausend Einwohnern, unter denen die Alten überwogen, war nirgends ein Behinderter zu sehen – nicht auf der Straße, nicht in den Geschäften. Gewiss, ein, zwei Leute bemerkte ich, die am Stock gingen, aber das war auch alles. Im Gegensatz dazu kann man nirgends in Nordamerika, sei es Dorf oder Stadt, einen Fußweg hinuntergehen, ohne jemandem mit einer Gehhilfe zu begegnen, oder vor einem Café über eine Ansammlung abgestellter Rollatoren zu stolpern, oder beinahe von einem dieser motorisierten Flitzer angefahren zu werden, mit denen das Rowdytum auf Gehwegen neue Tiefpunkte erreicht hat.

Unser Spaziergang führte uns zur weiträumigen Piazza della Repubblica – jede Ortschaft in Italien hat einen Platz der Republik –, wo Horden von Teenagern nach der Schule mit Freunden herumhingen, Geschäftsleute sich an Cafétischen angeregt miteinander unterhielten, junge Mütter ihre Kleinen im Buggy vor sich herschoben und alte Ehepaare mit müden, von einem harten Leben gezeichneten Gesichtern stumm auf Bänken saßen, als hätte einer dem anderen nichts mehr zu sagen.

Tony stieß das schwere Eichenportal zur Kirche San Francesco auf. Ich hatte ihn eigens gebeten, mich hierher zu führen, denn hier befindet sich die letzte Ruhestätte der Angela von Foligno, Schutzpatronin der gefallenen Frauen.

Ihre Geschichte ist eine Chronik ungezügelter sexueller Begierde, plötzlicher Umkehr und hart erkämpfter Erlösung, alles Dinge, die mich faszinieren. Im Jahr 1248 in eine wohlhabende Familie hineingeboren, wurde sie als Teenager verheiratet, worauf sie, der katholischen Legende zufolge, »ein wildes, ehebrecherisches und sündiges Leben zu führen begann«.

Was für einen Mann Angela heiraten musste, wird nirgends erwähnt, obwohl das vielleicht einen Hinweis darauf geben würde, was sie auf den Weg zügelloser Ausschweifung führte. Er war natürlich entsetzt über ihr Lotterleben, aber als sie sich vom bösen Mädchen zum braven Engel wandelte, war ihm das auch nicht recht. Es liegt wahrscheinlich kein Trost darin, vom himmlischen Bräutigam Hörner aufgesetzt zu bekommen.

Angela wurde zur Mystikerin, sie trug die Wundmale Christi und entwarf einen Dreißig-Schritte-Plan zur Erlangung des Seelenheils. Ihr Grab in der Kirche San Francesco wurde zur Pilgerstätte, an der sich immer wieder Wunder ereignet haben.

Mit Schock und Anteilnahme liest man Angelas Bericht ihrer plötzlichen Bekehrung. Hier eine Kostprobe:

Und dann entsagte ich edlen Speisen, kostbaren Kleidern und verschwenderischem Kopfputz. Scham und Gram aber blieben dennoch, weil ich keine Liebe empfand. Ich lebte noch mit meinem Gatten – und es bereitete mir weiter Bitterkeit, wenn ich ungerecht gescholten oder behandelt wurde; dennoch hielt ich aus, so geduldig es mir möglich war. Und dann starb nach Gottes Willen meine Mutter; sie war mir ein großes Hemmnis gewesen. Später starben innerhalb kurzer Zeit auch mein Gatte und alle meine Kinder. Und weil ich den Weg des Kreuzes schon beschritten und Gott gebeten hatte, sie sterben zu lassen, fühlte ich mich nach ihrem Tod tief getröstet. Ich wusste, dass Gott das alles für mich getan hatte und dass mein Herz immer im Herzen Gottes und Gottes Herz immer in meinem geborgen sein würde.

Zugegeben, um den Tod der Mutter, des Ehemanns und der eigenen Kinder zu beten, damit man Gott dienen kann, erscheint mir nicht gerade als positiver Schritt auf dem Weg in den Stand der Heiligkeit. Trotzdem war ich auch traurig für Angela, traurig, dass ihr sprudelndes – wenn auch noch so fehlgeleitetes – Temperament unterdrückt worden war und ihr Weg zur Erlösung durch so viel Kampf und Tod hatte führen müssen. Während ich ihren kleinen geschrumpften Leichnam betrachtete, der seit etwa siebenhundert Jahren in San Francesco unter Glas ruht, fragte ich mich, ob die Opfer, die Angela als Tochter, Ehefrau und Mutter gebracht hatte, ihr die Erfüllung beschert hatten, nach der sie sich so heiß gesehnt hatte.

Tony und ich verließen Angela und kehrten auf die belebten Straßen des heutigen Foligno zurück. Wie viele Ortschaften in Italien erlebte Foligno zur Zeit einen Bauboom. Überall verdeckten Gerüste die Fassaden der Häuser und Plankenwege führten über Baugruben hinweg.

»Das sind alles staatliche Gelder.« Tony hob die Stimme, um den Baulärm rundum zu übertönen. »Palazzi werden zu Apartmenthäusern umgewandelt und Innenhöfe zu Parkplätzen.«

Die Gebäude waren von einer hochherrschaftlichen Eleganz, und wieder einmal schoss mir die Überlegung durch den Kopf, ob Foligno nicht vielleicht der richtige Wohnort für mich wäre.

Wir kehrten zu der kleinen Grünanlage zurück, wo wir Mama abgesetzt hatten. Sie war nicht mehr da; sie saß in Tonys Auto – und schlief.

»He, wach auf!«, rief ich sie peinlich berührt an. »Wir sind in Italien, Herrgott noch mal! Rundum nichts als Geschichte.«

Unser mobiler Geschichtsunterricht nahm am folgenden Tag in Spello, Santa Maria degli Angeli, Assisi, Spoleto und einem Ort mit dem unglückseligen Namen Bastardo seinen Fortgang.

»Die Gemeinde hat tatsächlich über eine Namensänderung abgestimmt«, erzählte Tony, »aber man entschied sich dagegen.«

Die Basilika Santa Maria degli Angeli liegt etwas unterhalb von Assisi in einer Gegend, wo der heilige Franziskus einen großen Teil seines Lebens zubrachte.

Tony wollte uns unbedingt die Portiuncula zeigen – »das kleine Stückchen Land«, so die Wortbedeutung –, die mitten im Hauptschiff der Basilika steht.

»Als der heilige Franziskus im Jahr 1209 an Papst Innozenz III. herantrat«, begann Tony auf dem Weg zur Basilika zu erzählen, »erklärte er ihm – frank und frei und ohne eine Spur von Selbstgefälligkeit –, dass er die Kirche in der Kirche sein wolle; mit anderen Worten, Franziskus wollte die Grundwerte der Kirche pflegen, die seiner Meinung nach immer mehr verloren gingen. Es war eine ziemlich anmaßende Forderung, besonders einem Papst gegenüber, aber Franziskus kam dank seines Charmes ungestraft damit durch.«

Die Portiuncula, in der vielleicht zwölf Personen Platz haben, ist ein wunderschöner kleiner Bau, eine steinerne Kapelle, auf die man irgendwo in einem Wald stoßen könnte. Und dort stand sie nach ihrer Erbauung im Jahr 350 ursprünglich auch. Das Bemerkenswerte an dieser winzigen Kirche ist, dass sie nicht in die Basilika überführt wurde, wie die meisten Leute annehmen, nein, die gewaltige Basilika wurde um sie herum errichtet.

Nach unserem Gang durch die Basilika landeten wir, wie alle Besucher das unweigerlich tun, im Souvenirladen. Man muss es den Katholiken lassen – gib ihnen einen Heiligen und sie machen aus ihm einen Verkaufsschlager, wie man es sich toller nicht vorstellen kann. In diesem Laden gab es jede Menge Franziskus-Klimbim: Bücher, CDs, DVDs, Postkarten, Kalender, Holz- und Terrakottabildnisse sowie bündelweise Rosenkränze, manche mit den passenden Ohrringen dazu. Außerdem gab es Schlüsselanhänger, Süßigkeiten, Kühlschrankmagneten, Kruzifixe, Statuetten, Poster, Schmuck, Kerzen, Buchzeichen, fromme Karten, Weihnachtsschmuck. Das Sortiment war unerschöpflich.

Ich sah gerade eine Kleiderstange mit Soutanen, Messhemden, Kaseln und anderen Kirchengewändern durch, als Mama zu mir kam.

»Willst du so was den Jungs mitbringen?«, fragte sie allen Ernstes.

»Kirchenkleidung? Für meine Söhne? Das kann nicht dein Ernst sein.« Ich sah die Gewänder noch einmal durch. Vielleicht gab es eins mit dem Aufdruck: *Dieses geile Priesterhemd hat mir meine Mutter aus Italien mitgebracht.*

Am nächsten Tag verabschiedeten wir uns mit vielen Umarmungen von Sofia und Tony, die uns im Lauf dieser zwei Tage zu geschätzten Freunden geworden waren. Mit ihrer Gastfreundschaft hatten sie mir und meinen Nerven eine dringend benötigte Verschnaufpause beschert.

»Das war wirklich schön«, sagte Mama, als wir die Einfahrt zur Straße hinunterfuhren. »Was für nette Freunde du hast.«

Ich lächelte zerstreut. In Gedanken war ich mit einem beunruhigenden Traum der vergangenen Nacht beschäftigt. In dem Traum wurde Mama unter Zwang in ein Pflegeheim mit krankenhausgrünen Wänden eingeliefert. Ich schrie die Leute an, sie sollten sie in Ruhe lassen, aber irgendeine Autoritätsperson war der Meinung, Mama brauche bessere Betreuung, als sie von mir bekam. Ich konnte sagen, was ich wollte, sie ließen Mama nicht los und erlaubten mir auch nicht, mit ihr allein zu reden. Stattdessen bildeten die Leute, die das Sagen hatten, eine Phalanx über die Breite des langen Korridors und kamen langsam immer näher, bis sie mich zur Tür hinausgedrängt hatten.

Dann wandten sich meine Gedanken von dem Traum Mamas realen Beschwerden zu. Der Rücken tue ihr weh, hatte sie gesagt, und die Beine seien ihr ungewöhnlich schwer. Immer noch verstreute sie ihre Tabletten. Sie wirkte auf mich vergesslich – nicht gerade verwirrt, aber doch eine Spur weggetreten. Sie schien sich nicht für die Dinge zu interessieren, die sie sonst fesselten – ich konnte nach wie vor an einem Antiquitätengeschäft vorbeifahren, ohne dass sie »Halt!« rief.

Mich erschütterte der Unterschied zwischen dem Bild, das ich mir bei meinen sporadischen Besuchen von ihr gemacht hatte, und dem, das sich mir jetzt zeigte, da ich täglich den ganzen Tag mit ihr zusammen war. War ich zu beschäftigt gewesen, um den Verfall ihrer Gesundheit zu bemerken, oder hatte ich nicht hingesehen, um mich nicht mit der Realität auseinandersetzen zu müssen?

Während wir auf der Via Flaminia in Richtung Civita Castellana fuhren, wollte ich plötzlich am liebsten sofort nach Hause. Ja, sicher, ich war es müde, ständig am Steuer zu sitzen, zu organisieren, mich um Mama zu kümmern, aus dem Koffer zu leben und Italien durch die Windschutzscheibe zu betrachten. Aber vor allem wollte ich in mein altes Leben mit Mama zurück, in dem wir uns nur alle paar Wochen sahen und ich so beschäftigt war mit meinem eigenen Alltag, dass ich mich von der Pflicht, mich jeden Tag um sie zu kümmern, freisprechen konnte. Ich sehnte mich so sehr danach, wie ich mich schämte, so auch nur zu denken.

## · 14 ·

# Civita Castellana, Siena, San Gimignano

Ein Kondensstreifen teilte den klaren blauen Himmel, und ich musste an Colin denken. Er beabsichtigte, in Civita Castellana, unserer nächsten Station, zu uns zu stoßen. Ich wollte möglichst früh ankommen und ein Hotel suchen, um noch gut Zeit zu haben, mich gründlich aufzupolieren. Ich spürte förmlich, wie ich selbst langsam zur alten Schachtel verkam.

Obendrein hatte Mama seit Tagen keine Bemerkung mehr über meine Haare losgelassen. Entweder fand sie, es sehe akzeptabel aus, was ein Grund für Alarmstufe eins wäre, oder es war in einem so fürchterlichen Zustand, dass sie insgeheim hoffte, Colin würde bei meinem Anblick schreiend zurück nach England fliehen. Dann hätte sie mich ganz für sich.

Aber Verschwörungstheorien beiseite – wobei ich mir trotzdem vornahm, ein Haarpflegemittel zu besorgen –, ich freute mich auf ein bisschen Freiheit. Colin würde mir einiges abnehmen und als eine Art Puffer zwischen mir und meiner Mutter wirken. Wenn sie seinen kultivierten englischen Akzent hört, hat Mama das Gefühl, sich in königlicher Gesellschaft zu befinden, und ich hoffte sehr, dass seine Anwesenheit sie von mir und meinen Fehlern ablenken würde.

Ich konnte seine Ankunft kaum erwarten. Wenn Mama sich hinlegte, um ein Nickerchen zu machen, könnten Colin und ich allein losziehen und händchenhaltend durch die romantischen alten Gassen streifen. Wie wunderbar, meine Hand einmal in eine kräftige Männerhand zu legen, statt sie von den Fingern einer anderen wie von einem Schraubstock umklammert zu fühlen. Ich könnte mich flott und beschwingt bewegen und hätte nicht neben einem nervigen roten Rollator herzuschlurfen. Ich müsste niemandem die Reste vom Mittagessen von der Bluse wischen, niemanden fragen, ob er zur Toilette müsse. Es wäre mir möglich, endlich einmal Gespräche zu führen, ohne gezwungen zu sein, die Wörter »Medikamente« und »Inkontinenzwindel« in den Mund zu nehmen.

Colin hatte geplant, nach Rom zu fliegen – wahrscheinlich stieg er gerade in London in seine Maschine – und mit dem Zug nach Civita Castellana weiterzureisen, wo wir abends um halb sieben zusammentreffen wollten. Zur rechten Zeit für ein Abendessen mit Kerzenlicht in einer schummrigen Osteria. Ich gab noch mehr Gas.

Am späten Vormittag kamen wir in Civita Castellana an. Viermal umkreisten wir das kleine Zentrum auf der Suche nach einem Hotel, dann fuhren wir über eine lange Brücke ein Stück in die Außenbezirke hinaus und suchten weiter, bis wir am Ende ins Zentrum zurückkehrten und die Übung wiederholten. Schließlich entdeckte ich ein Fremdenverkehrsbüro. Noch bevor ich aus dem Auto stieg, wusste ich, dass ich mir nur eine Enttäuschung einhandeln würde.

Der Informationsschalter sei geschlossen, teilte mir ein junger Mann mit dem Logo *Turismo* auf dem Hemd mit. Ohne mich abschrecken zu lassen, bat ich ihn um eine Hotelempfehlung.

»Nein«, wehrte er ab. »Das Büro ist geschlossen.«

»Okay, aber wenn es offen wäre«, beharrte ich, »und jemand Sie bäte, ein Hotel zu empfehlen, was würden Sie dann sagen?«

Verblüfft starrte er mich an, dann wandte er sich seiner Chefin zu, einer mehr gereizten als reizenden Person in einer knallengen Bluse, die ihn wegscheuchte und mich geringschätzig musterte.

»*Mi dispiace*«, sagte ich höflich. »*Mia madre è nella macchina, è disabile, e vorrei un hotel.*«

Die feine Art war das nicht, und ich war mir bewusst, dass ich aus der Behinderung meiner Mutter Kapital zu schlagen suchte. Aber irgendwann greift man auf jeder Reise zur Guerillataktik, um wenigstens ein Fünkchen Hilfsbereitschaft zu entzünden.

»Hotel *Palace*«, antwortete die Frau unwirsch und zeigte mir mit wedelndem Arm an, dass das, was ich suchte, irgendwo da draußen vor der Tür um die nächste Ecke war.

Von Neuem begannen wir zu kreisen, um das versteckte Hotel, oder auch irgendein anderes aufzustöbern. Wir fragten Leute auf der Straße. Ein Typ strich sich das Kinn, als wollte er eine ferne Erinnerung heraufbeschwören, eine Typin zuckte mit den Schultern, ein anderer Typ sah mich an, als hätte ich ihm einen unsittlichen Antrag gemacht. Endlich bedeutete uns ein alter Mann, das Hotel sei direkt geradeaus. In Italien spricht man mit Gesten. Wäre man blind, würde man hier nie was finden.

Wie ist das möglich, dachte ich, während ich den Hinweisen des alten Mannes folgte. Wir sind hier mindestens zehnmal vorbeigekommen. Da ist nichts.

Ich fuhr ganz langsam, um sicherzugehen, dass keines der Häuser, die wir passierten, ein Hotel war. Und da zeigte sich plötzlich ein kleines Schild mit einem kaum noch erkennbaren Pfeil, der in Richtung eines niedrigen zweiflügeligen Holztors unter einem steinernen Bogen wies. Es war nicht mehr das Hotel *Palace*, es hieß jetzt *Relais Falisco*. Echt hilfreich, das Fremdenverkehrsbüro von Civita Castellana.

Durch das Tor gelangten wir in einen Hof mit knirschendem Kiesboden und einem sprudelnden Springbrunnen in der Mitte. Eine kleine Terrasse mit Tischen und Stühlen unter weißen Schirmen sah sehr verlockend aus. Das Hotel wirkte edel und ließ auf gut geheizte Zimmer, warme Bettdecken und unerschöpfliche Mengen heißen Wassers im Bad hoffen.

Wir nahmen zwei Zimmer, eins für Colin und eins für Mama und mich.

Nach einem kurzen Mittagessen und einem langen heißen Bad samt ausgiebiger Körperpflege ging ich los zum Bahnhof von Civita Castellana. Ich hatte mir die Haare gewaschen und mit Hilfe des Hotelföhns so getrocknet, dass sie nun glatt und seidig herabfielen, nur an den Spitzen etwas aufsprangen. Ich war noch keine zwei Ecken gegangen, da schlug das Wetter plötzlich um, und es begann zu regnen. Innerhalb von Sekunden zog sich mein schönes glatt geföhntes Haar zu krauser Wolle zusammen. Ich fragte mich, warum ich mir überhaupt die Mühe gemacht hatte.

Unterwegs wurde ich auf Schritt und Tritt von neugierigen Blicken verfolgt. Vorübergehende Passanten musterten mich von oben bis unten, Ladeninhaber kamen aus ihren Geschäften und glotzten mich an, schwarz gekleidete Witwen rissen die Läden ihrer hohen Fenster auf und beugten sich mit dem Strickzeug in der Hand heraus. Ein paar Männer bedachten mich mit anzüglichen Blicken. Es war, als hätte jemand einen Rundruf gestartet, um die Neue im Dorf anzukündigen. Leute, die mich von Weitem kommen sahen, reckten die Hälse nach mir wie nach einem Festwagen in einem Umzug. Irgendwann stellte ich mich vor ein Schaufenster, als wollte ich mir die Auslage ansehen. In Wahrheit vergewisserte ich mich, dass mir nicht unversehens ein riesiger Tumor im Gesicht gewachsen war. Ich konnte diese unwillkommene Aufmerksamkeit nicht verstehen. Sie war sehr irritierend.

Das war eines der Dinge, die ich über dieses Land lernte: Die Italiener gaffen gern. Sie gaffen durchdringend und unverfroren. Sie gaffen ohne Rücksicht darauf, dass ihr Opfer dabei Unbehagen empfindet, ohne einen Gedanken daran, dass ihr Gaffen auf Menschen aus einem anderen Kulturkreis beleidigend oder unhöflich wirken könnte. Die Italiener gaffen einfach, und immer so, dass es einem durch und durch geht.

Wir Menschen verlassen uns in vielem auf den Blickkontakt mit unseren Mitmenschen – wenn wir Bestätigung suchen, Liebe, Hilfe, Kameradschaft; um unser Missvergnügen zu äußern, Anteilnahme und Solidarität zu bekunden. In Italien ist das anders. Wenn ein Italiener einen angafft, dann aus demselben Grund, aus dem ein Hund sich die Hoden leckt – weil er kann. Und weil er einen wissen lassen will, dass er kann. Wenn Italiener gaffen, geht es um Macht und Besitz.

Brachte ich wirklich einmal den Mut auf, ihrem gaffenden Blick zu begegnen, dann schauten sie nicht etwa weg oder grinsten verlegen, weil sie ertappt worden waren. Nein, sie hoben trotzig das Kinn und gafften noch intensiver.

Ich vermute, dieses Gaffen hat auch etwas damit zu tun, dass Leute aus Orten wie Civita Castellana nicht viel herumkommen. Sie sitzen so fest in ihrem kleinen Winkel der Welt, dass das Erscheinen eines Fremden Anlass zu allgemeiner Aufregung ist – oder auch Jubel, je nachdem, wie viel Geld man bei ihnen lässt.

Der verwitterte kleine Bahnhof auf der anderen Seite einer Brücke, die sich über eine Schlucht spannte, hatte in seiner Einfachheit etwas Beschauliches. Ich setzte mich auf eine Bank auf dem Bahnsteig und wartete. In unterschiedlichen Abständen rumpelten Züge mit vier oder fünf Waggons in den Bahnhof und hielten schnaubend und mit lang anhaltendem Quietschen ihrer Bremsen neben dem Bahnsteig an. Große Dampfwolken quollen unter den Wagen hervor.

Ich stellte mir vor, wie Colin und ich uns durch diese Wolken entgegenliefen und in eine leidenschaftliche, von heftigen Küssen begleitete Umarmung stürzten.

Es dauerte nicht lange, da hatte ich den Moment in meiner Phantasie zu einer ganzen Szene ausgebaut, die sich für einen Fernsehfilm im Spätprogramm bestens geeignet hätte. Zärtliche Umarmungen mit feuchten Küssen und begierigem Grapschen. Dann würden wir Hand in Hand durch trübe erleuchtete Gassen und spritzende Pfützen zum Hotel zurücklaufen, nervös kichernd mit dem Schlüssel fummeln und uns, sobald wir im Zimmer waren, wild und hemmungslos lieben.

Ja, was soll man denn sonst denken, wenn man auf einem Bahnhof sitzt und wartet? Ich verharrte auf meiner Bank und fasste mich in Geduld.

Die Bahnhofsangestellten beobachteten mich mit Neugier und Verwunderung. Hin und wieder stand ich auf und ging zu ihnen, um zu fragen, wann der nächste Zug aus Rom komme. Dann schauten sie nachdenklich auf ihre Uhren, konsultierten den Fahrplan und nannten nuschelnd eine Ankunftszeit.

Ich wartete weiter. Das Wetter wechselte mehrmals; der Nachmittag ging in den Abend über. Immer noch kein Zug, kein Colin. Nach drei Stunden sagte ich mir, dass da etwas nicht stimmen könne. Ich sprach eine neue Gruppe von Bahnangestellten an – inzwischen hatte die Schicht gewechselt – und fragte wieder, wann der nächste Zug aus Rom erwartet werde.

Erst von diesen neuen Leuten erfuhr ich, dass es in Civita Castellana zwei Bahnhöfe gab. Na, herzlichen Dank auch den Kollegen von der Tagschicht, dass sie mich hier hatten herumsitzen lassen!

Ich rannte zum Hotel zurück, klatschnass, wütend und enttäuscht. Am Empfang klagte ich dem Angestellten mein Leid. Auf einem Blatt Papier zeichnete er mir den Weg mit dem Auto zum anderen Bahnhof auf.

Ich sprang in den Wagen und preschte los. Auf halbem Weg fiel mir ein, dass ich trotz des durchweichten Zettels in meiner Hand keine Ahnung hatte, wohin ich eigentlich wollte. Es war stockfinster und regnete; von der Erfindung der Straßenbeleuchtung hatte man in diesem Nest offenbar noch nichts gehört. Ich fuhr zum Hotel zurück und nahm ein Taxi.

Der Fahrer, der zum Glück Englisch sprach, erzählte, er sei zufällig gerade vom Bahnhof wegen eines Engländers angerufen worden, der dort offenbar festsitze. Wir zischten ab wie die Feuerwehr. Ich machte die Augen zu, als der Fahrer auf den unbeleuchteten, regennassen Straßen durch Haarnadelkurven schlitterte. Um mich abzulenken, kehrte ich in mein früheres Wiedersehensszenario zurück. Nur endete die neue Version damit, dass wir beide von Kopf bis Fuß in Gips im Krankenhaus lagen.

Der Bahnhof war wie ausgestorben, als wir ankamen. Ein Barista, der den Tresen seines leeren Ladens wischte und für den Abend schließen wollte, sagte uns, der Engländer habe sich von ein paar jungen Einheimischen in den Ort mitnehmen lassen. Ich ergänzte mein Phantasiebild um einen Besuch im Leichenhaus und eine Gerichtsverhandlung.

Durch Pfützen rannten der Fahrer und ich wieder zum Taxi und rasten zum Zentrum zurück. Wir vermuteten, dass Colin inzwischen ebenfalls von der Existenz des zweiten Bahnhofs erfahren hatte und auf dem Weg dorthin war.

Als wir vor dem Bahnhof anhielten, sah ich Colin neben einer Parkbank stehen. Sein Gesicht sagte, na wunderbar, und was mach ich jetzt?

»Colin!«, kreischte ich. Wäre das ein Film mit Bogey und Bacall gewesen, hätten die Zuschauer bei dieser Szene zu ihren Taschentüchern gegriffen.

Nur dass die Szene im wahren Leben ein Riesenflop war. Colin setzte sich ins Taxi, grüßte den Fahrer mit einem höflichen Lächeln und gab mir ein Küsschen auf die Wange. Ein Küsschen auf die Wange?

Im Hotelzimmer packte ich meine Verführungskünste aus und versuchte, ihn zu becircen, aber er wollte nichts davon wissen.

»Ich bin müde«, seufzte er mit einem matten Lächeln. »Es war ein langer Tag.«

Vielleicht läuft's morgen besser, dachte ich, als ich niedergeschlagen in mein Zimmer ging – das ich mit Mama teilte.

Wir erwischten gerade noch den letzten Parkplatz, als wir am nächsten Tag kurz nach Mittag in Siena ankamen, alle gespannt, mit eigenen Augen zu sehen, was man uns über Sienas Schönheit erzählt hatte.

Colin holte Mamas Rollator aus dem Wagen, stellte ihn auf, und los ging's.

»Warum zieht ihr beide nicht ohne mich los und seht euch um«, meinte Mama, als wir uns durch das Touristengetümmel in der Hauptstraße kämpften. »Ich komme schon allein zurecht.«

Nomalerweise hätte ich protestiert oder zumindest mit viel »Nein, nein, kommt nicht in Frage! Wir passen uns deinem Schneckentempo an« eine überzeugende Schau geliefert. Aber diesmal ließ ich mich nicht zweimal bitten. Ich war verstört über Colins Kühle mir gegenüber – er hatte nicht einmal versucht, meine Hand zu halten –, deshalb packte ich ihn jetzt sofort beim Ärmel und sagte zu Mama: »Okay, wir sehen uns in einer Stunde.«

Vielleicht, so dachte ich, war es ihm peinlich, vor meiner Mutter seine Zuneigung zu zeigen. Er ist schließlich Engländer, da war das durchaus möglich. Außerdem hatte er sich in den letzten Monaten nicht wohlgefühlt – vielleicht lag es daran. Wir unterhalten eine Fernbeziehung, und es ist schwierig, den Partner in seiner ganzen Persönlichkeit kennenzulernen, wenn man sich nur alle drei oder vier Monate mal eine Woche sieht. Und da die Zeit, die wir miteinander verbringen können, immer zu kurz ist, haben wir beide, wenn sich zwischen uns Differenzen auftun, die Tendenz, sie schnell zu übertünchen und weiterzumachen wie bisher, anstatt das Problem anzupacken. Ideal ist das nicht, aber es ist, wie es ist.

Wir holten uns einen Plan und versuchten, uns zu orientieren. Zur Ehrenrettung von Siena muss gesagt werden, dass es als einzige Stadt auf unserer Reise ein wirklich informatives Fremdenverkehrsbüro mit kundigen, mehrsprachigen Angestellten hatte. Wir steckten über dem kostenlosen Stadtplan die Köpfe zusammen und drehten ihn von rechts nach links und von oben nach unten, um aus dem Labyrinth von Straßen und Gassen klug zu werden. Selbst Colin als ehemaliger Orientierungsläufer war überfordert.

Es war keine Hilfe, dass es auf den Straßen von Menschen wimmelte und die Geschäfte – versnobte Versace-Boutiquen, Max Mara-Läden und unzählige *gelaterie* –

sich durch nichts von denen unterschieden, die es in jedem vorstädtischen Einkaufszentrum gibt. Meine Liebe zu Siena schmolz hoffnungslos dahin, noch ehe ich mit der Stadt richtig Bekanntschaft gemacht hatte.

Wir irrten durch klaustrophobisch enge Gassen und über diverse Treppen, ehe wir schließlich auf der weit offenen Piazza del Campo landeten.

»Das muss Mama unbedingt sehen«, sagte ich. »Sie wird hingerissen sein.«

»Wollen wir nicht erst irgendwo ein Glas Wein trinken?«, flehte Colin.

Man sollte meinen, ich hätte sofort Ja gesagt. Aber das tat ich nicht. Ich war plötzlich voller Sorge um Mama und begann durch die bevölkerten Straßen zu rennen wie eine Irre, um sie zu suchen. Colin hatte Mühe mitzuhalten.

Sie war nicht leicht zu finden. Wir klapperten alle Cafés und Hotelfoyers ab. »Haben Sie vielleicht eine kleine weißhaarige Dame mit einem Rollator gesehen?«

»Sie war vorhin noch hier«, antwortete der Portier eines Hotels. »Ich glaube, sie ist da lang.«

Wir rannten weiter. Ein Stück vor uns stand eine Gruppe Polizisten und Touristen um irgendetwas herum. Ich erkannte augenblicklich die Räder des roten Rollators, und mir wurde vor Angst ganz anders.

Ich drängte mich durch das Gewühl und an mehreren langen Polizisten vorbei. Mitten in dem engen Kreis aus Menschen stand meine Mutter und hielt die Umstehenden mit ihrer Geschichte von der verlorenen Tochter in Bann, nach der sie schon die ganze Zeit vergebens suchte.

»Mama?«

»Oh, da bist du ja!«, rief sie und drehte sich herum. »Das ist meine Tochter.«

Voll ungeheurer Empörung starrten die Leute mich an.

»Sie sollten sich besser um Ihre Mutter kümmern«, tadelte mich einer der Polizisten.

Das tat weh. Die anderen nickten zustimmend und begannen miteinander zu tuscheln. Ich wartete nur darauf, dass jemand eine Fackel anzündete und mit einem laut herausgeschrienen »Verbrennt die verantwortungslose Hexe!« die Menge mobilisierte.

»Aber sie wollte doch gern allein ein bisschen hier herumbummeln«, beteuerte ich dem Polizisten und allen, die in Hörweite standen.

»Kümmern Sie sich besser um Ihre Mutter«, wiederholte der Polizist streng und betonte jedes Wort.

Mama sprang nicht für mich in die Bresche, sie trippelte einfach mit ihrem roten Rollator davon.

»Wo haben wir geparkt?«, rief sie mir zu. »Es war wirklich schön, aber jetzt bin ich ein bisschen müde. War das nicht komisch eben? All die netten Polizisten?«

Ich konnte meinen Zorn kaum zügeln, als ich sie einholte. »Warum bist du zur Polizei gegangen?«

»Na ja, ich wusste doch nicht, wo ihr seid.« Mit großen braunen Unschuldsaugen sah sie mich an. »Ihr wart so lange weg.«

»Wir hatten ausgemacht, dass wir uns in einer Stunde wieder treffen, und wir waren sogar schon früher wieder da. Hast du gehört, was der Polizist gesagt hat – dass ich mich besser um dich kümmern soll? Was glaubst du wohl, wie ich mir vorgekommen bin?«

»Tja, es ist nun mal passiert. Sind die Schals da in dem Schaufenster nicht hübsch? Habt ihr etwas Interessantes gesehen, du und Colin?«

Ich konnte nicht sprechen. Ich war zu erregt. Wäre Colin nicht da gewesen, ich hätte mich hingesetzt und geheult. In typisch englischer Manier versuchte er, freundlich Konversation zu machen, während ich meine Wunden leckte. Wir fanden den Wagen, hievten den Rollator in den Kofferraum, sahen nach, ob Mama auch angeschnallt war, und fuhren ab.

Grimmig starrte ich durch die Windschutzscheibe hinaus. Nicht nur, dass mein Liebster mir die kalte Schulter zeigte; meine Mutter ließ auch noch zu, dass die Polizei mich der Pflichtvergessenheit beschuldigte. Ohne Zweifel färbte der Zwischenfall mein Bild von Siena. Jahrelang hatten mir alle möglichen Leute vorgeschwärmt, dass es die vollkommene italienische Stadt sei, romantisch über alle Maßen. Aber mich konnte Siena nicht bezaubern, und ich fühlte mich ein wenig betrogen.

Ebenso erging es mir mit der toskanischen Landschaft. Schweigend rauschten wir an blassgelben Feldern und dunklen Zypressen vorbei, die wie hoch aufgeschossene Wächter dastanden. Ich kann verstehen, dass viele die Toskana lieben. Mir selbst ist sie ein bisschen *zu* idyllisch und prätentiös. Plötzliche Sehnsucht nach den niedrigen Steinmauern und den putzigen kleinen *trulli* des Südens packte mich. Ich vermisste das rauere, echtere Leben.

»Wohin fahren wir jetzt?«, flötete Mama.

Nach einer langen Pause antwortete ich knapp: »San Gimignano.«

Ich hatte Wunderbares über diesen Ort gehört, ebenso Wunderbares wie über Siena. Als wir uns der Stadt näherten, tauchte die untergehende Sonne den ockerfarbenen Backstein und die rot gedeckten Dächer in goldenen Glanz. Wieder fuhren wir in ein Labyrinth von Kopfsteingassen hinein, fanden aber nicht wieder heraus. Endlos kurvten wir im *centro storico* herum, bis wir schließlich auf gut Glück eine steil abfallende Straße nahmen – die, wie sich herausstellte, eine Sackgasse war. Und so eng, dass es beinahe unmöglich war zu wenden.

»Was zum …?«, wütete ich.

Krachend legte ich den Rückwärtsgang ein und schaffte es mit mehrmaligem Vor und Zurück, den Wagen zu wenden. Ungläubig blickte ich den steilen Hang vor uns hinauf. Wenn wir da wieder hochkommen wollten, dann höchstens mit Hilfe eines Krans.

»Und wie willst du jetzt hier wieder rauskommen?«, fragte Mama schnippisch. »Ich gehe bestimmt nicht zu Fuß diesen Berg rauf. Da musst du mich schon tragen.«

Ich trat das Gaspedal durch, aber wir schafften es nur bis auf halbe Höhe, dann soff der Motor ab und der Wagen begann rückwärtszurollen.

Eine kleine Schar Einheimischer versammelte sich und sah uns interessiert zu.

»Diese Kaffs hier sind absurd«, meinte Mama geringschätzig. »Was für ein blödes Land.«

»Lass mich fahren«, sagte Colin ungewohnt kurz angebunden.

Er schaffte es, uns den Hang hinaufzubefördern, aber als wir endlich oben waren, hatte sich beißender Geruch im Auto ausgebreitet.

»Du hast die Kupplung verbrannt!«, fuhr ich ihn an. »Wirklich genial. Vielen Dank.«

Um des Effekts willen prustete ich laut, und als wir die mittelalterlichen Mauern von San Gimignano hinter uns gelassen hatten, befahl ich ihm, beim nächsten Hotel zu halten.

Er gehorchte aufs Wort.

»Warum hier?«, fragte ich scharf.

»Du hast gesagt, ich soll beim nächsten Hotel halten, und das habe ich getan«, gab er ebenso scharf zurück.

»Hättest du nicht vielleicht ein bisschen wählerischer sein können?«

»Wie du willst. Sag *du*, wann und wo …«, versetzte er und legte ärgerlich den Gang ein.

»Schluss jetzt!«, belferte Mama. »Ich steige hier aus, und wir bleiben hier. Habt ihr verstanden?«

Ich sah Colin an.

»Gut, ich parke den Wagen und bringe das Gepäck rein«, sagte er steif.

Das Hotel *Villa Belvedere* war eine alte … genau, Villa in verblichenem Rosa, die in eine Familienpension umgewandelt worden war. Auf einer Anhöhe gelegen, bot sie einen weiten Blick über die toskanische Landschaft, und ich bemerkte einen Swimmingpool im Garten – natürlich geschlossen.

Der Eigentümer, ein gut aussehender junger Vater, riss sich vom Fernseher los, wo ein Fußballspiel lief, und nahm seinen Platz hinter dem Empfangstisch aus Marmor ein.

Auf meine Frage bestätigte er mir, dass wir zwei Zimmer haben könnten. Ja, fügte er hinzu, eines sei im Erdgeschoss, also ideal für Mama.

Ehe ich wieder zu ihr und Colin hinausging, drehte ich mich noch einmal um. »Haben Sie eine Bar?«

»Ja.« Mit einer Kopfbewegung wies er zu einem Raum auf der Linken. »Und Sie können bei uns auch frühstücken und zu Abend essen.«

Wir brachten das Gepäck in unsere Zimmer. Ein paar Minuten später trafen wir uns auf der vorderen Terrasse, um unseren Durst zu stillen.

»Nach dieser Fahrt nehme ich einen Scotch«, erklärte Mama und sah mich dabei an, als wollte sie sagen: *Und versuch gar nicht erst, mir das auszureden.* Sie trank zwei, schnell hintereinander, und zog sich dann in ihr Zimmer zurück, um sich hinzulegen.

Colin und ich saßen schweigend beieinander und sahen zu, wie eine große rotgoldene Sonne in einem fernen Weizenfeld unterging. Colin ist so anders als ich. Ich wollte, ich hätte seine Geduld und könnte mich so bereitwillig wie er auf andere einstellen. Ich saß da und wünschte mir, ich wäre ein freundlicherer, sanftmütigerer Mensch.

Plötzlich ergriff Colin meine Hand. Bei seiner Berührung fuhr ich zusammen.

»Warum hast du in Siena nicht meine Hand genommen?« Die Worte waren noch nicht heraus, als ich erkannte, dass das die falsche Frage war. Hastig fügte ich in bemüht leichtem Ton hinzu: »Es würde mich nur interessieren.«

Ebenso abrupt zog er seine Hand wieder zurück, sein Gesicht wurde starr, und eine Minute lang blickte er unbewegt in die Ferne. Dann stand er auf.

»Habe ich heute sonst noch etwas falsch gemacht?«, fragte er und ging.

Ich trank etwas mehr als gewöhnlich, bevor ich in mein Zimmer torkelte und mich auf mein Bett fallen ließ.

Zwei Stunden später trafen wir uns alle im Speisesaal wieder, heiter, ausgeruht und frisch geduscht, ohne den früheren Aufruhr mit einem Wort zu erwähnen.

»Hast du Lust auf einen Abendspaziergang?«, fragte mich Colin.

Ich sah Mama an.

»Natürlich, geht nur«, sagte sie. »Ich bin sowieso bettreif.«

»Bist du sicher? Wir möchten nicht der Polizei in die Arme laufen, wenn wir zurückkommen.«

»O ja, ich bin sicher«, erklärte sie.

»Vielleicht bleiben wir auch länger als eine Stunde«, warf ich ihr versuchsweise hin.

»Ganz gleich.« Sie lächelte.

Hand in Hand und bereit, wieder miteinander zu reden – das ist das Geheimnis der Briten, dass sie sich, eben noch ärgerlich auf dich, im nächsten Moment, ohne Vorwurf verhalten können, als wäre nichts geschehen –, gingen Colin und ich über die Straße auf San Gimignanos Festungsmauern zu und nahmen die erste Abzweigung in den Ort hinein. Es war jetzt dunkel, und die Gassen und Plätze waren fast menschenleer. Düstere Winkel, schattenhafte Gestalten und eine tiefe Stille verliehen der Stadt eine gespenstische, aber märchenhafte Aura.

Wir kamen an einigen Hotels vorüber, deren einladender Lichtschein uns anzog. Es waren romantische Bauten, die meisten aus dem elften Jahrhundert, vom Geist des Mittelalters und der Renaissance geprägt, mit gewölbten Decken, Bogentüren, weinbelaubten Fassaden, Dachrestaurants mit unverputzten Wänden aus Stein und Holzbalken. Wie hatten wir das alles am Nachmittag übersehen können, als wir im Auto hier im Touristenrummel herumgeirrt waren und vergebens nach einem Hotel gesucht hatten? Es stimmt schon, was immer gesagt wird, dass man die Dinge zu Fuß ganz anders sieht als im Auto.

»Das«, sagte ich mit einer ausholenden Geste zu Colin, »ist genau das, was ich mir von Italien erhofft hatte.«

»Na, dann lass uns ein paar Broschüren mitnehmen und die nächste Reise planen«, meinte er lächelnd.

In einer kleinen Trattoria tranken wir ein Glas Wein, aßen weiter unten an der Straße noch ein Eis und gönnten uns zum Abschluss einen Cappuccino. Wir versuchten, alles, was man sich in Italien wünschen kann – na ja, alles, was erlaubt ist –, in eine einzige Stunde zu pressen.

Nur ungern verließen wir dann unter einem funkelnden Sternenhimmel die Stadt.

# Pisa, Florenz

Über Nacht genas unser Mietauto auf wunderbare Weise vom Trauma des vergangenen Tages. Nach dem Ende dieser Reise wäre bei ihm mehr nötig als eine gründliche Überholung – es würde eine Therapie brauchen. Wie ich auch.

Gut gelaunt, ausgeschlafen und ein ausgiebiges Frühstück im Magen brachen wir nach Pisa auf. Die Stadt war nur ungefähr eine Stunde Fahrt von San Gimignano entfernt, deshalb nahmen wie die Landstraße durch eine sanft gewellte goldene Landschaft.

Kaum waren wir in Pisa angekommen, bestand Mama darauf, sofort ein Hotel zu suchen.

»Aber es ist doch erst elf«, protestierte ich.

»Es ist mir egal, wie zeitig es ist, ich will nicht noch mal so was erleben wie gestern.« Sie verschränkte die Arme und blickte entschlossen geradeaus. Ich kannte diese Körpersprache nur gut.

Wir ließen uns von den Hinweisschildern zum Vier-Sterne-*Grand Hotel* führen und hielten nur Minuten später direkt vor dem Eingang. Die Sternebewertung war offensichtlich in diesem Jahrzehnt, wahrscheinlich auch in den beiden vorhergehenden Dekaden nicht aufs Laufende gebracht worden, aber ich bin sicher, in seiner Glanzzeit – wahrscheinlich 1968 – hatte das Hotel das vierfache Funkeln verdient. Ich ging hinein und fragte am Empfang nach Zimmern.

»Wir haben Glück«, teilte ich Mama fröhlich mit, als ich zum Wagen zurückkam. »Und der Preis ist einigermaßen im Rahmen, hundertsechzig Euro für uns beide, mit Frühstück. Colins Einzelzimmer kostet hundert.«

»Geht in Ordnung.« Er wollte seine Brieftasche herausziehen.

»Ja, aber vielleicht sollten wir uns das Hotel da gegenüber erst noch ansehen«, meinte Mama, ohne sich aus dem Auto zu rühren.

Es war eine kleine Pension. Brav ging ich hinüber und fragte nach – achtzig Euro pro Person ohne Frühstück.

»Und was ist mit dem da?« Mama wies auf eine weitere Pension etwas weiter unten an der Straße.

Ich verkniff mir einen tiefen Seufzer nicht, ehe ich loslief, um auch diese Möglichkeit zu prüfen.

»Derselbe Preis, und in beiden gibt es keinen Aufzug«, meldete ich, beim Auto zurück.

»Haben sie Zimmer im Erdgeschoss?«, wollte Mama wissen.

»Danach habe ich nicht gefragt.«

Sie ließ sich das eine Minute durch den Kopf gehen und kaute dabei geistesabwesend auf der Unterlippe. Colin und ich warteten auf ihren Urteilsspruch.

»Okay, das reicht jetzt!«, fuhr ich sie schließlich an. »Wir bleiben hier.«

Unschlüssigkeit macht mich wahnsinnig. Wenn man ein Hotel sucht und eines findet, das absolut angemessen ist, was gibt es da noch zu bedenken?

Was dem *Grand Hotel* an Ästhetik fehlte, wurde durch die Lage mehr als wettgemacht. Als ich in unserem Zimmer die Läden öffnete und den Kopf aus dem Fenster reckte, war ich begeistert.

»Schaut doch mal!«, rief ich Mama und Colin voller Enthusiasmus zu.

Beide streckten die Köpfe aus dem Fenster und blickten direkt auf den Schiefen Turm von Pisa.

»Na, die Aussicht ist doch unschlagbar, oder?« Lächelnd wandte ich mich an Mama. So aufgeregt war ich lange nicht mehr gewesen.

»Ja, wahrscheinlich«, antwortete sie gleichgültig und ging ihre Tasche auspacken.

Der Turm hielt uns – zumindest Colin und mich – den ganzen Tag in seinem Bann. Und das Schöne war, dass alle wichtigen Sehenswürdigkeiten Pisas – der Turm, der Dom und das Baptisterium – an einem Ort, einer großen grünen Anlage, versammelt waren. Wir brauchten Mama und ihren roten Rollator nur ein kurzes Stück die Straße hinunterzubugsieren, und schon waren wir da. Auch eine lange Reihe von Souvenirbuden, für die Mama ja ein Faible hatte, fehlte nicht.

Colin und ich kletterten auf den Turm und fotografierten, bis unsere Apparate keinen Speicherplatz mehr hatten.

Was mir auffiel und immer noch gegenwärtig ist, war die Freude, die dieses kleine Touristenmekka bei so vielen Menschen erzeugte. Welle um Welle ergossen sich die Besucher auf die Piazza, alle ohne Ausnahme mit den gleichen stumpfen, reisemüden Mienen, aber sobald sie den Turm erblickten, wurden ihre Gesichter lebendig.

Lange, über einen Zeitraum von etwa acht Jahrhunderten, versuchte man mit beträchtlichen Geldsummen und technischen Überlegungen, die Schräglage des Gebäudes zu korrigieren. Für mich ist der Schiefe Turm ein Symbol für die Unfähigkeit des Menschen, Vollkommenheit zu erreichen, und uns allen ist er, finde ich, eine schöne Mahnung daran.

Von den vielen Dingen, die mir an Europas kleinen Städten gefallen, schätze ich mit am meisten, dass die wichtigen Verkehrsanschlussstellen fast immer zentral gelegen sind. Beweisstück A ist Pisas Flughafen. In Nordamerika muss man mindestens anderthalb Stunden fahren, um zu einem größeren Flughafen zu gelangen, der irgendwie immer in einer gottverlassenen Gegend liegt, wo er sich dann nach Belieben aufblasen und wie ein testosterongesteuerter Teenager alles andere an die Wand drücken kann.

In Pisa war das anders. So locker und entspannt wie dort bin ich noch nie zum Flughafen gekommen. Zehn Minuten flotte Fahrt vom Hotel – wir hätten notfalls wahrscheinlich sogar zu Fuß gehen können –, und wir hatten den Aeroporto Galileo Galilei erreicht. Später erfuhr ich, dass die Züge am Flughafen halten, bevor sie in die Stadtmitte hineinfahren. Großartig. Wenn ich da an die unnötig verwirrende und aufgeblähte Anlage nordamerikanischer Flughäfen denke!

In der Abflughalle verabschiedeten wir uns mit Küssen und Umarmungen von Colin.

»Es war so lieb von dir herzukommen«, sagte ich. »Tut mir leid wegen …«

»Vergessen wir's einfach.« Er lächelte. »Es hat Spaß gemacht. Ich bin froh, dass ich gekommen bin.«

So sind sie, die Briten: Du kannst heute einen Riesenkrach von den Ausmaßen eines Atomkriegs mit ihnen haben, und am nächsten Tag sagen sie dir, wie schön sie es fanden. Ich erfuhr nie, was für eine Laus ihm über die Leber gelaufen war, als er angekommen war, aber als er wieder abreiste, war zwischen uns wieder alles wie immer. Wir hatten kein gemeinsames Zimmer bewohnt –

meine Mutter hat etwas gegen intime Beziehungen zwischen Leuten, die nicht verheiratet sind –, und mich wurmte das noch nachträglich. Ich legte mich deswegen nicht mit ihr an, und Colin akzeptierte das Arrangement ohne Frage, aber ich ärgerte mich über meinen eigenen Mangel an Rückgrat – ich bin über fünfzig, Herrgott noch mal! – und meine immerwährende Bereitschaft, vor meiner Mutter zu Kreuze zu kriechen, statt meine eigenen Wünsche zu vertreten.

Mama und ich steuerten nun Florenz an, vielleicht eine Stunde Fahrt von Pisa aus, wenn man nicht in den morgendlichen Berufsverkehr gerät – was uns natürlich prompt passierte.

»Was heißt *Freezie?*«, fragte Mama, während wir die Schnellstraße entlangkrochen.

»*Firenze*«, verbesserte ich sie. »*Firenze* ist der italienische Name von Florenz.«

»Es sieht aber aus wie *Freezie*«, entgegnete sie stur.

Wir freuten uns beide auf Florenz, nachdem wir so viel über seine Kunstschätze gehört hatten, und waren uns einig, dass wir mindestens drei Tage brauchen würden, um alles zu genießen.

Erster Punkt auf der Tagesordnung war natürlich die Suche nach einem Hotel. Wir kümmerten uns nicht darum, dass im *centro storico* keine Autos erlaubt waren, und fuhren bis zur Piazza della Repubblica. Von dort machte ich mich zu Fuß auf den Weg, die Pensionen zu besichtigen, deren Schilder vom Platz aus sichtbar waren.

Die erste hatte nichts mehr frei. Ich lief zurück, um mich mit Mama zu beraten. Dann nahm ich die Jagd wieder auf. Die abenteuerliche Spannung, die so ein Unternehmen hat, wenn man dreißig ist, fehlte vollkommen.

In einem altertümlichen, käfigartigen Aufzug ähnlich denen, die man in Filmen aus den Vierzigerjahren sieht, fuhr ich zum Hotel *Olimpia* hinauf, das sich in einer oberen Etage befand. Es hatte weder Charme noch Eleganz zu bieten, aber der Empfangsangestellte war sehr höflich und zeigte mir ein großes Eckzimmer mit riesigen Fenstern direkt zum Platz hinaus. Ideal, fand ich, für Mama und mich.

»Es ist gut, dass Sie sich jetzt anmelden«, sagte er in etwas mühsamem Englisch. »Hier sind überall Überwachungskameras. Sie beobachten und fotografieren alle Autos, die ins Stadtzentrum fahren. Sie hätten einen Strafzettel erhalten, aber jetzt, wo Sie eine Hotelreservierung haben, die ich bestätigen kann, werden sie den Strafzettel zurücknehmen.«

Er versprach mir, einen Angestellten kommen zu lassen, der unser Auto übernehmen würde, um es auf einem fernen Stellplatz zu parken. Vielleicht aber auch, um es zu verschieben – ich war mir da nicht ganz sicher.

Stolz auf meinen Erfolg kehrte ich zum Auto zurück.

»Warum nicht das *Savoy*?«, beschwerte sich Mama. »Das ist gleich da drüben.«

»Das können wir uns nicht leisten«, erklärte ich, während ich ihren Gurt öffnete.

»Warum nicht?«, rief sie.

»Unser Hotel ist ganz in Ordnung«, versicherte ich ihr.

»Und wenn es mir nicht gefällt?«, nörgelte sie.

Ich schlug mich auf dem Gehweg schon mit Taschen, Koffern und einem Rollator herum – eine widerspenstige Mutter fehlte mir noch zu meinem Glück. Ein mürrischer Mann im ölverschmierten Overall nahm mir den Autoschlüssel ab. Als er weg war, fiel mir ein, dass ich zu fragen vergessen hatte, ob er wirklich vom Hotel geschickt worden war. Ach, zum Teufel damit, dachte ich, während ich krampfhaft versuchte, den Griff eines weiteren Koffers zu fassen zu bekommen.

Ich schaffte es, uns beide und unser ganzes Gepäck in die kleine Aufzugkabine zu stopfen und uns wieder aus ihr zu befreien, als wir oben ankamen.

»Das ist unser Zimmer?«, fragte Mama, als ich die Tür öffnete.

»Ja, ist es nicht super? Ein Eckzimmer. Und so schön hoch. Schau dir nur mal diese Riesenfenster an. Und sie gehen alle zur Piazza hinaus. Da können wir die Leute unten beobachten.«

»Es sieht aus wie eine Absteige«, erklärte sie.

Es war *keine* Absteige. Das Zimmer war geräumig und luftig. Natürlich hätte es die Hand eines Innenarchitekten gebrauchen können, der es aus den Fünfzigern des letzten Jahrhunderts in die Gegenwart holte, aber es war nicht schlechter als das Zimmer, in dem wir in Taormina gewohnt hatten. Andererseits hatte ich keine Lust auf eine Auseinandersetzung.

»Hast du Lust, ein bisschen rumzulaufen, oder bist du zu müde?«, fragte ich mit gespielter Munterkeit.

»Wechsle jetzt nicht das Thema, Jane. Mir gefällt's hier nicht.«

»Tja, jetzt ist es zu spät. Wir haben gebucht, und das Auto ist weg.«

»Dann verlang es zurück.«

»Mama, sei doch vernünftig. Wir werden uns hier bestimmt wohlfühlen. Komm, ziehen wir los.«

Vom Hotel aus gingen wir langsam die Via Roma hinunter, die uns an den Schildern mehrerer kleiner Pensionen vorbeiführte. Bei jedem drängte mich Mama nachzufragen. Sie verlangte sogar, dass ich mich im *Savoy* erkundigte, das voll belegt war.

»Wir haben doch ein Zimmer«, sagte ich immer wieder.

»Aber wir sind nicht zufrieden damit«, gab sie sofort zurück.

»*Wir?*«

»Ach, Jane, gib's doch zu, dir gefällt es auch nicht. Es ist das übelste Hotel, in dem wir bisher gewohnt haben.«

»Was ist so übel daran? Du brauchst keine Treppen zu steigen, du hast so viel Platz, dass du mit deinem Rollator zusammen Rad schlagen kannst, es ist hell, es ist nicht weit zum Aufzug und zum Speiseraum. Und es liegt zentral. Für die drei Tage, die wir hierbleiben, reicht es vollkommen. Außerdem – ist dir klar, was für ein Theater das wäre, jetzt das Hotel zu wechseln? Ich würde unser ganzes Zeug allein durch die Straßen schleppen müssen.«

»Ach was. Ich helfe dir.«

Ich sah sie nur ungläubig an. Was faselte sie da? Sie konnte sich ja selbst kaum auf den Beinen halten, geschweige denn einen Haufen Gepäck herumschleppen.

»Nein«, verkündete ich mit Entschiedenheit und versuchte erneut, sie abzulenken, indem ich fragte: »Ist das nicht eine Kirche?«

Ich zog sie an der Hand über die Piazza del Duomo zur Kathedrale Santa Maria del Fiore.

»Mir gefällt es nicht, Jane«, beharrte sie. »Hast du mich gehört?«

»Ja, ich habe dich gehört, und die Antwort lautet immer noch Nein. Wir bleiben, wo wir sind!«, fuhr ich sie an.

Auf dem Platz tummelten sich Touristenmassen, aber außer einer langen Menschenschlange, die sich seitlich am Dom entlangzog, gab es keinen Hinweis auf den Eingang. Ich wusste, dass Mama dem nicht gewachsen war. Ich half ihr die Treppe hinauf, und wir gingen auf die kleine Holztür zu, durch die die ersten Leute drängten.

Mit einem Nicken zu dem Mann an der Tür und einem »*Mia madre è disabile*« schob ich Mama vorwärts.

»So, und jetzt reden wir noch mal über das Zimmer«, sagte sie, als wir im kühlen gedämpften Licht des Kircheninneren standen. »Du weißt, es gefällt mir nicht. Ich will woanders hin.«

Ich ging einfach davon, sonst hätte ich mich nicht beherrschen können.

Das Innere des Doms war ein gewaltiger leerer Raum, völlig ohne Charakter, weit strenger als seine Marmorfassade. Ja, das Spannendste war der Anblick der Touristen, die mit gezückten Digitalkameras herumwanderten und verzweifelt nach etwas – irgendetwas! – suchten, das sie fotografieren konnten. Selbst der Hochaltar war eine Enttäuschung, wenn man auch der Fairness halber zugeben muss, dass die Kuppel wunderbar bemalt war und der Marmorboden eine Pracht.

Nach angemessener Zeit – und ehrlich gesagt erschienen mir fünf Minuten hier drinnen wie eine Ewigkeit – gab ich Mama zu verstehen, dass ich genug hatte. Beim Hinausgehen bemerkte ich abseits ein kleines Schild, dem zu entnehmen war, dass alle Kunstwerke – Gemälde, Statuen und sonstige Kostbarkeiten – aus dem Dom entfernt und in das nahe gelegene Museo dell'Opera del Duomo gebracht worden waren.

Also, das ärgerte mich einfach! Ich verstehe ja durchaus, dass eine Pflicht besteht, die Reichtümer und Schätze der florentinischen sakralen Kunst auszustellen, anstatt sie irgendwo in einem unterirdischen Lagerraum dahindämmern zu lassen (und ich gebe auch gern zu, dass es Stücke gibt, die im Lauf der Jahre gelitten haben und an einem Ort wie dem Dommuseum besser aufgehoben sind), aber eine Kathedrale völlig auszuweiden und das gesamte Inventar ein paar Häuser weiter zu deponieren, ist eine Art der Entweihung – gibt es ein Wort wie »Artizid«? –, die unbegreiflich ist.

Nach dem kurzen Besuch des Doms bewegten wir uns langsam und mühevoll zum Museo dell'Opera del

Duomo. Hier gab es keine Warteschlange, dafür einen Kartenverkäufer, der jeder von uns vergnügt sechs Euro abknöpfte. Immerhin bekamen wir zu den Karten noch eine Broschüre, aus der wir erfuhren, dass das Gebäude seit der Grundsteinlegung des Doms im Jahr 1296 ununterbrochen als Dombauhütte genutzt wurde. Viele Renaissance-Meister hatten hier ihre Ateliers gehabt. Donatello malte hier, Brunelleschi arbeitete an den Plänen für die Kuppel und die Fassade des Doms und Michelangelo schuf im Innenhof seinen *David*.

Es war seltsam, Kunstwerke zu betrachten, die aus dem Zusammenhang ihrer ursprünglichen Bestimmung und ihres ursprünglichen Platzes im Dom gerissen waren. Die *cantorie*, die Sängerkanzeln, beispielsweise, die zwischen 1430 und 1438 von Luca della Robbia und Donatello geschaffen wurden, sind herrlich anzusehen, aber dazu bestimmt, den Platz über den Türen zu den zwei Sakristeien des Doms einzunehmen, wirken sie an der weißen Wand des Museums völlig unmotiviert.

Als mein Blick auf eine lebensgroße Holzstatue der Maria Magdalena traf, war mein erster Gedanke, na toll, jetzt holen sie hier auch noch moderne Kunst rein. Aber bei näherem Hinsehen erfuhr ich aus einer neben der Statue angebrachten Beschreibung, dass sie keineswegs von einem modernen Künstler stammte; Donatello hatte sie 1455 geschnitzt. Über Jahrhunderte stellten Künstler Maria Magdalena als sinnliche Frau in üppigen Gewändern mit einem Anflug paradoxer Unschuld dar. Donatello fasste sie ganz anders auf. Diese Figur ist von einer herzzerreißenden Inbrunst: eine hagere, abgerissene, ausgemergelte, seelisch und körperlich erschöpfte Maria Magdalena, die sich mit knöchernen, sich geradezu verzweifeltem Gebet aneinandergepressten Händen an ihren Glauben klammert.

Durch die Via Roma schlurften wir zurück zur Piazza della Repubblica und setzten uns dort unter die Markise eines Cafés. Während wir warteten, kamen wir mit einer jungen Frau am Nachbartisch ins Gespräch. Sie war aus New Orleans, eine stämmige Person mit rabenschwarzem Haar und scharlachroten Lippen. Deborah, so hieß sie, hatte in der Gastronomie gearbeitet, bis sie vor Kurzem ihre Stellung verloren hatte. Unschlüssig, was sie anfangen sollte, hatte sie sich gedacht, hey, warum fliege ich nicht einfach nach Florenz? Sie war couragiert und geradeheraus, eine erfrischende Abwechslung nach Wochen unter den eher förmlichen Italienern.

»Wenn Sie in der Gastronomie beschäftigt waren, müssen Sie doch vom Essen hier begeistert sein.« Ich machte mich auf eine glühende Lobrede gefasst.

Sie lehnte sich auf ihrem Stuhl zurück und holte tief Luft. »Also, der Wein, den ich gerade trinke, schmeckt bitter. Ich vermute, es kommt daher, dass die Flasche längere Zeit offen herumgestanden hat. Sie können es mir glauben, ich habe zwanzig Jahre lang mit Essen und Getränken zu tun gehabt – ich weiß Bescheid. Und die Lasagne hier? Na ja, nicht berauschend. Okay, ich bin erst seit einer Woche in Italien, aber bisher war das Essen echt mäßig. Die Italiener haben sich und ihre Küche prima vermarktet, das ist alles.«

Ich fragte mich allmählich, ob es für die vielen Leute, die nach Italien gekommen waren, um zu genießen, und dann vom Essen grausam enttäuscht worden waren, eine Selbsthilfegruppe gab. (An dieser Stelle muss ich allerdings etwas anmerken: Anderthalb Jahre später reiste ich mit Colin noch einmal nach Süditalien – im September –, und wir aßen einige Male *phan-tas-tisch*. Aber immer in Restaurants, die für Körperbehinderte nicht ohne Mühe zugänglich waren.)

Der Tee hatte Mama wieder munter gemacht, und als wir in unser Hotel zurückkamen, fing sie von Neuem an, über das Zimmer zu schimpfen.

»Es ist doch nur für drei Nächte«, hielt ich ihr wieder vor. »Du erzählst mir immer, man soll die Dinge nehmen, wie sie kommen, aber anscheinend gilt das bei dir nur, wenn die Dinge dir auch in den Kram passen.«

Ich musterte die zerschrammten dunkelbraunen Holzmöbel, den abgenützten, aber sauberen braunen Bettüberwurf, die Kissen, die aussahen, als wären keine Federn mehr darin, den nackten Fliesenboden. Es gab keinen Fernseher und kein Radio, aber wer braucht so etwas im Urlaub? Das Beige der Wände war nicht gerade fröhlich, aber das Zimmer war sauber, und die Lage war großartig.

»Das ist eine Bruchbude hier«, jammerte sie. »Und das Bad – es hat eine Stufe, das musst du doch gesehen haben. Du weißt, wie schwierig das Stufensteigen für mich ist. Außerdem ist es klein und schlecht eingerichtet. Ich komme kaum rein, weil es so klein ist. Und der Wasserdruck ist gleich null. Wenn man die Toilettenspülung betätigt, passiert praktisch nichts.«

Natürlich hatte sie recht. Zur Mängelliste hätte ich noch hinzufügen können, dass die Internetverbindung im Hotel ständig zusammenbrach, aber ich ließ es lieber.

»Aber schau doch mal, wir wohnen mitten im Zentrum; unsere Fenster gehen auf den Platz hinaus«, schwärmte ich.

»Was ist daran so toll?« Sie marschierte zum Fenster. »Es ist bestimmt laut, und wer will schon diese vielen fremden Leute sehen? Nein, mir gefällt's hier gar nicht. Du hast überhaupt keine Rücksicht auf meine Bedürfnisse genommen, als du diese Absteige ausgesucht hast. Ich finde, wir haben genug von Florenz. Fahren wir weiter.«

»Was? Wir sind doch eben erst angekommen! Ich glaube, du solltest dich ein Weilchen hinlegen.« *Ein sehr langes Weilchen*, hätte ich am liebsten hinzugefügt. »Komm, du machst ein Nickerchen, und ich schaue mich inzwischen ein bisschen in der Stadt um.«

»Ja, tu das. Und such uns dabei gleich eine anständige Unterkunft.«

Himmel! Kann frau im Alter noch an PMS leiden?

Eins stand jedenfalls fest: Ich würde nicht aus Florenz abreisen, ohne in den Uffizien gewesen zu sein.

Vom Hotel aus folgte ich einer kleinen Straße zur Piazza della Signoria, wo ein Gewimmel herrschte, als wäre die ganze Menschheit in all ihrer chaotischen Buntheit zusammengeströmt. Überall waren monumentale Skulpturen zu besichtigen, einschließlich einer Kopie von Michelangelos *David*. Zielbewusst ging ich auf sie zu, um ihr meine Bewunderung zu zollen – nur um festzustellen, wie höchst unbequem, vor allem aber absurd es ist, zu einem Paar Männerhoden und einem Penis hinaufzustarren, der (ist das sonst noch jemandem aufgefallen?) winzig ist für einen jungen Mann mit so großen Händen und Füßen. Vielleicht ist Michelangelo der Marmor ausgegangen.

Die Cafés rund um den Platz waren alle voller Leute, die bei einem Aperitif die Menschenmengen an sich vorüberziehen ließen. Vor den Uffizien stand keine Schlange – hurra! –, doch erst als ich im Freudentaumel vor der Tür ankam, erfuhr ich, warum nicht. Es war Montag, und die Uffizien waren montags … ahhh, geschlossen. Ich war enttäuscht (klassischer Fall von Selbstzensur), aber auf dem Rückweg zum Hotel kam mir ein Gedanke.

»Ich habe einen wunderbaren Platz entdeckt«, berichtete ich Mama, als ich unser Zimmer betrat. »Den musst du sehen. Er ist nicht weit von hier, und es gibt überall Cafés. Wir können dort essen.«

Sie wusste nicht recht, was sie davon halten sollte – von mir stammte schließlich auch die Idee, dieses Hotel zu nehmen –, aber dann machte sie sich doch widerwillig zum Ausgehen fertig.

Recht schwerfällig rumpelten Mama und ihr Rollator über das holprige Kopfsteinpflaster. Der Rollator schien den Ausflug aufregender zu finden als seine Besitzerin. Am Ende der Straße, wo die Piazza della Signoria sich vor uns öffnete, beobachtete ich sie.

Keine Reaktion. Nix, null, *nada*, *niente*.

»Ist das nicht unglaublich?«, fragte ich enthusiastisch, um Mama mit Begeisterung zu dopen.

»Ich muss mich setzen, Jane. Lass uns etwas essen.«

Ich schaute auf den Rollator hinunter; vielleicht konnte ich ihn ja zu einem positiveren Gebaren verleiten. Doch er verhielt sich seinem Frauchen gegenüber stets loyal.

Im ersten Café, an dem wir vorbeikamen, nahmen wir einen Tisch ganz vorn bei den Gaffern und bestellten uns unverschämt teure Gin and Tonics und ebenso teures Essen. Unser Kellner versuchte, uns noch ein kleines Extra auf die Rechnung zu setzen, aber den Trick kannte ich inzwischen.

Wir sogen gerade den letzten Tropfen Kaffee aus den Tassen, als zwei Italiener sich an den Tisch neben unserem setzten. Einer von ihnen zog mich in ein Gespräch. Er hieß Raffaele und hatte ein Ledergeschäft. Als er hörte, dass wir aus Kanada kamen, erwähnte er, dass er Verwandte in Toronto habe. Wir plauderten ein Weilchen sehr nett miteinander, dann reichte mir Raffaele seine Visitenkarte und sagte, es würde ihn freuen, mir bei der Auswahl eines schönen Ledermantels behilflich sein zu können. Ich hatte schon gehört, dass Florenz das richtige Pflaster war, wenn man sich einen Ledermantel zulegen wollte. Aber ich hatte kein Interesse.

»Das war ja ein reichlich zwielichtiger Kerl.« Mama musterte mich scharf. »Du hast dich doch nicht etwa mit ihm verabredet?«

»Spinnst du? Natürlich nicht. Wofür hältst du mich?«

»Tja, man kann nie wissen. Er wirkte ziemlich hartnäckig.«

Am nächsten Morgen war ich Punkt sieben auf dem Weg zu den Uffizien. Die Luft war kühl, und hinter leichter Bewölkung zeigte sich die frühe Sonne. Nächtlicher Regen hatte die Kopfsteine vom Tagesschmutz gereinigt, sie glänzten noch feucht. Der frühe Morgen ist mir die liebste Tageszeit. Ich genieße es, zu hören und zu sehen, wie die Welt langsam erwacht, und bewundere die Leute, die morgens den Tag anschieben und den Betrieb in Gang bringen.

Vor den Uffizien standen die Menschen zu viert nebeneinander in einer gewaltigen Schlange, die sich bereits gebildet hatte und wie eine übergewichtige Python unter den Arkaden des Museums entlangzog. Alle waren sie ruhelos, alle sahen sie gleich angespannt und besorgt aus, ob sie denn auch in das berühmte Museum hineinkommen würden – die frisch geschniegelten jungen Eltern mit den zwei frisch geschniegelten Kindern, alle vier mit Crocs in unterschiedlichen Signalfarben an den Füßen; die alten Herrschaften mit den Tilley-Hüten; die kultivierten, gepflegt gekleideten Ehepaare mittleren Alters, die sich bemühten, nicht wie Touristen auszusehen. Jeder Neuankömmling wurde misstrauisch beäugt. Wehe, es hätte einer gewagt, sich vorzudrängen.

Zum Besuch kultureller Glanzpunkte in den Städten scheint man sich heute ausrüsten zu müssen wie zu einem Marathon. Die Leute, die zu unserer Schlange stießen, hatten große Wasserflaschen, Proviant und Decken bei sich, manche brachten Klappstühle mit, andere hatten die Zeitung dabei, kleine Spielkonsolen und natürlich die allgegenwärtigen Handys. Einige hatten sogar regelrechte Strategien parat, wie zum Beispiel das Paar vor mir, das sich von seinen neu hinzugekommenen Reisegefährten ablösen ließ, um eine Kaffee- und Pinkelpause einzulegen. Ach, wie angenehm, mit rüstigen, beweglichen Gefährten unterwegs zu sein!

Wie war es möglich, dass unter diesen vielen Menschen nicht einer mit einer körperlichen Behinderung war? Ich hoffte, dass sie wussten, welch ein Glück sie hatten, aber wahrscheinlich nahmen sie – genau wie wir alle, die wir im Vollbesitz unserer körperlichen Kräfte sind – ihre Gesundheit und ihre Beweglichkeit als selbstverständlich hin.

Da ich absolut nichts dabeihatte, womit ich mich hätte beschäftigen können, während ich in der Schlange stand, belauschte ich das Gespräch des Paares vor mir. Die beiden waren jung und kamen nach dem, was ich mitgekriegt hatte, aus Kalifornien. Die junge Frau war eine hübsche, lebhafte Person asiatischer Herkunft mit langem glänzendem Haar; ihr nicht-asiatischer Freund war der mürrische, schweigsame Typ. Tapfer und unverdrossen – oh, ich kenne das, ich habe das selbst so oft praktiziert – versuchte sie, das Gespräch mit ihrem Partner mithilfe von Frage-und-Antwort-Spielen und Klatsch in Gang zu halten. Manche Frauen schuften wirklich hart, um ihren Beziehungen ein bisschen Leben einzuhauchen.

»Würdest du dir einen Film lieber auf einem Schiff oder in einem Flugzeug anschauen?«, fragte die junge Asiatin ihren Freund.

Seine genuschelte Antwort konnte ich nicht verstehen.

»Würdest du lieber ins Theater oder zu einem Rockkonzert gehen?«

Wieder Nuscheln.

»Hm. Würdest du dich lieber von einem Hai fressen oder von einem Wal verschlucken lassen?«

Als sie dieses Spiels müde wurde, versuchte sie es mit einem anderen.

»Rate mal, was ich gerade denke.«

»Rate mal, was ich gerade sehe.«

Danach ging sie zum Klatsch über.

»Weißt du, wie sie jetzt ihre Haare trägt? Etwa bis hierher abgeschnitten mit einem Pony, und total weiß!«

So ging es fort und fort. Für das Geschnatter beim Friseur braucht es mehr Gehirnschmalz, aber wenigstens war das Mädel nicht so scheintot wie sein Freund. Ich selbst war inzwischen so weit, dass ich mir ernsthaft zu überlegen begann, ob ich mich lieber von einem Hai fressen oder von einem Wal verschlucken lassen würde.

Nach ungefähr einer Stunde erhob sich leichtes Gemurmel in der Menge, als die Mammuttüren der Uffizien geöffnet wurden. Die Schlange begann zu wogen und zum Eingang zu drängen.

Als ich endlich am Schalter stand, wurde mir mitgeteilt, dass ich nur über das Internet Karten im Voraus kaufen und außerdem nicht für jemanden Karten besorgen könne, der gar nicht da sei. Tja, anderthalb Stunden meines Lebens unwiederbringlich verloren.

Ich rannte zum Hotel zurück und zerrte Mama gegen ihren Willen durch die holprigen Straßen, über die große Piazza bis zu den Uffizien. Diesmal jedoch marschierte ich dreist zum Kopf der Schlange und fragte einen jungen Kartenkontrolleur nach einem Rollstuhl, nachdem ich mein erprobtes Sprüchlein, »*Mia madre è disabile*«, losgelassen hatte.

Augenblicklich ließ er uns ins Gebäude. Drinnen spielte ich ihm Schreck und peinliches Bedauern darüber vor, dass wir keine Eintrittskarten hatten.

»*Momento.*« Er flitzte davon.

Eine Minute später kam er mit unseren Eintrittskarten zurück. Sie seien kostenlos, verkündete er.

»Ich muss dich öfter mal mitnehmen.« Ich lächelte Mama zu. Dann holte ich ihr einen Rollstuhl und stellte den roten Rollator an der Garderobe ab.

Ein Menschenschwall versuchte, sich durch die Drehkreuze zu drängen. »Das ist doch Wahnsinn!«, schrie ein junger Brite. Bei den Untertanen Ihrer Majestät ist Unordnung ein äußerst ernst zu nehmendes und besorgniserregendes Vergehen. Ich glaube, es war der britisch-ungarische Autor George Mikes, der einmal sagte, dass ein Engländer, auch wenn er allein ist, sich in ordentlicher Ein-Mann-Schlange anstellen wird.

Wir durchwanderten die vielräumigen Uffizien nur, weil es, wie uns schien, von uns als Besuchern von Florenz erwartet wurde.

Wir schoben uns durch das Gewühl vor Botticellis *Die Geburt der Venus* und dem anderen Publikumsrenner des Meisters, *Primavera*; wir bogen um eine Ecke und standen Piero della Francescas berühmtem Profil des Federico da Montefeltro gegenüber: unter einer flachen roten Filzkappe ein Gesicht, das in seinem ehernen Ausdruck beinahe komisch wirkt. Und an der Hakennase könnte man Wäsche aufhängen. Das Gemälde ist eigentlich Teil eines Diptychons (hatte ich nicht gewusst), das auf der zweiten Tafel das weniger berühmte, aber weichere Profil der Battista Sforza zeigt (später lernte ich, dass sie Mrs Montefeltro war).

Wir sahen Caravaggios *Medusa*, das Gesicht der Enthaupteten schreckerstarrt. Das Bild ruft bei einem meiner erwachsenen Kinder heute noch Alpträume hervor. Und dort drüben … war das nicht? … ja, natürlich, das war Leonardo da Vincis *Verkündigung*!

So vertraut waren viele der Bilder – endlos reproduziert über viele Jahrzehnte in Kunstbüchern und auf Trageta-schen, Teekannenwärmern, Kühlschrankmagneten, Buch-zeichen –, dass ich jedes unwillkürlich mit einem Nicken und einem Lächeln grüßte wie einen lang vermissten Freund, den ich zufällig auf einer Party wiedergetroffen hatte. Aber das war's auch schon mit meiner Faszination für die Uffizien.

Sie sind unbestreitbar ein großes und großartiges Mu-seum mit einer beeindruckenden Sammlung an Kunstwer-ken, aber nach einer Weile fühlt man sich, als hätte man eine ganze Schachtel Pralinen auf einen Sitz verdrückt.

Da ich mich mit meinem Verriss der italienischen Kü-che sowieso schon der Ketzerei schuldig gemacht habe, lassen Sie mich gleich noch einmal sündigen und Folgen-des sagen: Wenn Sie nicht von dem überwältigenden Ver-langen besessen sind, mit sechzig Zentimetern Abstand vor Botticellis *Die Geburt der Venus* zu stehen (und das Bild hängt jetzt übrigens hinter Glas), oder den Tick ha-ben, nur ein Kunstwerk betrachten zu können, wenn Sie auf Zehenspitzen stehen und den schalen Atem ihres Hin-termanns im Nacken spüren, dann lassen Sie die Uffizien.

Es ist unmöglich, den Lederhändlern auf den Straßen von Florenz zu entkommen. Man braucht nur im Vorbeigehen an einer der zahlreichen Buden, die die Plätze der Stadt bevölkern, nach einem Artikel zu fragen, und schon be-drängt einen der Händler gnadenlos, packt einen viel-leicht sogar an der Hand und zerrt einen durch finstere Seitengassen zu seinem Lieferanten, der einem dann sein ganzes Warensortiment vorführt. Wenn Sie sich in ein Le-dergeschäft wagen, dann stellen Sie sich darauf ein, sofort Ihre Geldbörse auszuliefern. Versuchen Sie gar nicht erst zu gehen, ohne etwas gekauft zu haben.

Mama und ich spazierten langsam eine ruhigere Straße abseits vom Trubel der Via Roma hinunter. Langsam, das hieß, Mama schob ihren roten Rollator, und ich versuchte, mich nicht davon wahnsinnig machen zu lassen, dass ich mich in einem Tempo fortbewegen musste, gegen das ein Trauermarsch ein Hundertmetersprint war.

»Das wäre doch ein hübscher Mantel für dich.« Mama wies mit einer Geste zu einem Schaufenster.

Wenn Mama mich anzuziehen versucht, frage ich mich oft, was für eine Vorstellung sie von meinem Leben hat. Der Mantel, den sie meinte, war wirklich sehr schön: nicht ganz knöchellang, aus weichem, rehbraunem Wildleder, leicht glockig geschnitten, um ihm einen eleganten Schwung zu geben. Kragen, Ärmel und Saum waren mit kuscheligem Pelz undefinierbarer Provenienz besetzt. Es war genau die Art Mantel, der bei PETA-Aktivisten einen Sturm der Empörung hervorrufen würde. Um meiner Mutter einen Gefallen zu tun, zog ich ihn über; er passte wie angegossen.

»Wie für dich gemacht!«, rief sie mit leuchtenden Augen. »Pass auf, lass mich dir den Mantel dafür schenken, dass du die ganze Reise fahren musstest.«

Ich protestierte, aber der Händler, der hinten im Laden ganze Säcke mit Mänteln auspackte, kam sofort angeschossen und versuchte, mich mit einer betäubenden Kombination aus Schmeichelei und Geflunker zum Kauf zu verführen. Als er anfing, von meiner »schlanken« Figur zu schwärmen – eklatanter Blödsinn! –, hatte ich keine Wahl, als uns beide aus der Qual zu erlösen. Wäre ich ein Filmstar, ein Call-Girl oder das Jetset-Accessoire eines Großindustriellen gewesen, so hätte ich mich vielleicht zu dem Wildledermantel überreden lassen. So aber entschied ich mich für einen praktischen, knielangen schwarzen Ledermantel. Und habe es seither jede Minute bereut.

Ich trug den Mantel am Abend desselben Tages, als Mama und ich in der Nähe unseres Hotels bei einem wieder einmal faden Essen saßen. Der Abend war kühl und feucht, und einige Cafés mit Terrassen hatten die Wärmestrahler eingeschaltet und verteilten weiche Decken an ihre Gäste.

Um uns nicht wieder neppen zu lassen, hatten Mama und ich nur ganz schlicht eine halbe Flasche Wein, Suppe und Spaghetti bestellt. Das Gedeck war im Preis enthalten, aber der Speisekarte war zu entnehmen, dass auf alle Rechnungen ein Bedienungsgeld von unverschämten sechzehn Prozent berechnet würde.

Ich schob gerade eine Gabel Spaghetti in den Mund – und wer kreuzte da plötzlich an unserem Tisch auf? Raffaele, der Lederhändler vom vergangenen Abend. Er blieb stehen und verneigte sich kurz, aber von der früheren Liebenswürdigkeit war nichts zu spüren. Er war angespannt und zugeknöpft. Sein Blick verfinsterte sich, als er meinen neuen Mantel sah; er ergriff ein Stück Ärmel und rieb das Material kurz zwischen seinen Fingern.

»Hmm, nicht schlecht«, sagte er in sarkastischem Ton. Dann machte er auf dem Absatz kehrt und warf mir noch einen Blick wie ein waidwundes Reh zu, ehe er auf und davon war.

Wir waren völlig entgeistert.

»Das gibt's doch nicht!«, rief Mama. »Woher wusste er, dass wir hier sind?« Dann beugte sie sich über ihre Suppentasse und erklärte in lautem Flüsterton: »Ich hasse dieses Florenz. Es hat so was Schmutziges. Ich finde, uns reicht's jetzt. Lass uns fahren.«

In Florenz gab es so vieles, was ich sehen wollte: Dantes Haus, den Palazzo Pitti, die Galleria del Costume, Belvedere und das Ferragamo-Schuhmuseum. Aber auch ich hatte meine Liebe zu Florenz bisher nicht entdeckt. Ich fand es hektisch und ungezogen. Heute Mittag erst hatte in einem Café in der Via dei Castellani hinter den Uffizien ein frecher kleiner Kellner Mamas rotem Rollator einen verächtlichen Tritt gegeben. Einen Tritt! Und das noch *bevor* wir bestellt hatten. Aus Mitleid hatte ich den Lenker des Rollators gestreichelt.

Die Szene war von einem eleganten Paar mit angesehen worden, das am Nebentisch saß.

»Soll ich ihn festhalten, während Sie ihn erwürgen?«, fragte der Mann in breitem Amerikanisch trocken.

»Liegt es nur an mir, oder sind die Kellner in dieser Stadt unglaublich hochnäsig und frech?«, empörte ich mich.

»Nein, es liegt nicht an Ihnen«, versicherte er mir. »Wir kommen auf der ganzen Welt herum, und hier ist es am schlimmsten. Haben Sie vor, nach Venedig zu reisen?«

Ich zuckte unsicher mit den Schultern.

»Fahren Sie hin«, riet er mir. »Venedig ist eine freundlichere Stadt, und die Kellner sind nett.«

An diesem Abend packte ich meine hässlichen, schmutzigen Klamotten und blickte neidisch durch die hohen schmalen Fenster unseres Hotelzimmers hinunter zum stetigen Strom von Leuten, die sich gegenüber bei Zara neu einkleideten. Ich hätte einfach hinüberlaufen können, aber ich mag Menschenansammlungen nicht, und in großen Geschäften verstärkt sich diese Aversion. Florenz war ein einziges Mekka des Konsums; viel mehr als vor einem Kunstwerk oder an einer Kasse Schlange zu stehen, schien es hier nicht zu tun zu geben.

Ich schaute zu Mama hinüber, die sich eine Auszeit vom Packen genommen hatte und träumerisch zur Piazza hinunterblickte. In einem seidigen taupefarbenen Nachthemd stand sie leicht gebückt am Fenster, die Ellbogen auf den Marmorsims gestützt, die Hände unter dem Kinn.

Unten schoben sich Schwärme von Menschen, die ihren Abendspaziergang machten, den Gehweg entlang.

Es hätte mich interessiert, was Mama in diesem Moment dachte, ob sie sich selbst in einer jüngeren Version unter den vielen Menschen sah oder vielleicht wünschte, sie hätte Florenz mit meinem Vater zusammen erleben können. Vielleicht fragte sie sich, warum sie so viele geplante Reisen immer wieder verschoben hatten, um sich daheim mit ihrer Arbeit oder mit der Renovierung ihres Hauses abzuplagen. »Das heben wir uns für eine besondere Gelegenheit auf«, hatten meine Eltern immer gesagt. Mein Vater hob Champagner und teure Weine auf, und als er starb, mussten wir das Meiste davon wegwerfen. Anders als meine Eltern hebe ich nichts für besondere Gelegenheiten auf. Die Zukunft ist zu ungewiss. Für mich ist jeder Tag eine besondere Gelegenheit.

Ich trat an ein eigenes Fenster und schaute wie Mama zu den Massen hinunter, die sich durch die Via Roma in Richtung *Savoy* wälzten. Mittendrin bemerkte ich ein kleines Mädchen von vielleicht fünf oder sechs Jahren in einem blassrosa Pulli und einem gemusterten blassrosa Rock. Fröhlich hüpfte es an der Hand seiner Mutter, die ein cremeweißes Hosenensemble aus Leinen trug und dazu lässige schwarze Slipper. Bei dem Anblick der beiden musste ich an meine Tochter denken.

Vor langer Zeit waren auch wir Hand in Hand gegangen: Zoë unbeschwert hüpfend wie das kleine rosa Mädchen, ich voll mütterlicher Liebe und Sorge. Ich hielt sie aus ganz praktischen Gründen an der Hand, um sie zu führen und vor Gefahr zu schützen; aber eigentlich liebte ich es einfach, ihre weiche kleine Hand in meiner Hand zu fühlen. Ich hätte dann am liebsten vor Glück laut geschrien: »Ich habe eine Tochter!« Auf dieser Reise hatte ich meine Mutter oft aus Pflichtgefühl an die Hand genommen, aber ich konnte mich nicht erinnern, sie jemals aus reiner Liebe an der Hand gehalten zu haben.

»Was schaust du?«, fragte Mama und trat neben mich.

»Sieh dir diese Mutter und ihr kleines Mädchen an, das da so vergnügt die Straße entlanghüpft. Sind wir früher auch so gegangen?«

»Nein«, antwortete sie barsch mit einer heftigen Armbewegung. »Du wolltest nie etwas mit mir zu tun haben. Du warst immer weg und hast dein eigenes Ding gemacht. Aber schick angezogen ist die Frau, findest du nicht? So was würde dir auch stehen.« Sie wandte sich ab und packte weiter.

Mehr als jede andere italienische Stadt, die wir besuchten, war Florenz die Stadt der Mütter und Töchter. Es ist ein Shopping-Paradies, und Shoppen ist das, was Mütter und Töchter am liebsten tun. Schade nur für die, die keinen Spaß daran haben.

Ich beobachtete sie, wie sie miteinander umgingen, die Mutter sich stets der Nähe zu ihrer Tochter bewusst, die Tochter sich mehr der Nähe der Kleiderstangen bewusst. Man sah den Müttern an, dass sie ihre Töchter anbeteten, voll staunender Verwunderung darüber, wie ihr einst pummeliges, ungeschicktes Kind sich in eine schlanke, selbstsichere junge Frau verwandelt hatte.

An diesem Abend wurde ich von den schmachtenden Klängen eines Cellisten, eines Klavierspielers und einer Sopransängerin in den Schlaf gewiegt, die unten auf der Piazza musizierten. Allein wegen solcher Momente ist Italien unvergleichlich. Und doch kehrte die Sehnsucht nach daheim wieder.

Bei mir kommt immer der Zeitpunkt, wo der Reiz des Reisens zu verblassen beginnt – wenn ich das ewige Ein- und Auspacken und das Gepäckschleppen satt habe, wenn ich meiner Reisegarderobe so überdrüssig bin, dass ich sie am liebsten ins Feuer werfen würde, wenn mir Feuchtigkeitscreme und Zahnpasta ausgehen, wenn der Automat meine Kreditkarte ablehnt, wenn mir vom Restaurantessen übel wird und ich mich nach meiner eigenen simplen Küche sehne, wenn mir der Komfort meines eigenen Badezimmers und die Behaglichkeit meiner eigenen Bettwäsche fehlen, wenn ich mich darauf freue, in meinen Alltag zurückzukehren, genau den, dem ich noch vor wenigen Wochen unbedingt entfliehen wollte.

Es zog mich auch nach Hause, weil ich meine Mutter noch gern hatte. Wir traten jetzt in die vierte Woche unserer Reise und den vierten Zyklus sich periodisch wiederholender Geschichten und Anekdoten ein (wenn ich mir die von dem einen Onkel und seiner Leidenschaft für Hotdogs noch ein einziges Mal anhören musste, würde ich für nichts mehr garantieren können). Das rhythmische Klappern von Mamas Stock auf den gefliesten Böden hörte sich an wie missbilligendes Zungenschnalzen, und es ärgerte mich, wie sie die zusätzlichen Kopfkissen und neunzig Prozent der Badetücher hortete.

»Ich wollte, ich könnte die Uhr vorstellen«, sagte Mama, während wir beide im Dunkeln den Schlaf herbeisehnten. »Ich kann es nicht erwarten, endlich abzureisen.«

Sie sprach von Florenz. Ich dachte das Gleiche von Italien.

## · 16 ·

### Rom

Das Osterwochenende in Rom. Ich war überhaupt nicht auf den Gedanken gekommen, in der Ewigen Stadt im Voraus ein Hotel zu buchen. Für dieses Versäumnis wurde ich mit ewigem Zittern und Bibbern bestraft.

Nach dem Debakel mit unserem Quartier in Florenz bekam ich den ersten Schreck, als ich hörte, dass wir gerade noch das letzte freie Hotelzimmer in Rom ergattert hatten – jedenfalls erklärte mir das der Angestellte, der für die Buchungen zuständig war. Den zweiten Schreck bekam ich, als ich von Florenz aus das Hotel in Rom anrief, um zu fragen, ob wir vielleicht einen Tag früher kommen könnten, und man mir versicherte, das sei überhaupt kein Problem. Wie fürchterlich ist wohl dieses letzte verfügbare Zimmer in Rom?, war mein einziger Gedanke. Die ganze Fahrt lang betete ich, es möge Ihr, Die Von Einem Hotelzimmer Perfektion Verlangt, genehm sein. Mama hatte schon begonnen, mich diesbezüglich ins Kreuzverhör zu nehmen und meine Buchungskompetenz in Frage zu stellen.

Erst als wir vor dem weißen Portikus des Hotels *Aldrovandi Palace* anhielten, konnte ich ein wenig aufatmen.

»Na ja, so großartig musste es ja nun auch wieder nicht sein«, sagte Mama beinahe ehrfürchtig.

»O doch«, murmelte ich bei mir selbst.

Der Portier begrüßte uns mit einer Verbeugung und geleitete mich freundlich vom Auto weg, als ich das Gepäck ausladen wollte. Am Empfang hörten wir, dass wir durch die frühere Ankunft zu einer Suite aufgestiegen waren. Es ging bergauf! Habe ich übrigens erwähnt, dass die Sonne schien und wir seit zwei Tagen keinen Regen mehr gehabt hatten?

Der Page brachte uns zu unserem Zimmer, und ich drückte ihm die letzten drei Euro in die Hand, die ich noch hatte. Er schob sie in die Tasche, ohne einen Blick darauf zu verschwenden.

Mama strahlte, als sie die pastellgelben Wände sah, die weich gepolsterte Sitzgruppe mit Kissen in Gelb, Salbeigrün und Weiß, die Beistelltische aus Walnuss. Im großen, blitzenden Marmorbad war mit allerlei Seifen und Haarpflegemitteln für den Gast gesorgt. Während sie im Wohnzimmer samt ihrem Rollator Freudensprünge machte, deponierte ich unser Gepäck im Schlafzimmer und breitete die Karte aus, um die letzte Etappe unserer Reise zu planen.

Wir wollten fünf Nächte in Rom bleiben und dann wieder Richtung Norden fahren, diesmal für einen kurzen Halt in Venedig, bevor wir von Treviso aus den Rückflug nach Kanada antraten. Ja, ich weiß, ich hatte mir ursprünglich geschworen, nicht nach Venedig zu reisen, aber inzwischen hatte ich mir gesagt, was zum Teufel, wenn wir schon mal in der Nähe sind.

Die Reise nach Venedig sollte außerdem eine Entschädigung für meine Mutter dafür sein, dass ich beschlossen hatte, unsere Reise eine Woche vor der Zeit abzubrechen. Mama war körperlich am Ende. Und ich seelisch. Beinahe fünf Wochen gemeinsam unterwegs, das hatte seinen Tribut verlangt. Es war egoistisch von mir, aber ich konnte einfach nicht mehr. Ich brauchte eine Pause und sehnte mich nach den kleinen unersetzlichen Annehmlichkeiten meines eigenen Zuhauses. Ich zählte die Tage.

Wir hätten Rom zu jeder Zeit während unseres Urlaubs besuchen können, aber Mama hatte beim katholischen Pilgerzentrum Karten für die Ostermesse auf dem Petersplatz erbeutet, die uns Sitzplätze innerhalb des abgesperrten Bereichs garantierten. Unsere ganze Reise war um dieses Ereignis herum geplant worden.

»Ich nehme meinen Rollator mit«, verkündete Mama feierlich, als wir uns zu einem ersten Besuch des Vatikans fertig machten. Sie sah mich an, als sie das sagte; sie wusste, wie sehr ich das Ding verabscheute. Mit einem vernichtenden Blick gab ich ihm zu verstehen, was ich von ihm hielt und dass er sich benehmen solle. Er erschauerte kurz und drückte sich schutzsuchend an Mamas Rock.

Vergesst Satan, vergesst die sieben Todsünden, nichts kann die Ewige Stadt so erschüttern wie ein Rollator! Der Taxifahrer, der uns zum Petersdom bringen sollte, war ratlos, als er ihn sah. Er kratzte sich erst mal am Kopf, dann versuchte er mit dem Portier zusammen vergeblich, das Gerät in seinen Kofferraum zu stopfen. Es landete schließlich auf dem Vordersitz, und ich und Mama landeten hinten.

Der Petersplatz ist eine riesige, abschreckende Kopfsteinwüste. Man hätte Mama auch gleich aufgeben können, durch die drei kanadischen Prärieprovinzen zu marschieren. Nirgends ein Hinweisschild, nirgends die Spur eines Hilfsangebots für Körperbehinderte.

In den Webseiten liest man, der Petersdom sei für Behinderte zugänglich, aber das ist nur bedingt wahr. Zwar gibt es Platz genug für einen Behinderten mit einer Gehhilfe oder einem Rollstuhl, aber es ist eine Zumutung, von einem körperbehinderten Menschen zu verlangen, dass er diesen Platz mit dem holprigen Belag ohne Hilfe über-quert.

Überall standen an diesem Tag Polizeibeamte und die päpstlichen Schweizergardisten in ihren rot-blau-golde-nen Uniformen mit den weißen Gamaschen herum, um sicherzustellen, dass wir uns keine Bomben um den Leib geschnallt hatten. Aber als sie meine Mutter hochrot vor Anstrengung vorüberkeuchen sahen, rührten sie keinen Finger.

Wir gingen nur in den Petersdom hinein, weil wir immer wieder kleine Menschengruppen hineineilen sahen und dachten, eine Besichtigung wäre vielleicht ange-bracht. Ich brachte den Mund nicht mehr zu, als ich die ungeheuren Dimension des Innenraums sah: Säulen, die doppelt so dick waren wie Baumstämme, gigantische Marmorstatuen an den Wänden und hoch unter der De-cke, Gemälde, die nur unwesentlich kleiner waren als ein Fußballfeld.

»Wahrscheinlich findet gleich eine Messe statt«, sagte ich zu Mama, als die Kirchenbänke sich zu füllen be-gannen.

»Oh, gut«, antwortete sie. »Es ist ja Gründonners-tag.«

Wir drängten uns in eine fast voll besetzte Bank, als sich vor dem Altar eine Schar Priester versammelte. Aus ihrer Mitte trat kein anderer als Papst Benedikt XVI.

Als er das *Gloria* anstimmte, dachte ich, Tom Waits hätte sich das Mikrofon geschnappt. Offenbar hat Seine Heiligkeit genau wie wir normale Sterbliche morgens ge-wisse Schwierigkeiten, seine schlafheisere Stimme in Gang zu bringen.

Benedikt mag das natürliche Charisma seines Vorgän-gers fehlen, aber ein Mann in weißen Gewändern hat of-fenbar etwas an sich, das manche Mädels ganz aus dem

Häuschen bringt. Ein Grüppchen junger und nicht mehr ganz so junger Nonnen sprang vor uns auf und ab; sie versuchten, ihr Idol mit ihren Handys zu fotografieren, und wollten sich einfach nicht von den Gardisten mit ihren silbernen Zenturiohelmen bändigen lassen.

Mama stieß mich an. »Siehst du, sogar die Nonnen haben Handys.« Beifällig nickte sie.

»Sixtinische Kapelle?«

Ich bestätigte es dem jungen Wächter im Vatikanischen Museum mit einem Nicken.

»Bis ans Ende und dann links«, erklärte er.

Ich starrte zu dem Punkt in der Ferne und rechnete rasch hoch, dass diese Reise ohne eine Übernachtung oder mindestens einen Zwischenstopp zum Essen nicht zu bewältigen war. Mama hatte es sich angewöhnt, die Museumsrollstühle als Gehhilfen zu benutzen, anstatt sich in sie hineinzusetzen, aber diesmal überredete ich sie, sich von mir schieben zu lassen.

Wir hatten Glück, es brauchte keine Woche, da standen wir schon mitten in der Sixtinischen Kapelle, zusammengepfercht mit einem Bruchteil der drei Millionen Menschen, die sie jedes Jahr besuchen, und von denen einige mit zurückgelegten Köpfen umhergingen, ohne sich darum zu kümmern, dass sie mit anderen zusammenstießen. Ich fühlte mich angerempelt, gestoßen und begrapscht. Ich konnte nicht unterscheiden, ob ich bloß herumgeschubst oder angegriffen wurde. Ich musste mich eisern beherrschen, um nicht jeden, der mir zu nahe kam, mit einem »Würden Sie sich freundlicherweise verpissen?« zur Hölle zu jagen. Ein widerwärtiger Typ mit kurzen dunklen Haaren fiel mir auf. Er streifte mit Unschuldsmiene herum, aber ich war sicher, dass er mich heimlich angetatscht hatte.

Das sind keine Zustände, unter denen es mir Freude macht, Kunst und Kultur zu genießen. Es war Guerillatourismus der schlimmsten Sorte.

»Wie fandest du es?«, fragte Mama, als wir uns durch das Gewühl zum Ausgang boxten.

»Vom Hocker hat's mich nicht gerissen. Ich glaube, Michelangelo war ein zorniger Mensch mit einer Zwangsneurose. Und wie hat es dir gefallen?«

»Ich versteh den ganzen Wirbel nicht«, antwortete Mama. »Ich hatte mehr erwartet.«

Eines Nachmittags stellte ich überrascht fest, dass ich tatsächlich überhaupt nichts zu tun hatte. Bingo!

Mama schlief, die Sonne lachte, und ich hatte gut drei Stunden für mich allein. Ich überlegte, was ich mir vornehmen könnte.

Mir schwebte ein Ort fern von der Menge vor, der zu stillem Nachdenken einlud. Immer noch unsicher, verließ ich unsere Luxusherberge und ging in der heißen Sonne die fast leere Via Ulisse Aldrovandi hinunter. Von Schatten spendenden Bäumen gelockt, durchquerte ich den Park Villa Borghese und folgte einem langen, ruhigen Fußweg, der mich zu meiner Enttäuschung zu einer breiten, chaotischen Straße voll hupender Autos und geschäftiger Menschen führte.

Schon wollte ich umkehren, als ich eine Zigeunerfrau in einem langen, zerschlissenen roten Rock bemerkte, die einen Säugling im Arm hielt und mit aufgehaltener Hand die Leute ansprach. Wir waren vor den bettelnden Zigeunern gewarnt worden – von Taxifahrern, vom Hotelportier, von jedem, dem wir erzählt hatten, dass wir nach Rom reisen würden –, und ich hatte schon viele gesehen, besonders in der Gegend um den Vatikan herum. Aber auf die Feindseligkeit, die man ihnen entgegenbrachte, war ich nicht vorbereitet. Die Vorüberkommenden fegten die junge Mutter buchstäblich zur Seite. Ein gut gekleideter Mann trat auf sie zu und beschimpfte sie laut – ich konnte sein Blaffen über die Straße hören. Die Zigeunerin tat nichts, entweder aus Angst oder weil sie die Behandlung gewöhnt war.

Ich kehrte in den friedlichen Park zurück. Frühling lag in der Luft, und die sanften Farben der ersten Blumen – zartes Rosa, Lavendelblau und Butterblumengelb – leuchteten in heiterer Unschuld.

Nachdenklich über den kleinen Zwischenfall mit der Zigeunermutter ging ich die schattigen Wege entlang und musste unwillkürlich an mich selbst denken. Es hatte einmal eine Zeit gegeben, als ich meine Stellung verloren und geglaubt hatte, es wäre nur eine Frage der Zeit, wann ich im Elend landen würde. Aber ich wehrte mich dagegen und entwickelte eine Unverwüstlichkeit, die ich mir hart erkämpfen musste und auf die ich heute stolz bin.

Dann sprangen meine Gedanken, wie immer, zu meiner Mutter. Sie war selbst ein Vorbild an Unverwüstlichkeit und Selbstgenügsamkeit gewesen. Allein diese Charakterzüge waren Grund genug, froh und dankbar zu sein, dass ich die Tochter einer solchen Frau war. Trotzdem konnte ich den schwelenden Groll nicht bezwingen, der mich bisweilen überkam, wenn ich an unsere Beziehung dachte. Ich wollte immer noch über die drei Beschwerden sprechen, die zu äußern sie mir an dem Abend in Viterbo nicht erlaubt hatte. Ich hatte Angst, selbst davon anzufangen, weil ich bei aller Sehnsucht nach einer offenen und ehrlichen Beziehung mit ihr zu erschöpft war, weiter mit ihr zu streiten. Vielleicht ging es ihr genauso. Und dennoch schrie in mir alles weiter nach einer Klärung. Wie lange sollte ich diesen ganzen Mist noch mit mir herumschleppen? Warum war immer ich diejenige, die davon anfangen musste?

Die Hände in den Taschen, den Kopf gesenkt stapfte ich vor mich hin, als ich auf eine alte Frau im Rollstuhl stieß. Über ihren Beinen lag eine dicke Decke; ihr Kopf, auf dem sie eine kleine Wollmütze trug, hing seitlich herab, ihr Blick war leer. Neben ihr auf einer Parkbank saß, tief in Gedanken wie ich, eine Frau meines Alters, die ich für ihre Tochter hielt. Sie schreckte auf, als ich mich näherte. Ich lächelte ihr solidarisch zu. Die Pflege alter Eltern ist eine einsame Arbeit aus Liebe, aus Pflichtgefühl und vielleicht aus Schuld.

Nach einer Weile gelangte ich wieder zur Via Ulisse Aldrovandi. Gegenüber lag die Galleria Nazionale d'Arte Moderna, ein weißer klassizistischer Bau, an dem ich während unseres Aufenthalts in Rom viele Male vorbeigekommen war. Anders als die Uffizien und andere berühmte Kunstmuseen schien die Galleria Nazionale nicht viele Besucher anzulocken. Ich nahm deshalb die Gelegenheit wahr und ging hinein. Zu moderner Kunst zählt nach italienischer Definition alles, was von 1850 bis zur Gegenwart geschaffen wurde, und bald nachdem ich meine Eintrittskarte gekauft hatte, gab ich mich dem einfachen Vergnügen einer gemächlichen, ziellosen Wanderung durch die vielen hellen und wohltuend leeren Räume hin.

Etwas abseits, in einem Nebenraum, entdeckte ich eine lebensgroße Statue aus geisterhaft bleichem Marmor, die mich unwiderstehlich anzog. Ich musste weinen, als ich vor ihr stand.

*La Vedova*, 1888 von Ernest Bazzaro geschaffen, stellt ein kleines Mädchen zwischen sechs und acht Jahren und seine verwitwete junge Mutter dar. Das Kind sieht aus, als wolle es spielen oder mindestens einen Moment der Aufmerksamkeit von seiner Mutter – seine kleine Hand berührt ihr Kinn, wie um das Gesicht zu sich zu drehen. Doch die Mutter scheint in tiefes sorgenvolles Grübeln verloren. Über den Verlust? Gewiss. Aber vielleicht auch über Rechnungen. Häuslichen Streit. Die Frage, wie sie die Woche durchstehen soll, ohne sich die Pulsadern aufzuschneiden. Oder auch nur, warum sie nicht klüger ist, nicht hübscher. Was die beiden Gesichter ausdrückten, war mir jedenfalls schmerzlich vertraut.

Meine Mutter war während meiner Kindheit mit ihren Gedanken immer woanders gewesen – bei der Sorge über ihre Gewichtszunahme; ihrem Bedürfnis, sie selbst zu sein und ihre eigenen Begabungen zu entwickeln; ihren verschiedenen ehrenamtlichen Verpflichtungen. Das kleine Mädchen aus Marmor war ich, genauso hatte ich immer zu erreichen versucht, dass meine Mutter mich wahrnahm, mir zuhörte. Selbst damals, als sie noch ausgezeichnet hörte, musste ich vieles zwei- oder dreimal sagen, um ihre Aufmerksamkeit zu gewinnen.

Aber war ich nicht selbst auch eine innerlich abwesende Mutter gewesen? Machen wir uns nicht alle Gedanken darüber, wie wir über die Runden kommen sollen, wie wir unseren Kindern das Leben erleichtern und schöner machen können, wie wir andere Beziehungen in unserem Leben – mit dem Partner, den Eltern, Verwandten, Freunden, Vorgesetzten – pflegen, wie wir es schaffen sollen, uns nicht selbst zu verlieren? Und dabei lassen wir Beziehungen schleifen, die wir für selbstverständlich halten, gerade die Beziehungen, die uns am wichtigsten sind.

Ich dachte an eine Zeit vor zehn Jahren zurück, als meine Tochter, wenn sie am Ende des Tages aus der Schule kam, jedes Mal mit langem Hals und forschenden Blicken die Menge wartender Eltern absuchte. Fand ihr Blick mich dann, rannte sie strahlend und mit einem glücklichen Jauchzen über den Schulhof direkt in meine ausgebreiteten Arme. Doch ich war so sehr mit den dringenden Angelegenheiten des täglichen Lebens beschäftigt, dass ich oft nicht fähig war, meinen Kindern im selben Augenblick die gleiche liebevolle Zuwendung postwendend zurückzugeben. Aufgeregt erzählten sie davon, was ihnen während des Tages Erfreuliches oder Unerfreuliches passiert war, aber ich hörte nicht immer zu. Warum brauchen wir so lang, um den Wert ungeteilter Aufmerksamkeit zu erkennen?

Wenn Mutter und Kind älter werden, verschieben sich die Gewichte. Von zahlreichen Pflichten befreit, hat die Mutter mehr Zeit; die des Kindes ist von außerfamiliären Interessen besetzt. Am Ende ist es die Mutter, die das Kind um Zeit und ungeteilte Aufmerksamkeit bittet.

Die reinigende Aussprache mit Mama, die ich mir in Viterbo erhofft hatte, war einseitig geblieben, und nicht ein einziges Mal hatte sie seither nach meinen Beschwerden gefragt. Hatte sie Angst vor dem, was sie hören würde? Bedauerte sie als Mutter die gleichen Fehler, die ich bei mir bedauerte, war aber einfach nicht bereit, sich in die Defensive drängen zu lassen? Wenn ich ein anderer Mensch gewesen wäre, hätte ich sie vielleicht trotzig herausfordern können.

Aber es war spät in unserem gemeinsamen Leben, und während ich diese Skulptur betrachtete, begriff ich, dass ich mich nicht länger von der Vergangenheit tyrannisieren lassen wollte. So sehr ich mir wünschte, die Sache mit meiner Mutter auszufechten, so sehr wünschte ich mir doch auch Frieden zwischen uns. Und beides kann man nun mal nicht haben. Ich hatte so viele Jahre damit vergeudet, an alten Kränkungen festzuhalten, hatte sie gehegt und gepflegt wie zarte Pflänzchen, damit die Bitterkeit weiter gedeihen konnte. Mein Groll war der Dünger gewesen.

Vor Bazzaros Statue erkannte ich langsam, dass ich *mein* Verhalten ändern und von *meiner* Seite Frieden schließen musste. Wie Mama mit der Vergangenheit umging, war ihre Sache; ich war nur meiner eigenen verantwortlich. Zugleich verstand ich, dass ich immer die Tochter meiner Mutter bin, egal, was geschieht. Und ich akzeptierte es.

Vielleicht war dies das Einzige, was ich auf dieser Reise lernen musste.

Ich griff in meine Tasche, nahm den kleinen Zettel heraus, auf dem ich meine drei Beschwerden notiert hatte, zerriss ihn und warf die Fetzen in den nächsten Papierkorb.

Ostersonntag. Tag der Auferstehung. Wie passend. Mama und ich saßen auf dem Petersplatz und warteten auf den Beginn der Ostermesse. Wir waren zwei Stunden vor der Zeit hergekommen. Alte Leute stehen unter einem Zwang, vorzeitig einzutreffen. In diesem Fall störte es mich nicht; der Himmel war strahlend blau, und die Sonne wärmte meine Seele.

Eine hübsche junge Nonne – man staune, mit Tagescreme und Lipgloss zurechtgemacht – lief hektisch herum, um jedem, der einem kirchlichen Orden angehörte, Plätze zu sichern. Dazwischen hielt sie immer wieder mal ihr Handy über die Köpfe der Menge und schoss Fotos.

»Sie hat auch ein Handy«, bemerkte Mama für den Fall, dass es mir nicht aufgefallen war. »Sollte ich mir vielleicht auch eines besorgen?«

Alle um uns herum schienen Handys zu haben und entweder zum Telefonieren oder zum Fotografieren zu benützen. Manche verwendeten ihre Apparate auch als Peilungsgeräte, um Freunde und Verwandte, die im Getümmel abhanden gekommen waren, zu orten. Man sprang einfach auf seinen Stuhl, brüllte Anweisungen ins Handy und wedelte dabei wild mit den Armen, um von der Person am anderen Ende der Verbindung gesehen zu werden. Ich habe eine wiederkehrende Schreckensvision von einer nicht allzu fernen Zukunft, in der die Menschen meiner Generation, die meisten bis dahin in hohem Grad schwerhörig, in ihre Handys brüllen oder, schlimmer noch, die Dinger auf Lautsprecher stellen.

In diesen Massen einen bestimmten Menschen ausfindig machen zu wollen, schien mir der Gipfel der Sinnlosigkeit zu sein. Aber die Leute, Gott segne sie, gaben nicht auf und fuhren fort, nach Herzenslust zu brüllen und zu winken.

»Wo bist du gerade? Okay, dreh dich zum Dom um. Jetzt schau nach rechts. Siehst du einen Mann, der mit einem gestreiften Schirm winkt? Das bin ich. Ja!«

Eine Stunde vor Beginn der Messe neigte sich Mama zu mir herüber. »Weißt du, wo die Toiletten sind?«

»Das kann nicht dein Ernst sein«, gab ich zurück. »Du willst hier aufs Klo gehen? Hast du mal hinter dich geschaut, wie voll es da ist? Das sind Millionen. Warum hast du nicht eine Windel angezogen?«

»Ich benutze lieber die Toilette«, erklärte sie stolz. Und setzte hinzu: »Vielleicht hätte ich eine dunkle Hose anziehen sollen.« Das sind Worte, die ich nicht gern höre.

»Ich kann's nicht fassen«, schimpfte ich, als sie sich anschickte, mit ihrem roten Rollator loszugehen. Ich sah schon, wie sie sich mitten auf dem Petersplatz entleerte.

»Ich schaff das schon, Jane. Bleib du hier und bewach unsere Plätze.«

Es war, als sagte man jemandem Lebewohl, der sich auf eine lebensgefährliche Expedition begibt, von der er vielleicht nie zurückkehren wird. Ganz ehrlich, ich rechnete nicht damit, Mama wiederzusehen.

Wunderbarerweise – und an einem Ostersonntag auf dem Petersplatz ist das wirklich ein Wunder – war sie ungefähr vierzig Minuten später wieder da.

»Also, das musst du hören«, sagte sie mit triumphierendem Lächeln, als sie ihren Rollator in unsere Sitzreihe hineinschob. Ich klappte ihn zusammen und stellte ihn neben mich.

»Die Damentoiletten sind so überfüllt, dass die Frauen auf die Herrentoiletten ausgewichen sind«, berichtete sie, nachdem sie sich gesetzt hatte. »Den Männern passt das gar nicht. Als ich an der Reihe war, stieß mich einer einfach weg. Eine Unverschämtheit! Also bin ich zum Rotkreuzbüro gegangen. Das ist da drüben.« Sie wies auf eine Stelle, die von unseren Plätzen ungefähr so weit entfernt war wie die Venus vom Merkur. »Dort habe ich gefragt, ob ich die Toilette benützen könnte, worauf sie sagten, sie hätte keine. Aber ich habe nicht lockergelassen, und am Ende mischte sich eine Nonne ein, und ich durfte die Toilette für die Nonnen benützen.«

Wenn meine Mutter solche Storys erzählt, glaube ich nicht immer alles. Ich vermute, sie schmückt ihre Geschichten kräftig aus, und so neige ich dazu, sie eher metaphorisch zu nehmen. Aber ich spiele mit.

»Wow! Das muss ja nervig gewesen sein.« Ich war immer noch platt, dass sie allein zurückgefunden hatte. »Aber dir geht's gut?«

»Bestens«, antwortete sie strahlend. »Man muss einfach ein bisschen penetrant sein, verstehst du?«

Ein junger Priesterseminarist – Tom Cruise wie aus dem Gesicht geschnitten – fragte auf Italienisch, ob der Platz neben Mama noch frei sei. Ich nickte und schwenkte meine Knie und den Rollator zur Seite, um ihn vorbeizulassen.

Er war Amerikaner, wie sich herausstellte, hieß Nolan und stammte aus dem Nordosten von Texas. Seit fünf Jahren war er im Seminar und hatte noch drei vor sich bis zur Priesterweihe.

»Ich bin jetzt das erste Jahr in Rom«, erzählte er begeistert.

»Sie müssen acht Jahre studieren, bevor Sie ordiniert werden?«, fragte ich verblüfft.

In der Reihe vor uns stand plötzlich eine Nonne auf und begann, wahllos mit ihrem Handy zu fotografieren. Deprimierend, wenn ich mir vorstelle, dass eine Nonne technisch versierter ist als jemand wie ich.

»Diese Nonnen alle mit ihren Handys«, sagte ich zu Nolan.

»Das ist noch gar nichts«, entgegnete er. »Ich habe gehört, dass es so ein kleines Ding gibt – ähnlich wie ein BlackBerry –, das der Vatikan eventuell anschaffen will. Da geht das ganze Missale drauf, mit Gebeten und allem.«

Dann begann jenseits aller Spitzentechnologie die Messe in ihrer ganzen altmodischen lateinischen Herrlichkeit. Es war schwer, keine Ehrfurcht zu spüren. Wenn man da zwanzig Reihen vom Papst entfernt auf seinem Klappstühlchen sitzt, kommt es einem plötzlich, hey, Wahnsinn, das ist der Petersplatz, und ich sitze hier an einem Ostersonntag, und da oben spricht der Papst! Selbst eine nichtkatholische Ketzerin wie ich bekommt da die Gänsehaut.

»Das muss sehr aufregend für dich sein«, flüsterte ich Mama zu.

»Oh, ja«, antwortete sie inbrünstig, und eine Minute später war sie eingenickt.

· 17 ·

# Venedig

Am nächsten Morgen brachen wir nach Venedig auf. Die Luft war frisch vom nächtlichen Regen, Feiertagsruhe lag über der Ewigen Stadt. Es war sonnig, und es schien ganz so, als würden die Temperaturen über das erwartete Hoch von zwanzig Grad steigen.

Die A24 führte uns auf dem Weg zur Adria durch drei Landschaften, jede mit dem ihr eigenen Charakter: das sanft gewellte Latium, die trockeneren Gegenden der westlichen Abruzzen und, auf einer Strecke mit atemberaubenden Tunneln, das Gran-Sasso-Gebirge mit seinen schneebedeckten Gipfeln. Einer der Tunnel war fast zehn Kilometer lang, nie vorher war ich so froh gewesen, das Tageslicht wiederzusehen.

An der Adria teilt sich die Straße in Nord- und Süd-abzweigung, und das Land wird eben. Wir wandten uns nach Norden. Für unsere Fahrt hatten wir offenbar den öffentlichen Pinkeltag erwischt; von wegen Ostermontag! Ich zählte nicht weniger als sechs Männer, die sich an ver-schiedenen Stellen am Straßenrand erleichterten. Von Schamgefühl und Anstand schienen sie nie etwas gehört zu haben. Mit gespreizten Beinen standen sie da, manche die Arme hinter dem Kopf verschränkt oder die Hände in die Hüften gestemmt (»Schau mal, Mama, freihändig!«), das Becken vorgeschoben. Es muss doch irgendwo ein internationales Gesetz in Arbeit sein, das solches Verhalten ein für allemal verbietet.

Weiter oben an der Küste, in der Emilia Romagna, wurde das Land urbaner, je näher wir Bologna kamen. Als wir das flache, fruchtbare Veneto mit seinen vielen Kanälen erreichten, glaubten wir beinahe, in Holland zu sein.

Ursprünglich hatten Mama und ich vereinbart, dass dies eine gemütliche Fahrt werden sollte. Ich hatte in San Marino übernachten wollen, nur um später erzählen zu können, dass ich mein Haupt in einer der kleinsten und ältesten Republiken der Welt zur Ruhe gebettet hatte. Aber im Lauf des Tages überlegte es sich Mama anders und befahl mir, nach Venedig durchzufahren. Aus der »gemütlichen« Fahrt wurde eine Ochsentour mit kaum einer Pause.

Aber nicht einmal das konnte Mama zufriedenstellen. »Wieso dauert das so lang?«, quengelte sie. »Ich glaube, du bist einen Riesenumweg gefahren.«

»Schau her.« Ich zeigte es ihr auf der Karte. »Das hier ist die kürzeste Strecke. Und wir sind auf der Autostrada. Schneller geht's nicht.«

Sie glaubte mir nicht und beharrte weiter darauf, dass es einen kürzeren Weg geben müsse. Dann beschwerte sie sich irgendwann, dass die Landschaft langweilig sie. Ich biss die Zähne zusammen und fasste das Lenkrad fester. Ja, es war gut, dass wir früher nach Hause flogen. Noch eine solche Woche, und die Meldung über eine durchgeknallte kanadische Touristin, die völlig grundlos über ihre liebenswürdige alte Mutter hergefallen war, würde die Schlagzeilen beherrschen.

Als wir endlich in Venedig ankamen, waren unsere Backenzähne vom dauernden Knirschen zu Staub zermahlen. Wir parkten das Auto auf einem der großen Parkplätze außerhalb der Stadt, kauften uns zwei Tagespässe für die öffentlichen Verkehrsmittel und bestiegen einen Vaporetto, einen von Venedigs schwimmenden Bussen, um uns in unser Hotel befördern zu lassen.

»Ach Gott, ich habe meinen Stock im Auto vergessen!«, jammerte Mama, als der Vaporetto in den stark befahrenen Canal Grande einbog.

»Pech«, brummte ich und fügte mit einem Blick zum roten Rollator leise hinzu: »Lass mich nicht im Stich, Kamerad.«

Umweltprobleme und bröckelnde Architektur hin oder her, das Zusammenspiel von Wasser, dunstigem Licht und leicht verlotterter Renaissance macht Venedig zur traumhaftesten Stadt der Welt.

»Ich glaube, das ist meine Lieblingsstadt!«, rief Mama hingerissen. »Bist du nicht froh, dass ich dich überredet habe, hierherzukommen?«

O ja, das war ich. Und ich wünschte, wir hätten nicht nur so wenig Zeit zur Verfügung gehabt. Tief drinnen wünschte ich außerdem, ich könnte es mit jemandem genießen, der gut zu Fuß war, jemand anderem als meiner Mutter.

»Ich habe schon vier Häuser gesehen, in denen ich gern wohnen würde«, teilte mir Mama strahlend mit, als wir unter der Rialtobrücke hindurchtuckerten. »Und du?«

Vielleicht war ich doch genau mit dem richtigen Menschen hier.

Ich war genauso hingerissen wie sie von der maurisch angehauchten Architektur der Palazzi; dem Plätschern des Wassers an den Haustüren (wie romantisch musste es sein, aus dem Haus zu gehen und in ein Boot zu steigen statt in ein Auto!); von den verzierten Kuppeln der Kirchen, deren Patina einen grünlichen Schein auf die steinernen Fassaden warf; von den kleinen gebogenen Steinbrücken über den Seitenkanälen; von den hohen, etwas schiefen Pfosten der Anlegestellen; von den knackigen, aber trägen Gondolieri, die in ihren engen schwarz-weiß gestreiften T-Shirts auf den üppigen roten Polstern ihrer glänzenden schwarzen Gondeln ein Nickerchen machten oder lässig an einer Zigarette zogen, während sie auf Fahrgäste warteten. Truman Capote sagte einmal: »Venedig, das ist so, als schlänge man eine ganze Schachtel Likörpralinen auf einmal hinunter.« Ich weiß genau, was er meinte.

Das Hotel *Locanda San Barnaba* lag nicht weit von der Haltestelle Ca' Rezzonico in einer schmalen Gasse, die kaum Mamas Rollator Platz bot, aber zum Glück keine Stufen und Brücken aufwies. Aufmerksamerweise hatte man uns das einzige im Erdgeschoss gelegene Zimmer gegeben, das mit Rollstuhl befahrbar war und sich in unmittelbarer Nähe des Haupteingangs befand. Der Frühstücksraum lag auf der anderen Seite des Empfangs und hatte einen begrünten Innenhof, der an einen kleinen Kanal grenzte.

Dankend nahmen wir den Tee und die Croissants an, die uns angeboten wurden.

Dann klopfte ich Mama eilig die Krümel von der Bluse. »Komm, wir sind so kurz hier, da ist jede Minute kostbar.«

Wir nahmen ein Boot zur Piazza San Marco und stiegen dann in eine andere Vaporettolinie um, die nach Murano ging. Das leichte Lüftchen, das wir an Land genossen hatten, wehte auf dem Wasser etwas schärfer, aber die Sonne schien warm, und ich war gefangen vom Zauber Venedigs.

Neben mir standen zwei junge Mädchen, Engländerinnen mit diesen nasalen Stimmen und der schrillen, exaltierten Aussprache, die vornehme Erziehung verrät, in nordamerikanischen Ohren aber wie ein Wiehern klingt. Apropos Erziehung: Die größere schleuderte mir immer wieder völlig achtlos ihre langen blonden Haare ins Gesicht und stieß mich wiederholt mit spitzem Ellbogen in die Brust. Manchmal verlor sie bei einer stärker schwankenden Bewegung des Boots das Gleichgewicht und fiel dann gegen mich. Nicht ein Mal entschuldigte sie sich. Typischer Fall von Altersunsichtbarkeit, sagte ich mir, und richtete meinen inneren todbringenden Laserstrahl auf ihren Hinterkopf.

Während ich mich Rachegedanken hingab, kam Mama mit zwei älteren Landsmänninnen der ungezogenen Brut ins Gespräch. Es waren Schwestern; die eine lebte in Bristol, die andere in London. Es war leicht zu erkennen, wer von den beiden woher kam: Die eine hatte den frischen, rötlichen Teint, den das Leben in einer Stadt mit sich bringt, deren Nähe zum Meer einen häufig nach draußen lockt; die andere sah aus, als wäre sie auf dem Weg zum Lunch in der Kensington High Street.

Die beiden waren ein nettes Paar, und nach einer Weile beteiligte ich mich am Gespräch. Wir tauschten Geschichten über die Unhöflichkeiten aus, die uns von Einheimischen und Touristen widerfahren waren. Ich wollte gerade eine Bemerkung über das unmögliche Benehmen der beiden jungen Mädchen neben mir machen, als eine der Frauen erzählte, sie seien mit ihrer Großnichte und deren Freundin hier, denen sie den kurzen Urlaub in Venedig geschenkt hätten. Die Großnichte habe vor ein paar Monaten ihre an Krebs erkrankte Mutter verloren. Es handelte sich um das Mädchen mit den langen Haaren und den spitzen Ellbogen. Schnell knipste ich den tödlichen Laserstrahl wieder aus.

Wir machten einen kleinen Rundgang durch Murano und die Glaswerkstätten am Wasser, dann besuchten wir auf Empfehlung der beiden englischen Schwestern die Basilika Santi Maria e Donato, eine kleine Kirche aus dem siebten Jahrhundert, um deren kunstvollen Marmorboden zu bewundern.

Auf der Rückfahrt beschloss Mama, dass sie trotz ihrer schmerzenden Beine noch den Dogenpalast sehen wollte.

Der Palazzo Ducale ist nicht zu übersehen. Mit seiner rosa-weiß gemusterten Fassade und den zweistöckigen Arkaden sieht er aus wie eine riesige Hochzeitstorte mit Zuckerbäckerverzierungen in Gestalt von Säulen, Flechtwerk, Spitzbögen, Kreuzblumen und Statuen. Ebenso wenig zu übersehen ist die Masse Mensch, die unter den Säulenarkaden Schlange steht, um eingelassen zu werden. Schlange stehen? Von wegen! Süffisant lächelte ich vor mich hin.

Ich führte Mama ganz nach vorn, sagte mein Zaubersprüchlein auf: »*Mia madre è disabile*«, und schon flogen die Türen auf. Der Satz wirkte wie ein »Sesam öffne dich«.

Danach musste Mama sich hinlegen, und ich brachte sie ins Hotel zurück. Ich selbst ging wieder los, um das Gewirr kleiner Gassen zwischen dicken Mauern zu erkunden, die mich über kleine Brücken und kleine Plätze führten.

Der Arbeitstag war zu Ende gegangen, überall war es voller Menschen, die nach Hause eilten, sich mit Freunden trafen, um irgendwo noch schnell etwas zu trinken, oder in den nächsten Laden hetzten, um letzte Einkäufe für das Abendessen zu machen. So sah also die Stoßzeit in einer Fußgängerstadt aus. Mir gefiel das auf Anhieb.

Auf einem Plakat war ein Abendkonzert mit Musik von Vivaldi, Mozart, Pachelbel und Rossini weiter oben am Canal Grande angekündigt; eine junge Frau drückte mir ein Informationsblatt über Aufführungen von *Così fan tutte* und *Der Barbier von Sevilla* in die Hand; eine kleine

Broschüre, die ich vorher irgendwo mitgenommen hatte, versprach Kammermusik von Vivaldi, Corelli und Bach. So viel Musik! So wenig Zeit!

Ich studierte den Stadtplan, um La Fenice zu suchen, Venedigs berühmtes Opernhaus. Es lag auf der anderen Seite des Canal Grande. Ich musterte den rasch blasser werdenden Himmel und entschied, dass es Unsinn wäre, jetzt auf Suche zu gehen. Ein andermal, tröstete ich mich.

Ich nahm den langen Weg durch die Seitengassen zum Hotel zurück, verweilte auf einer der hübschen kleinen Brücken, die die ruhigeren Seitenkanäle zieren, und sah in der Stille, die sich einstellt, wenn die Touristen sich in ihre Zimmer zurückgezogen haben, ins Wasser hinunter.

Zwielicht schimmerte über der Stadt. An einem Seitenkanal bildete weißer Lichtschein eine Aura um ein hinter verschlossenen Läden verborgenes Fenster, und ich fragte mich, ob die Menschen, die dort lebten, trotz der unaufhörlichen Warnung vor einer unmittelbar bevorstehenden Umweltkatastrophe immer noch an ihrem Venedig hingen.

Am nächsten Morgen mussten wir die Serenissima verlassen, so traurig es war.

»Geh ruhig und sieh dich noch mal um«, sagte Mama nach dem Frühstück. »Ich bummle ein Stück die Straße hinauf und gucke mir die Schaufenster an. Treffen wir uns in einer Stunde wieder hier. Wenn du etwas entdeckst, was dich interessiert, dann geh ruhig rein und schau's dir an. Mach dir meinetwegen keine Sorgen.«

Der leuchtende Morgen war belebt von den Geräuschen der Menschen, die durch die engen Gassen eilten, vom metallischen Klappern der Stühle und Tische, die vor den Cafés auf dem Campo San Barnaba aufgestellt wurden.

Von einer kleinen Brücke aus bemerkte ich eine Frau, die die Fensterläden ihrer Wohnung öffnete und sich anschickte, auf ihrem kleinen Balkon über dem Kanal die Wäsche aufzuhängen. Das Museum Ca' Rezzonico war gleich am Ende der Gasse, und dorthin wollte ich, auch dies eine Empfehlung der beiden englischen Schwestern.

Dieser zu einem Museum umfunktionierte Palazzo bot mir alles, was ich in einem Museum zu sehen erhofft hatte. Und mehr. Die Ca' Rezzonico mit Beständen früher venezianischer Kunst ist selbst ein einzigartiges Meisterwerk – sowohl in geschichtlicher als auch in architektonischer und kultureller Hinsicht. Wenn ich jemals wieder nach Italien kommen sollte, würde ich mir sämtliche Galerien und Museen außer der Galleria Nazionale d'Arte Moderna in Rom und eben der Ca' Rezzonico in Venedig sparen.

Ich kaufte mir meine Eintrittskarte im Erdgeschoss und wurde augenblicklich von einer schwarz lackierten Gondel angezogen, die von den einstigen Bewohnern des Palazzo benutzt worden war. Ich hatte keine Ahnung gehabt, dass Gondeln aus sieben verschiedenen Arten Holz gebaut werden und die eine Seite des Boots länger ist als die andere, um dem Gewicht des Gondoliere entgegenzuwirken.

In der nächsten Etage wanderte ich durch eine Folge repräsentativer Räume, die nur sparsam mit antiken Tischen und Sesseln eingerichtet waren. Das Faszinierende waren die prächtigen Zimmerdecken; einige Künstler hatten sie im Auftrag der Familien Bon und Rezzonico gestaltet, in deren Besitz der Palazzo von der Mitte des sechzehnten bis Ende des siebzehnten Jahrhunderts gewesen war.

In einem Raum mit karminroten stoffbespannten Wänden schufen zwei Meister – Gerolamo Mengozzi und Giovanni Tiepolo – die *Hochzeitsallegorie*. Mengozzi malte eine Trompe-l'oeil-Balustrade rund um eine architektonische Phantasie, die Stuckwerk und Architraven aus reich geschnitztem »Holz« darstellt. In diesen falschen Rahmen hinein setzte Tiepolo eine luftige Himmelslandschaft; sie zeigt pausbäckige Engel beim fröhlichen Spiel zwischen Wolken, die so leicht sind, dass man das Gefühl hat, man könne sie wegblasen.

Tiepolos Figuren sind immer üppige Geschöpfe mit rosigen runden Gesäßen und sanft flehendem Blick. Seine Himmel sind verträumt und ätherisch; die Stoffe, die seine Figuren kleiden, schimmern, und ihre Haut wirkt weicher, weniger gemeißelt und streng als bei Michelangelo.

Den Kopf in den Nacken gelegt, den Mund in staunender Bewunderung geöffnet, durchstreifte ich einen Raum nach dem anderen. Nie zuvor hatte ich so etwas Wunderbares gesehen.

Wie kommt es, so fragte ich mich, dass diese Meisterwerke als zweit- und drittklassig bewertet werden? Wie kommt es, dass Leute bereit sind, Ewigkeiten zu warten, um in die Uffizien oder das Vatikanmuseum hineinzukommen, während Arbeiten dieses Kalibers – von der Hand eines Tiepolo, Guardi, Longhi oder Molinari – von den Touristen größtenteils unbemerkt bleiben? Und darf ich vielleicht eines noch hinzufügen: Vor der Ca' Rezzonico gibt es keine Warteschlangen.

Als ich glaubte, alles gesehen zu haben, was es hier zu sehen gab, wollte ich wieder nach unten gehen, als ich einen Pfeil bemerkte, der zu einer kleinen Treppe wies. Sie führte in die oberen beiden Stockwerke des Palazzo hinauf, die heute einer umfassenden Ausstellung venezianischer Malerei vom fünfzehnten bis zum achtzehnten Jahrhundert gewidmet sind. O mein Gott! Ich geriet restlos in Verzückung.

Dann schaute ich auf meine Uhr. Mist, ich hatte bereits anderthalb Stunden hier zugebracht und mir dabei doch nur einen flüchtigen Überblick verschafft. In peinlichem Laufschritt eilte ich durch die Ausstellungsräume, ehe ich widerstrebend wieder nach unten lief und ins Hotel zurückhetzte.

»Wo um alles in der Welt warst du?«, empfing mich Mama.

»Du kannst dir nicht vorstellen, in was für einem Museum ich eben war. Es war unglaublich. Viel besser als der Dogenpalast.«

»Und du hast mich nicht geholt, damit ich mir das auch ansehen kann?«, schimpfte sie.

»Du hast doch selbst gesagt, ich soll mich umsehen und mir deinetwegen keine Sorgen machen.«

»Trotzdem hättest du mich holen sollen. Wirklich, du bist unmöglich! Und jetzt komm. Wir müssen los.«

Drei Stunden später waren wir in einem unappetitlichen *Best Western* am Rand von Treviso gelandet. Ich stand auf dem kleinen Hotelbalkon und blickte ernüchtert zu einer Tankstelle und einer baumlosen, staubigen Vorstadtödnis hinunter, wo eine lange Autokette sich vor einer Verkehrsampel staute. Ich sehnte mich nach Venedig und der Pracht der Ca' Rezzonico zurück, nach den kleinen steinernen Brücken und den winkeligen Gassen.

Dann trat ich wieder in unser nichtssagendes Zimmer, um unsere Koffer und Taschen, die aus allen Nähten platzten, noch einmal neu zu packen.

Am nächsten Morgen wurden wir am Flughafen darauf aufmerksam gemacht, dass unser Gepäck Übergewicht hatte. Im Stechschritt führte man uns zu einem Schalter der Fluggesellschaft, wo wir brav für unser Vergehen bezahlten.

Danach wurden wir zurück zur Abfertigung geschickt und von derselben Angestellten wie zuvor darüber informiert, dass für Mama kein Rollstuhl angefordert worden war. (Dabei hatte ich auf die Notwendigkeit eines Rollstuhls dreimal hingewiesen, als ich nur wenige Tage zuvor unseren Flug umgebucht hatte!) Die Angestellte erklärte mir, der Ausdruck mit unseren neuen Flugdaten, den ich in der Hand hielt, sei nicht ausreichend. Sie bestand darauf, die Originalbuchung zu sehen.

Zum Glück hatte ich den Wisch noch, nur war er irgendwo in den Tiefen meines Koffers vergraben.

»Machen Sie den Koffer auf«, befahl die Angestellte.

»Aber … gibt es denn nicht einen – einen weniger öffentlichen Raum?«, fragte ich mit einem Blick auf die Reisenden hinter mir, die mit verschränkten Armen und ungeduldig tappenden Füßen dastanden.

»Nein, machen Sie es hier«, entgegnete die Angestellte. »Und beeilen Sie sich bitte.«

Ich hasse es, wenn Fremde in meinen Koffer schauen. Ich finde, der Inhalt eines Koffers ist zu persönlich, um von anderen begafft zu werden.

Widerstrebend kniete ich mich hin und zog den Reißverschluss meines Koffers auf, der beinahe mit einem Knall aufsprang.

Plötzlich kippte der rote Rollator, den Mama und ich mit Klebeband verschnürt hatten, krachend um. Noch mehr Leute wurden auf uns aufmerksam und starrten mich an, als hätte ich Feueralarm ausgelöst. Einige kamen herbei und schauten in meinen Koffer, als wollte ich hier einen Flohmarkt veranstalten. Ärgerlich scheuchte ich sie weg.

Das Haar fiel mir ins Gesicht, als ich mit beiden Händen in sämtlichen Ecken des Koffers herumtastete, der Schweiß lief mir über die Stirn und in die Augen.

Da kam Mama angeschlurft und rief erregt: »Wie konnte das mit dem Rollstuhl passieren? Was sollen wir jetzt machen? Du musst von ihnen verlangen, dass sie mir einen besorgen. Sonst müssen sie mich tragen. Ach, und ich brauche dringend eine Toilette. Weißt du, wo eine ist?«

Tränen schossen mir in die Augen. Das Klopfen der tappenden Füße hinter mir wurde lauter.

Ich hielt den Kopf gesenkt, atmete auf, als ich endlich die Unterlagen fand, und stopfte mit einer Hand die Sachen wieder in den Koffer, während ich mit der anderen den Deckel zuhielt.

Nie wieder, schwor ich mir mit zitternden Lippen. Nie wieder mache ich so eine Reise.

## · 18 ·

## Den Versuch machen

»Lass uns doch wieder nach Italien fahren«, sagte Mama.

Es war nicht das erste Mal seit unserer Heimkehr, die noch gar nicht so lange zurücklag, dass sie mir diesen Vorschlag machte.

Ich lachte höflich und hoffte, sie würde das Thema ad acta legen.

»Warum nicht?«, fragte sie, gekränkt über meine abwehrende Reaktion. »Ich bin jederzeit bereit.«

Und das, nachdem sie mir gerade vorgekeucht hatte, was für einen anstrengenden Tag sie hinter sich hatte – einen Tag, an dem sie ein paar Lebensmittel eingekauft und Bridge gespielt hatte.

»Mama, du bist nicht mehr so beweglich«, erklärte ich ruhig. »Weißt du nicht mehr, was für Schmerzen du hattest? Du bist kaum eine Treppe hinaufgekommen. Und immer warst du sofort außer Atem.«

»Ach was, das war damals. Jetzt geht's mir glänzend.«

Die Frau ist nicht kleinzukriegen, es ist zum Wahnsinnigwerden.

»Ich glaube dir ja, dass es dir gut geht«, antwortete ich. »Aber *ich* habe mich noch nicht ganz erholt. Ich glaube nicht, dass ich das noch mal schaffen würde.«

Vielleicht will sie so eine Italienreise wirklich noch einmal wagen, aber im Grunde wissen wir beide, dass es wahrscheinlich ein Ding der Unmöglichkeit ist.

Natürlich sage ich das nicht laut. Wenn ich auf unserer Reise eines gelernt habe, dann dass die Alten sich an die Hoffnung klammern. Sie ist ihre letzte Rettung und ihr stärkster Antrieb. Pläne schmieden, Möglichkeiten erwägen, Ideen ausbrüten, das hält sie – uns alle, wenn man es sich einmal überlegt – lebendig. Wenn man vom eigenen Körper in Gefangenschaft genommen wird, bleibt nur die Hoffnung.

»Irgendwie komme ich dieses Jahr überhaupt nicht in Weihnachtsstimmung«, seufzte Mama eines Abends, als ich zu ihr kam, um ihr beim Anbringen der Lichter an den künstlichen Bäumen in ihrem Haus zu helfen. »Aber ich will wenigstens den Versuch machen.«

Darauf läuft das Leben letztlich hinaus – den Versuch zu machen.

Seit unserer Reise achte ich mehr auf das Befinden meiner Mutter, kann besser würdigen, womit sie Tag für Tag zu kämpfen hat. Die häufigen plötzlichen Schlafanfälle auf unserer Reise beispielsweise waren ein frühes Warnsignal, das auf überhöhte Kohlendioxidwerte in ihrem Blut hindeutete. Ich achte wie ein Schießhund auf Anzeichen von Regression bei ihr, aber ich mache sie ihr nie zum Vorwurf. Das Beste, was ich für meine Mutter tun kann, ist, nun ja, sie zu bemuttern.

Es ist immer noch ein Lernprozess, aber besser spät als nie, wie es so passend heißt.

Sie kommt nicht mehr an die Tür, um mich zu begrüßen, wenn ich sie besuche, und ich nehme es ihr nicht übel. Ich weiß, dass ich sie im Wohnzimmer in ihrem Lieblingssessel finde, Seite an Seite mit ihrem treuen roten Rollator. Auch eine Art Haustier.

Wenn ich meinen Mantel und meine Schuhe ausgezogen habe und wir uns, je nach Stimmungslage, mit einer innigen Umarmung oder einem kühlen Luftkuss begrüßt haben, quält sie sich meistens aus ihrem Sessel und greift mit zitternden Händen nach dem Lenker ihres Rollators, um in die Küche zu schlurfen und in einem Topf zu rühren, der auf dem Herd steht.

Ihre dunkelbraunen Augen sind im Lauf der Jahre glanzlos und wässrig geworden. Das früher angriffslustige Funkeln hat sich getrübt, als werde die Glut schwächer. Sie kann immer noch bockig sein, aber bei genauerem Hinsehen erkennt man, dass ihr Blick misstrauisch, unsicher und ein wenig ängstlich ist.

Vor Jahren, als wir noch erbitterte Kämpfe miteinander austrugen, glaubte ich, das Einzige, was sie fällen könnte, wären eine Silberkugel und ein Holzpfahl. Jetzt erkenne ich, dass es viel weniger brauchen wird. Bei dem Gedanken an ihren Tod stockt mir der Atem. Ich liebe sie – die ganze eigenwillige, ungeduldige, aufreizende, sabbernde, inkontinente Person.

Seit unserer Heimkehr aus Italien drohte sie mir einige Male genommen zu werden – in einer Nacht im Guelph General Hospital gab man ihr nur noch wenige Stunden zu leben –, aber sie ist eine zähe alte Kämpferin, und jedes Mal kam sie wieder auf die Beine. Während eines Krankenhausaufenthalts sagte sie tatsächlich »Ich habe dich lieb« zu mir, ohne dass ich es vorher zu ihr gesagt hatte. Ich habe immer gewusst, dass sie mich liebt, aber ich muss es ausgesprochen hören, um es glauben zu können. An dem Tag, an dem ich sie mit einer Atemmaske vor dem Gesicht und an ein Gewirr von Schläuchen und Kabeln angeschlossen vor mir sah, erkannte ich, dass ich sie wirklich liebe und mein eigenes Leben ein wenig trüber werden wird, wenn ihres erlischt.

Auch die Beziehung zu meiner eigenen Tochter ist mir zunehmend teurer geworden. Niemals soll sie mich als Gegnerin sehen, und niemals soll sie glauben, dass eine tiefe Beziehung zwischen Menschen, besonders zwischen den Mitgliedern einer Familie, einfach da ist; sie muss genährt werden.

In den Ferien fuhren Zoë und ich nach Toronto, um uns eine Aufführung der *Nussknacker-Suite* des National Ballett of Canada anzusehen. Wir waren das älteste Mutter-Tochter-Gespann weit und breit. Rund um uns sprangen aufgeregte kleine Mädchen herum oder drehten in ihren Weihnachtskleidchen aus rotem Samt Pirouetten, während ihre Mütter mit den Eintrittskarten in den Händen nach den richtigen Plätzen suchten.

Diesen Ausflug hatte ich mir an dem Tag vorgenommen, als ich hörte, dass ich mit meiner Tochter schwanger war. Siebzehn Jahre brauchte es, bis Zeit, Gelegenheit und finanzielle Möglichkeiten zusammenfielen. Vielleicht kam aber auch Panik hinzu: Im folgenden Jahr würde Zoë von zu Hause weggehen, um ihr Studium zu beginnen.

Der *Nussknacker* kann auf einer unterschwelligen Ebene verstanden werden, derer sich Tschaikowsky, vermute ich, nicht bewusst war, als er die Musik komponierte. Es geht hier um den Mutter-Tochter-Tanz. Die jungen Hauptfiguren des Balletts, die ständig miteinander im Streit liegen, wie das bei Geschwistern üblich ist, könnten leicht durch Mutter und Tochter ersetzt werden, deren tägliches Gezänk bisweilen durch Momente ehrfürchtigen Staunens und geteilter Hoffnung aufgehoben wird. Wir kämpfen miteinander, weil wir einander so ähnlich sind und dieselben Wünsche haben.

Ich sagte Zoë, dass dieser Ausflug zur Aufführung des *Nussknacker* viel mehr sei als eine Chance, sich eine Ballettvorführung anzusehen – ich sagte ihr, was er mir bedeutete und was sie mir bedeutete. Solche Offenheit ist Teenagern peinlich. Es war mir egal. Ich sagte es ihr, damit sie es nie vergessen würde. Am Ende verdrehte sie nur noch die Augen und schrie: »Ich weiß, wie wichtig es ist!« Aber im Auto, auf der Fahrt zum Theater, sah sie mich an und meinte mit einem ruhigen Lächeln: »Ich freu mich auch, echt.«

Das war alles, was ich brauchte.

Ein paar Tage später rief ich Mama an und erzählte ihr von meinem Ausflug mit Zoë.

»Du erinnerst dich wahrscheinlich nicht mehr, dass ich auch mit dir im *Nussknacker* war?«, fragte Mama zaghaft, als hätte sie sich schon damit abgefunden, dass ich mich ja nur – wie sie so oft betont hatte – der unerfreulichen Dinge meiner Kindheit erinnerte.

Aber diesmal irrte sie sich. »Doch, das weiß ich noch«, antwortete ich aufgeregt. »Die Aufführung fand im Eaton Auditorium in der College Street statt. Ich sehe mich sogar noch auf unseren Plätzen sitzen, und ich weiß genau, was ich anhatte – einen roten Wollmantel mit passender Mütze. Ich weiß noch, dass wir die Leute beobachteten, als sie hereinströmten.«

Ich glaubte ein Aufatmen der Erleichterung zu hören.

Und dann fragte Mama mit weicher Stimme: »Weißt du noch, Italien? War das nicht schön? Wie war das noch gleich mit den Gesetzen zum Gebrauch der Toiletten?«

Wir lachten beide.

Dann schwieg sie einen Moment, und ich stellte mir vor, wie sie mit versonnenem Blick im Album ihrer Erinnerungen blätterte und noch einmal Momente unserer Reise erlebte – die von den grauen Bändern der Steinmauern durchzogene und den kleinen *trulli* gesprenkelte Landschaft von Alberobello; unsere Fahrt auf dem Frachtschiff nach Sizilien; die Höhlen von Matera; den Ostersonntag mit dem Papst; das Vergnügen, auf dem Canal Grande an so vielen Häusern vorbeizufahren, die man hätte renovieren können.

Vielleicht dachte sie an den Moment zurück, als sie vom Fenster eines enttäuschenden Hotelzimmers aus auf eine geschäftige Florentiner Piazza hinuntergeblickt hatte und sich selbst – als sorglose junge Frau, die sich ohne Einschränkung bewegen konnte – voll Selbstvertrauen über den Platz hatte gehen sehen, ein wenig kokett, mit übermütig schwingenden Armen und voller Freude darüber, am Leben und in Italien zu sein.

Und am Nachbarfenster steht die erwachsene Tochter und fragt sich bei einem Seitenblick, ob sie vielleicht sich selbst in fünfundzwanzig Jahren sieht.

# Dank

Frank Mainolfi, der Eigentümer der Bar *Michelangelo* in Hamilton, Kanada, war der Erste, der mir vorschlug, eine längere Reise nach Italien zu unternehmen (ich glaube, er hat es wirklich nett gemeint), und ich bin ihm dankbar für diesen Anstoß.

Dank auch an Tony und Sofia Verna für ihre großzügige Gastfreundschaft und unschätzbare Hilfe bei meinen Recherchen. Ideen bleiben oft unausgesprochen – so war es auch mit der Idee zum Originaltitel dieses Buchs, die lange in mir gärte, bis Mary Lou Atkinson an einem Nachmittag, an dem wir viel zu lachen hatten, die Rolle der Geburtshelferin übernahm und der Titelformulierung ans Licht der Welt verhalf.

Der ganzen Truppe bei Greystone Books, insbesondere Rob Sanders, Corina Eberle und Emiko Morita, danke ich von ganzem Herzen für ihren nie erlahmenden Zuspruch und für ihren großartigen Einsatz hinter den Kulissen. Ein Extradank gebührt meiner Lektorin Nancy Flight, die dieses Projekt von Anfang bis Ende betreut hat. Ihre klugen Vorschläge haben mir geholfen, eine Geschichte zu erzählen, die niederzuschreiben nicht immer ganz einfach war.

Zum Schluss meiner Familie ein inniges *grazie mille*.